聚焦三农：农业与农村经济发展系列研究（典藏版）

中国农户融资制度变迁
与征信体系建设研究

熊学萍　著

科学出版社

北京

内 容 简 介

改革开放以来，中国农户融资制度一直处在频繁的变迁与"锁定"中，农村金融出现了严重的融资功能缺陷，而作为融资制度的核心环节与制度保障的征信体系建设，则成为当前解决农户融资困境的关键制度瓶颈。本书以制度变迁理论、征信理论为基本指导，系统研究中国农户融资制度的变迁规律、农户融资制度的供给与需求及其效率，实证分析农户金融信用度、征信制度效率、信息共享意愿与信用评判模型；对征信发达国家的征信制度进行归纳与介评，并尝试指出中国农户征信制度设计遵循的基本原则。以上研究有重要的理论价值和实践指导意义。

本书可作为高等院校经济学、金融学专业的本科生、研究生等的研究参考资料，也可供金融从业人员和相关职能部门参考。

图书在版编目（CIP）数据

中国农户融资制度变迁与征信体系建设研究／熊学萍著. —北京：科学出版社，2012（2017.3 重印）

（聚焦三农：农业与农村经济发展系列研究：典藏版）

ISBN 978-7-03-033096-3

Ⅰ.①中… Ⅱ.①熊… Ⅲ.①农户－融资制度－研究－中国②农户－信用制度－研究－中国 Ⅳ.①F832.35②F832.43

中国版本图书馆 CIP 数据核字（2011）第 269583 号

丛书策划：林 剑

责任编辑：林 剑／责任校对：鲁 素

责任印制：钱玉芬／封面设计：王 浩

科 学 出 版 社 出版

北京东黄城根北街 16 号

邮政编码：100717

http://www.sciencep.com

北京京华虎彩印刷有限公司 印刷

科学出版社发行 各地新华书店经销

*

2012 年 2 月第 一 版 开本：B5（720×1000）

2012 年 2 月第一次印刷 印张：15 1/4

2017 年 3 月印 刷 字数：285 000

定价：99.00 元

（如有印装质量问题，我社负责调换）

总　序

农业是国民经济中最重要的产业部门，其经济管理问题错综复杂。农业经济管理学科肩负着研究农业经济管理发展规律并寻求解决方略的责任和使命，在众多的学科中具有相对独立而特殊的作用和地位。

华中农业大学农业经济管理学科是国家重点学科，挂靠在华中农业大学经济管理学院和土地管理学院。长期以来，学科点坚持以学科建设为龙头，以人才培养为根本，以科学研究和服务于农业经济发展为己任，紧紧围绕农民、农业和农村发展中出现的重点、热点和难点问题开展理论与实践研究；21世纪以来，先后承担完成国家自然科学基金项目23项，国家哲学社会科学基金项目23项，产出了一大批优秀的研究成果，获得省部级以上优秀科研成果奖励35项，丰富了我国农业经济理论，并为农业和农村经济发展作出了贡献。

近年来，学科点加大了资源整合力度，进一步凝练了学科方向，集中围绕"农业经济理论与政策"、"农产品贸易与营销"、"土地资源与经济"和"农业产业与农村发展"等研究领域开展了系统和深入的研究，尤其是将农业经济理论与农民、农业和农村实际紧密联系，开展跨学科交叉研究。依托挂靠在经济管理学院和土地管理学院的国家现代农业柑橘产业技术体系产业经济功能研究室、国家现代农业油菜产业技术体系产业经济功能研究室、国家现代农业大宗蔬菜产业技术体系产业经济功能研究室和国家现代农业食用菌产业技术体系产业经济功能研究室等四个国家现代农业产业技术体系产业经济功能研究室，形成了较为稳定的产业经济研究团队和研究特色。

为了更好地总结和展示我们在农业经济管理领域的研究成果，出版了这套农业经济管理国家重点学科《农业与农村经济发展系列研究》丛书。丛书当中既包含宏观经济政策分析的研究，也包含产业、企业、市场和区域等微观层面的研究。其中，一部分是国家自然科学基金和国家哲学社会科学基金项目的结题成果，一部分是区域经济或产业经济发展的研究报告，还有一部分是青年学者的理论探索，每一本著作都倾注了作者的心血。

本丛书的出版，一是希望能为本学科的发展奉献一份绵薄之力；二是希望求教于农业经济管理学科同行，以使本学科的研究更加规范；三是对作者辛勤工作的肯定，同时也是对关心和支持本学科发展的各级领导和同行的感谢。

李崇光

2010 年 4 月

序

农户融资制度与农村征信体系建设，是我国农村金融改革与发展中的两个热点与难点问题。长期以来，我国农村金融不仅落后于城市金融的发展，而且农村金融的分配功能极不合理。一方面，农村金融机构不能满足农户资金需求，农户融资难；另一方面，农村金融机构又扮演着为城市金融提供资金剩余的角色，形成农村资金短缺与农村资金外流并存的局面。20世纪90年代，受孟加拉模式的启发，中国开始在农村引进小额信贷制度，并于2000年扩展到全国，但从目前实施情况看，其作用甚微，并没有完全解决农户融资的难题。与此同时，中国县域金融机构的不良贷款率也高于城市金融机构，许多地区农户贷款的回收大大超过了风险控制警戒线。这种现象表明，中国农村信用体系缺失，农村金融经济的信用水平偏低，缺乏有效的失信惩戒机制。建设中国现代农村金融制度，任重道远。

怎么认识农户融资制度的本质，并结合中国国情设计出适应农村市场经济发展需要的农户融资制度？如何按照现代金融制度要求，构建有效防范风险的农村征信体系？这在理论上和实践中都是一个迫切需要认真探讨和解决的现实问题。

熊学萍博士的专著《中国农户融资制度变迁与征信体系建设研究》，就是在上述背景下问世的一本应时之作。该书以新制度经济学的制度变迁理论为指导，构建了农户融资制度的分析框架，对农户融资制度供求及其均衡、融资制度效率及其帕累托改进等问题作了独到的理论分析，并通过大量问卷调查材料作了实证研究，形成了若干富有启发意义的结论。例如，作者认为，中国农户正式融资制度呈现出自上而下的、强制性变迁的特征，导致制度供给不足与"过剩"并存，农村金融应有的制度特征不明显；农户融资制度呈现出明显的供求意义上的非均衡特征；农户融资制度的效率不乐观，全面提升融资制度效率的核心在于降低交易成本，建立健全农户征信制度。这些见解都很有新意，富有启发性。

作者在该书中还进一步阐释了征信制度的基本理论假设与原理，并基于大量的农户调查数据，对农户金融信用度、农户征信制度效率进行了实际测评；基于产权理论和福利理论，论证了信用信息共享的实现条件以及农户征信与信息共享意愿；对国家当前的征信制度安排进行了回顾与评析，并针对当前中国征信面临的困境，提出中国农户征信制度设计的核心是信用商品化，即信用必须有价格，能代替实物资产，能流通携带。这些观点具有独到性和借鉴性。作者建立的农户信贷数据库和构建的农户信贷决策模型，具有一定的实际参考价值。

熊学萍博士多年来一直从事金融学教学与科研工作，先后主持过国家社会科学基金、国家自然科学基金等项目，在农户融资制度与农村征信体系研究方面成果丰硕，很有心得，已在国内外权威期刊发表多篇具有较大影响的学术论文。该书实际上是她近几年研究成果的结晶。

该书立意新颖，内容充实，结构合理，数据资料翔实，论述清晰，论证规范，可读性强，是一本具有较大理论价值和实际应用价值的著作。作为她的前辈和同事，我衷心地恭贺她的专著顺利出版，同时也期盼她今后有更多的新成果奉献给广大读者！

易法海

2011 年 8 月

前　言

　　1979 年以来，随着中国农村经济和金融体制的巨大变革，农户融资制度也处在频繁的变迁之中，并经历了多次被"锁定"又重新启动的过程，目前这一过程仍在继续。但与改革期望值不相符合的是，城乡金融的"二元"特征与农村金融"悖论"仍然未得到彻底的消除，尤其是农村金融存在融资功能的缺陷，导致农业贡献率与农业贷款供给量形成强烈的反差，农户仅作为资金的净提供者进入金融市场，与金融机构进行单边交易。作为农村金融创新的小额信贷制度，则呈现出参差不齐的实施效果，且该制度对农户的作用渐微。围绕以上问题，学者们对农户的正式和非正式融资进行了大量的理论和实证研究，但这些研究仍存在进一步拓展的空间，主要表现在对策研究较多而理论研究不足，系统研究和动态研究相对不够，特别是从制度供需角度来研究农户融资制度均衡的成果十分少见。因此，深化和拓展该问题的研究，需要建立新的分析框架，对现行融资制度的变迁规律及其效率状态进行分析。

　　征信是融资制度的核心环节与制度保障。中国是一个非征信国家，征信的滞后严重影响了经济与金融的健康发展。其中，失信及其所造成的经济损失成为中国当前非常引人注目的现象。在所有失信行为中，农村金融市场上的借贷失信尤为突出。如何破解这一难题？国际经验表明，征信是矫正借贷市场信息不对称、防范道德风险与逆向选择的有效制度安排。因此，对农户的征信成为中国农村信用体系建设的重要组成部分。那么，如何对广大农户进行征信，如何在农村地区推行征信制度建设，选择怎样的征信制度来约束和引导借款人的行为？进一步，在征信制度约束下，金融机构该如何调整信用评价方法，以瞄准更多潜在合格的借款人？以上问题的解决，不仅对农村征信制度建设与信用体系的完善具有一定的理论参考价值，而且对金融机构的信贷决策与农户融资制度的改革与深化亦具有重要的现实指导意义。

　　本书拟对以上问题分两部分共 11 章展开研究。其中，第 1～5 章主要探讨中国农户融资制度的变迁与效率；第 6～10 章则在此基础上进一步分析中国农户征信制度建设的理论和实际问题；第11章是本书的基本结论与研究展望。

对农户融资制度变迁与效率的研究主要以新制度经济学的制度变迁理论为指导，本书第1~5章回顾并评析了1979年以来我国农户融资制度供给的历史变迁，并与农户对融资制度的需求作了对比。在此基础上，评价了几种主要融资制度的效率，最后提出了帕累托改进的若干可能选择。研究的核心内容如下：

1）农户融资制度的供给及变迁。在制度变迁的一般理论框架下，运用文献资料法、统计分析法，分别对中国农户融资的正式和非正式制度的供给及变迁进行了历史评析。研究表明：首先，中国农户正式融资制度呈现如下三个典型特征：①在数量上，表现为供给"过剩"与不足并存的局面。政府虽然为农户设计了正式的融资制度，但农户对这一制度的利用不充分，正式融资制度供给"过剩"与农户人均金融资源不足、农户融资困难的局面并存。②在变迁方式上始终遵循的是强制性的变迁路径，且变迁的路径依赖明显，体现为"司法中心"的强制实施主义，历次变迁保护的是强势群体的利益，农户缺乏话语权。③农村金融独特的制度特征没有得到体现，过于强调农户的被动适应，忽视了农户、农村的基本特征，这为农户融资制度供求的偏离埋下了隐患。其次，非正式融资制度的变迁中，农户间自发的友情借贷仍具有强大的生命力，但随着农村社会的逐步转型，该制度也处在逐步变迁过程中；由政府和国际机构提供的小额信贷虽然具有节约制度创新成本的优势，但该制度仍处于"试错"和"输血"阶段。

2）现行农户融资制度下的农户融资需求特征及其制度指向。通过梳理已有研究文献，归纳总结了中国农户对融资制度的现实需求。分析表明，中国农户在现行融资制度供给下的融资需求特征是：①融资需求数量呈逐年上升的趋势；②非正式借贷成为农户融资的首选渠道，来自信用社等正规金融机构的借款份额极少；③正规金融借贷期限较短，而农户间自由借贷则没有明确的期限；④农户对非生产性借贷表现出持续的增长需求；⑤农户资金需求的利率弹性较低；⑥农户正在从关系型融资向契约型融资转变。作者进一步认为，以上结论是建立在既有的、农户无法改变的融资制度基础之上的农户的被迫选择，个别结论尚未反映农户初始的主观需求意愿。为印证这一结论并丰富已有的实证研究，本书以湖北省天门市为例，对农户的融资状况进行进一步实证分析。结果表明：①正式融资制度是满足农户意愿融资需求的最重要的制度安排；②非生产性借贷是农户融资制度需求的主体；③农户需要竞争性、市场化的融资利率和制度。

3）中国现行农户融资制度效率评价分析。运用成本—收益标准对中国农户融资制度的效率进行了评价。研究表明：由政府主导的农户融资制度的变迁与制度变迁的一般规律之间出现了偏差，而非正式制度的效率暂时处于优势。

具体而言：①中国农户融资制度体系缺乏效率，主要表现为正式融资制度的供给主体单一，正式融资制度与非正式融资制度的供需比例失调；②农户正式融资制度的整体效率虽然有所提高，但各地的差异较大，主要原因在于交易成本和风险控制制度的差异；③农户之间的自由借贷制度效率较高，但目前面临着效率递减的趋势。因此，农户融资制度的效率存在帕累托改进的空间，且改进的瓶颈是过高的交易成本，改进的重点则是农户的正式融资制度。

4）中国农户正式融资制度帕累托改进的可能选择。运用案例分析法、博弈论与契约经济学的相关理论和方法，探讨了提高中国农户融资制度效率的若干策略：①通过改革信用社的贷款激励机制以及激活农户潜在的信贷需求，提高农户与金融机构交易的频率；②利用农户的身份信用和声誉，建立农户的自动履约机制，降低监督成本；③健全农户信用征信制度，降低金融机构的信息搜寻成本。

作为融资制度的核心环节与制度保障，本书第6~10章的研究核心则是农户征信制度设计与信用评判方法。该部分研究以征信和信用评价理论为基本指导，系统分析了征信与信用评价的基本理论依据，阐释了征信与信用评价之间的关系，并在此基础上，构建了征信与信用评判的理论分析框架；对农户金融信用度、征信制度效率、征信与信息共享意愿、征信国家的基本经验、农户信用评价模型等内容逐步进行了理论与实证研究，构建了农户信用评价的决策模型。研究的核心内容如下：

1）农户金融信用度、农村信用社农户征信制度的效率测算。农户金融信用度的评价以湖北省有借贷经历的561个农户为研究样本，运用 Logistic 模型，测算了农户的金融信用度及其影响因素。研究发现：农户的信用度不容乐观；农户的信用意愿和信用能力对信用度均有重要影响；农户拥有的抵押品价值、从业类型、文化程度是影响其信用度的主要因素。

农村信用社农户征信制度效率的测算则以湖北省54个信用社为样本，并将以上样本信用社分为两组，以新制度经济学的制度效率理论为基本指导，运用 DEA 模型对其征信制度的效率进行了分析。结果表明：从技术效率上看，样本地区信用社资源配置效率都不容乐观，总体效率偏低，而且呈下降趋势；两组地区的纯技术效率呈现相反走势；两组地区每年的平均规模效率都高于纯技术效率。该结果说明湖北农户征信制度的效率尚待进一步提高，各信用社必须根据实际情况，合理安排投入，加强内部管理。

2）农户征信与信息共享的实现条件与意愿。该部分内容分三部分展开论述：农户信息的产权界定、农村信用社信息共享的实现条件以及农村信用社农户征信与信息共享意愿等。研究认为，将农户信息界定为私有产权是合理的；为论证信息共享对福利的影响，本书在福利理论的基础上，引入多目标最优化

（MOP）模型，构建了农户信用信息共享的理论模型，并结合湖北实际情况进行了分析。研究结果表明：信息共享后各主体的福利确实得到了改进，信用信息资源实现了最优配置。

围绕征信认知与信息共享，作者对湖北省 336 家信用社进行了问卷调查。调研结果表明：农村信用社对征信的认知程度较高，但信息搜集的深度和广度有待进一步提高，且农户信息普遍没有得到正式法律规章制度的保护；农村信用社同业之间信息共享的意愿十分强烈，但对于专业的第三方征信机构则持排斥和不信任态度。以上结果说明，激励信息提供、培养现代信贷服务文化是当前征信制度建设中的主要任务。

3）征信国家的基本经验和中国农户征信制度设计的基本原则。运用文献研究法、逻辑演绎法、比较分析法，对征信国家当前的征信制度安排进行了回顾与评析，并在剖析中国当前征信面临诸多困境的基础上，指出：信用商品化的制度设计是我国农户征信制度设计的核心。而要将信用商品化，则必须达到以下要求：第一，信用必须有价格，即市场评价。这要求评估体系和评估制度的健全。第二，信用能代替实物资产。这要求转变信贷理念和信贷文化，亦即新的信贷制度的设计。第三，信用能流通。信息能随身携带，这要求建立完备的信息共享制度。而中国农户征信制度的基本选择方向是：公共征信和私营征信在较长时期内并存，各自发挥其比较优势，但随着征信的纵深发展，最终必将逐步过渡到市场化的征信制度。

4）农户信用评价模型的构建。采用概率神经网络（PNN）方法，根据湖北省枣阳市平林镇 2005～2007 年在信用社有借贷经历的 130 个农户数据，构建了农户借贷决策模型。模型通过了网络构建、PNN 网络训练、网络性能测试、网络预测能力四个检验过程，结果显示 130 个样本的识别率达到 97.69%，符合应用要求，并且拟合和预测效果非常理想。

本书是在笔者的博士学位论文和国家社科基金"农户征信制度设计与信用评判模型研究"（08CJY045）成果的基础上修改而成的。感谢华中农业大学经济管理学院易法海教授在写作过程中的精心指导；感谢中国人民银行武汉分行、湖北省农村信用社联社等相关职能部门提供的宝贵资料；感谢社科基金委匿名评审专家提出的修改意见。由于时间和精力所限，本书的研究深度和广度有待进一步提高，恳请读者和专家批评指正。

本书的出版得到了华中农业大学经济管理学院的资助，在此表示感谢。

熊学萍

2011 年 8 月 3 日

目　录

总序

序

前言

导　言

0.1　研究背景、目的与意义

0.1.1　研究背景

改革开放以来，中国农户融资制度一直处在频繁的变迁与"锁定"中，农村金融出现了严重的融资功能缺陷。而作为融资制度的核心环节与制度保障的征信体系建设，则已经提上议事日程，并于 2007 年开始实施。从制度经济学的视角来看，农户融资制度的变迁呈现出怎样的规律？现行融资制度的供求状况与效率如何？进一步，作为融资主体的农户，如何评价其金融信用度以及农户征信体系建设、金融机构信息共享意愿等诸多问题都有待从理论和实证角度予以回答。具体而言，本书研究主要基于以下背景。

0.1.1.1　城乡金融的"二元"特征与农村金融"悖论"的存在

中国的金融发展长期呈现出明显的二元特征。在"重城市、轻农村"的歧视性金融制度安排下，城乡金融发展的不平衡性日益加剧。农村金融成为城市金融的资金来源主渠道之一，与城市金融发生单向的资金往来关系，导致农村金融至少落后城市金融 10 年左右（于奎，2006；唐双宁，2006），农村金融抑制问题非常突出。原中国银行业监督管理委员会副主席唐双宁指出，中国农村地区的金融密度远远低于城市金融密度，后者为前者的 3.72 倍。（郭永刚，2006）不仅如此，农村金融发展的滞后还严重影响了农村经济的发展，并出现了农户融资困难与农户资金回报率高和农户信用度高并存、农村资金短缺与农村资金外流并存的悖论。中国社会科学院农村发展研究所刘文璞 1996 年、1998 年两次对河北易县相同农户的实证研究表明，农村的综合资金回报率是较高的；刘文璞根据官方统计数据的计算结果也得出了相同的结论。① 中国社会科学院农村发展研究所杜晓山对贫困农户的信用调查表明，农户的信用度也是很高的，普遍高于富裕人群。但令人疑惑的是，农户贷款难的现象在中国却普遍存在，并成为农村金融最引人注目的问题之一。资金流动的基本规律和理论无法解释这一事实。另外，根据中国社科院人口与劳动经济所农民收入课题组以及人民银行金融研究所的测算，从1978 年起，中国每年由农村流向城市的资金呈迅速增长趋势。以农村信用合作社为例，1978 年通过该渠道流出的资金为 120.9 亿元，此后逐年上升，到 1992年已突破 1000 亿元，1996 年又突破 2000 亿元，1997 年、1999 年分别又突破3000 亿元和 4000 亿元。到 2002 年，通过农村信用社和邮政储蓄渠道流出的资金已达 8898 亿元。② 如果将中国农业银行流出的资金计算在内，这一数据将更大。在农村资金大量流向城市的同时，农户的资金需求却难以得到满足。以上问题引起了决策层的高度关注，20 世纪 90 年代以来，金融当局出台了若干政策，对农村金融进行了频繁的"窗口指导"，但收效甚微。因此，如何解释以上两大悖论，如何缓解农户贷款难的困境，必须从制度层面探求原因，即以农户融资制度为研究的起点，对以上问题进一步研究。

农村借贷资金运动及农村金融支持城市金融的资金流动路径如图 0-1 所示。

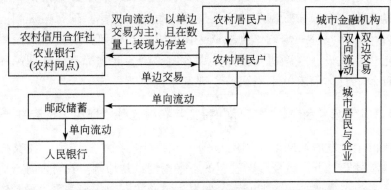

图 0-1　农村借贷资金运动及农村金融支持城市金融的资金流动路径

注：①→代表资金流动方向；②邮政储蓄虽然于 2006 年开始向农户发放质押贷款，但考虑其
　　　长期以来的业务行为，故仍视为农户向邮政储蓄的资金的单向流动

0.1.1.2　农村金融存在功能上的缺陷

金融有三个最基本的功能：资金的集聚功能、分配功能和风险规避功能。

---

① http：//www. help-poverty. org. cn/helpweb2/ngo/n44-1. htm.
② 1978～1999 年的数据引自社科院人口与劳动经济所的研究，2002 年的数据引自人民银行金融研究所的研究。

在现有的融资条件下，农村金融机构的资金集聚功能已得到较好的发挥，但资金的分配功能却逐渐萎缩。以农村信用合作社为例，从 1979 年到 2006 年末，农户存款余额呈逐年上升趋势，从 1979 年的 78.4 亿元上升到 2005 年的 24 606.37亿元；但农户贷款余额增幅缓慢，农村金融市场出现了持续的、巨大的存差，这与农村经济对整个国民经济的贡献形成鲜明的对比（图 0-2 和图 0-3）。据周小斌和李秉龙（2003）的测算，1978～2001 年，中国农业生产信贷对农业生产总值的弹性系数为 0.6662，对农村居民收入的弹性系数为0.6100，即每增加 100 元的信贷，对农业总产值及农村居民收入的贡献分别为66.62 元和 61 元。农户与金融机构之间的权益极度不对称——农户仅作为资金的净提供者进入金融市场，贷款权益的行使极不充分。

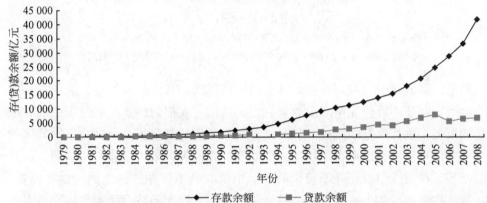

图 0-2　农村金融市场的存差（以农户储蓄存款余额和农户贷款余额为计算依据，
1979～2008 年）

注：①农户储蓄存款余额指农户在农村信用合作社、农村商业银行、农村合作银行的储蓄存款；
②1997～2001年的统计口径为农业贷款，2002 年以后的农户贷款统计口径是：农户贷款 + 农户小额
信用贷款 + 农户联保贷款；③存差 = 储蓄存款余额 - 贷款余额
资料来源：根据《中国金融年鉴》（1989～2009 年）各期计算整理得出

0.1.1.3　农村金融领域的若干新现象尚未得到理论的回答与充分论证

传统观念认为，贫困人群与金融机构之间不可能建立双向金融交易关系，对于贫困人群只能采取无偿的"输血"手段，金融手段只适用于富裕阶层，对弱势群体的有偿融资与金融的本质相悖。中国长期在实践中也严格遵循这一传统理念。20 世纪 70 年代以来，孟加拉国小额信贷的成功运作打破了传统的金融理念，金融机构"嫌贫爱富"的天然选择被事实所证伪。这说明，负债方的资金实力并不是判断金融交易能否成功的标准，更不是唯一标准。如果能通过某种制度安排，在贫困人群与金融机构之间建立一种互相信任和制约的交

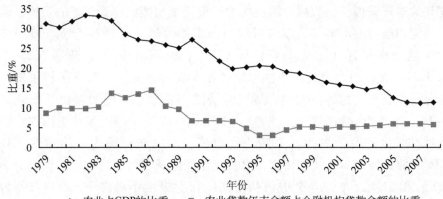

图 0-3　农业贡献与农业贷款供给反差

注：本表统计口径为按当年价格计算

资料来源：根据《中国统计年鉴》（1978～2006 年）、《中国农业发展报告》（2005 年）、
《中国金融年鉴》（1988～1990 年、2006 年、2009 年）数据整理计算得出

易关系，则该金融制度必定在财务上是可持续的、有效的。但是，孟加拉国的小额信贷制度不可能在全球简单复制，一些国家在模仿该制度的过程中既有成功的典型，也有失败的例证。如何借鉴小额信贷的制度核心，针对本国具体的制度环境重新设计出适合国情的融资制度，理论界尚未给出非常明确的、一致的回答，在实践中也还处于摸索阶段。中国农户不仅在经济上属于弱势群体，在基本权利的行使上也缺乏话语权，需要利用新制度经济学的相关理论成果和分析框架，从制度安排上对这一新现象进行解释，并对中国农户融资制度提出策略选择。

0.1.1.4　失信是中国当前金融领域的重要经济现象

失信是中国当前信用制度建设中广为关注的话题，由失信所造成的经济损失早已是一个不争的事实。据商务部《中国外贸企业信用体系白皮书》发布的信息表明：2002 年，中国企业因为信用缺失而导致的直接和间接的经济损失高达 5855 亿元，相当于当年全国财政收入的 37%；中国每年因逃废债务造成的直接损失约为 1800 亿元，因合同欺诈造成的损失约为 55 亿元，因产品质量低劣或制假售假造成的各种损失约为 2000 亿元（中国人民银行征信管理局，2004）。因三角债和现金交易增加的财务费用约为 2000 亿元，大大提高了交易成本。据测算，在我国，因失信造成的经济损失已占到 GDP 的 6%～10%（徐伟，2008）。著名经济法学家江平强调，中国现今的信用状况用"危机"二字形容当不为过。在所有失信行为中，金融市场上的借贷失信尤为突出。以银行不良资产比率为例，自1995年以来，该比例一直居高不下。其中，1995年中国四大国有独资商业银行的不良资产率为22%（拉迪，2003）；1996年这一比例仍高达20.4%。2002年，中国全面推行贷款五级分类标准后，四大国有商业银行的不良资产比率从2002年到2007年分别是：26.12%、19.74%、15.57%、10.49%、9.22%、8.05%，虽然2006年、2007年不良贷款的比率降低到10%以内，但仍有40%以上省份的不良比率仍在10%以上（2006年为13个，2007年为15个），大大高于国际前100家大银行平均不良资产比率。[①]

与城市金融机构相比，县域金融机构的不良贷款率处于较高水平，从2004～2007年，全国县域金融机构的不良贷款率分别为22.4%、19.6%、16.6%、13.4%。而农村信用社不良贷款的比率更为引人注目（图0-4），从2002～2007年，农村信用社贷款的平均回收率一直徘徊在88%以下水平，分别为81.37%、82.16%、86.58%、88.14%、88.01%、87.50%。这期间处于全国最低水平省份的回收率更低，分别为58%（海南）、60.68%（海南）、73.76%（广西）、72.3%（广西）、76.77%（吉林）、70.86（青海）。[②]

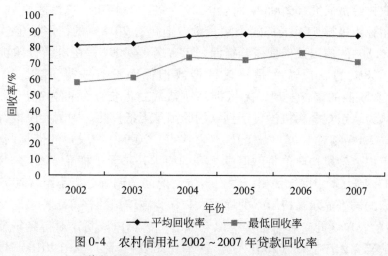

图0-4　农村信用社2002～2007年贷款回收率

资料来源：《中国金融年鉴》（2003～2008年）

农村信用社农户小额贷款的回收率也并不乐观。自2000年在全国普遍推行农户小额信用贷款以来，农户贷款的覆盖面逐步扩大，农户贷款难的问题得到了一定程度的缓解。大量研究表明：这种建立在农户信用基础之上的借贷交易虽然在一些地区取得了成功，但农户的还款率在各地却呈现出参差不齐的现

---

① 《中国金融年鉴》（2003～2008年）
② 这些数据来自《中国金融年鉴》（2003～2008年）。

象。黄成莲等（2006）、刘婷（2008）、张文静等（2009）分别对江西新余、陕西商洛、湖北十堰等地农户小额信贷不良率的调查研究表明，农户小额信贷的违约率不但没有下降，反而呈现出一定的上升趋势。从全国范围来看，中国小额信贷的覆盖面达31%，但不良贷款的占比却高达70%（张文静等，2009）。

0.1.1.5 农村征信滞后严重制约了农村金融的可持续发展

根据发达国家的经验，当一国的人均GDP超过2000美元后，该国的经济就应该进入信用经济阶段（林钧跃，2007）。2006年，中国人均GDP突破2000美元，标志着中国事实上已经进入了信用经济阶段。统计表明，中国的信用交易总规模①从1987～2000年年均增长速度为19.3%，高于美国同期增长水平11个百分点（李曙光，2008）；但与之形成鲜明对比的是，在广大农村，金融经济的信用化仍然处于较低水平。官方统计资料表明，农户抵押贷款仍占有相当大的比例，相关区域性的实证研究亦支持以上结论。国务院发展研究中心农村经济研究部2005年对全国29个省（直辖市、自治区）调查表明，虽然信用社积极推广无抵押的小额贷款，但仍有20.8%的信用社借款时需要抵押，66.5%的信用社借款需要担保（韩俊等，2009）；在申请贷款被拒绝的农户中，38%的农户认为是缺乏抵押或担保而没有获得贷款。王丽萍等（2006）对陕西的调查发现，无抵押品所造成的借贷瓶颈更为突出，52.63%的农户认为从正规金融机构贷不到款的原因是无抵押品。中国人民银行联合国家统计局2006年对10省（自治区、直辖市）20 040个农户的借贷调查表明，农户向正规金融机构申请贷款但没得到的原因是：无抵押品（23.8%）、没有人缘（33.4%）。中国人民银行农户借贷情况问卷调查分析小组（2009）课题组对湖南的调查显示：17.4%的样本农户认为在信用社有可靠关系比个人信用（11.1%的农户认同）和有抵押担保（12.9%的农户认同）对得到贷款更有作用。其他研究如汪三贵（2001）、温铁军（2002）、何广文（2010）等也支持以上结论。

那么，农户信贷的抵押品价值取向的存在是合理的吗？众所周知：第一，农户普遍缺乏合格的抵押品；第二，即使少数农户能够提供合格的抵押品，但对金融机构而言，对抵押品的处置亦带来了昂贵的交易成本。因此，农户和金融机构之间要达成交易必须放弃提供抵押品的贷款条件，寻求农户人人具备的

① 信用交易总规模是指一个国家或地区能够计量的全部信用交易的规模，包括债券、贷款、商业赊购款、货币、存款余额在内的信用活动的总和。具体参阅：吴晶妹.2006.现代信用发展四大特征与我国信用体系建设.信用中国网. http://www.crediton.com［2006-2-7］。

"信誉抵押品"。

信誉抵押品是征信的必然产物。在征信发达国家，征信已成为一种普遍的专业服务，且金融机构对客户的信用评价和授信决策越来越依靠征信机构提供的数据。随着征信制度在我国农村地区的逐步推进，农户的信用越来越受到信贷决策者的重视，对农户信用水平的评价亦积累了一定的历史数据资料和评价经验。国际经验表明，征信及对借款人进行信用评价是突破信贷市场信息不对称的有效方法，通过对借款人信誉抵押品的评价，信贷员可以有效地"瞄准"合格客户，降低信贷风险。

0.1.1.6 经济的市场化和国际化要求中国尽快建立和完善征信制度

市场经济是信用经济。遵守契约、恪守信用是信用经济的基本要求和必然结果。然而，国内外多年的实践证明，守信不是与生俱来的，也不能仅仅靠法律和道德规范来维持。如果人们的失信行为不被记录、不受惩罚、不付出代价，个人就很难有守信的动力和约束力。反过来，如果守信的个人没有因此而得到奖励，也会理性选择失信。因此，信用是要靠专门的制度来约束和建立的。而健全现代市场经济社会信用体系的最重要的环节就是征信制度，即通过准确识别个人身份，收集和保存其信用记录，并依法使用这些记录，使守信行为得到奖励，使失信行为受到惩戒，使个人更加重视保持自身良好的信用记录，从而为整个社会的信用体系建设打下坚实的基础。

随着中国经济国际化程度的日益加深和金融业的逐步开放，来自国外的示范效应和征信服务竞争压力使中国的征信制度建设日趋紧迫。根据世界银行所做的一项调查，在20世纪60年代以前，只有5个国家由中央银行等部门建立了信贷登记机构；如今，已经有68个国家由中央银行等部门建立了信贷登记机构。同样，在20世纪60年代以前，只有7个国家建立了市场化的征信机构；到现在，已经有50个国家建立了市场化的征信机构（百姓征信知识问答编委会，2008）。除发达国家无一例外建立起支持市场经济发展的征信体系外，亚洲、非洲和拉丁美洲的发展中国家正在积极建设和完善本国的征信系统。到目前为止，征信机构几乎已经遍布每个发展中国家。

进入20世纪90年代以后，国外著名的几家大的征信公司正在向包括中国等亚洲国家扩张，如美国的邓白氏集团（Dun Bradstreet Corp）、美国TU公司（Trans Union）、英国益百利公司（Experian）等。这些征信公司在为中国企业和个人提供服务的同时，也掌握了中国的资信数据，这不仅使中国的征信行业面临着巨大的竞争压力，而且还会影响到中国政治、经济、文化体制改革的进程。美国正在大规模收购中国信用评级机构，目前已控制中国信用评级市场

2/3 的份额，严重威胁中国金融安全。[①] 此外，随着征信服务的成熟和深入，全球一致的征信服务和信用管理外包服务开始盛行，这意味着中国的征信业将面临更激烈的竞争。因此，建立并完善中国的征信体系迫在眉睫。

以上现象的存在必然引出如下问题：面对普遍存在的失信现象，选择怎样的征信制度来约束和引导借款人的行为？进一步，在信誉抵押品作为借款依据的前提下，金融机构该如何调整信用评价方法，以瞄准更多缺乏抵押品但却是潜在合格的借款人？本书以农户征信为例，对以上问题进行了研究。

0.1.2 研究目的

本书的研究目的有两个：一是测算中国农户融资制度的效率并提出相应对策；二是从理论上回答农户征信制度设计的基本理论框架与设想，并在已有研究基础上重新展开农户信用评判模型的研究。围绕以上两大总目标，本书在构建整体分析框架的基础上，设置了如下中间目标：①剖析中国农户融资制度的供需均衡状况。通过考察中国农户融资制度供给的变迁，求解中国农户融资的需求特征及其所折射的融资制度的需求指向，揭示农户融资制度供求状态。②评价中国农户融资制度效率。在提出一般制度的评价标准、农户融资制度效率的评价标准及指标评价体系的基础上，进行实际测评，分析原因，提出改进策略。③对中国现行农户金融信用度与征信制度效率进行评价。④从理论和实证角度分析农户征信与信息共享条件、意愿。⑤以金融制度设计为理论基础，在借鉴和评析征信发达国家经验的基础上，提出中国农户征信制度设计的基本原则。

0.1.3 研究意义

（1）理论意义

本书以制度变迁理论和征信为指导，构建了农户融资制度与征信制度分析的理论框架，从理论上回答了制度供求及融资数量背后所折射的制度需求指向，指出了农户征信制度设计的基本理论框架与设想。因此，研究成果对中国农户融资制度设计、农村征信制度建设与信用体系的完善具有一定的理论参考价值。

① 《美国渗控我国信用评级业严重威胁国家金融经济安全的研究报告》课题组．2010-04-12. 外资大规模收购我国信用评级机构．经济参考报．

（2）实践意义

本书紧密结合中国农户融资制度供给与需求实际，总结了农户融资需求特征及其制度指向，提出了农户融资制度效率的评价标准和指标体系，重构了农户信用评判模型。这不仅克服了信贷员在信用评价过程中的主观随意性，提高农户信用测评的准确性，为金融机构的信贷决策提供重要参考，而且对防范信贷风险、提高信贷资产质量也具有较大的应用价值。

0.2　国内外相关研究概况

0.2.1　国外研究状况

0.2.1.1　融资制度的宏观理论与微观制度研究

国外学者自 20 世纪 70 年代以来开始重视对农村金融的研究，关于农户融资的研究成果十分丰富。在宏观理论上，学术界对农村金融和农户融资的认识经历了三个阶段，相继提出了农业融资理论、农村金融市场理论和不完全竞争市场理论。其中，农业融资理论是 20 世纪 80 年代以前农村金融理论界占主流地位的传统学说，该理论主张建立非营利性的金融机构和降低利率，但这一理论却被后来的实践所证伪；20 世纪 80 年代以后，学者们又提出了农村金融市场理论，该理论除完全放弃农业融资理论的政策主张外，提出用自立性和可持续性作为判断农村金融是否成功的标准，指出非正规金融存在的必要性和重要性；20 世纪 90 年代末至今，随着农村金融风险的凸显，学者们开始认识到农村金融市场并不是一个完全竞争的市场，需要合理的政府干预，包括农户融资在内。

在微观制度上，学者们对发达国家和发展中国家的农户融资制度分别展开了研究。其中，对发达国家融资制度的研究主要集中于近些年来农村信用合作制的"异化"问题，认为所谓的"异化"并不是对经典合作制的否定，而是创新与发展，是必然趋势；对发展中国家农户融资制度的研究是学术界的研究重点和难点，既包括对正式融资制度的研究，也包括对非正式融资制度的研究，两者的共同目标是如何为低收入农户提供有效的信贷服务。其中，对非正式融资制度的研究及其争论焦点是该制度的效率问题，对正式融资制度的研究主要集中于农户小额信贷制度及其效率，两者主要围绕资金到户率和还款率展开。小额信贷制度发端于孟加拉国，在该国实践成功后便引起了学者们的极大兴趣，学者们围绕小额信贷制度的理论假设、基本原理、基本模式、可持续性经营等问题展开了充分研究。但由于该制度在很多国家的实践中表现出明显的"水土不服"，针对这一困窘，学者们提出了若干解决对策，早期的如市场化的利率政策，近期的如信用评分模型（Mays，1998；Mark Schreiner，2004）等。

由于农户小额信贷制度的正常运行依赖于特定的制度环境，且该制度有着独特的使命和局限性，所以，如何提升该制度的适应性效率、该制度在完成自身的使命后应该如何演变就成为目前和下一阶段的研究重点，学术界对于以上问题的研究很少涉及。

对于发展中国家的农村金融，学术界普遍认为，这些国家农村金融存在的主要问题是：政府干预过度且政策设计不当，结果往往妨碍了农村金融市场的发展；贫穷的农民长期以来被正规金融机构所忽视，这种忽视源于扭曲的宏观经济政策和部门政策；以利润为导向的正规金融机构认为农村市场无利可图而远离农村金融市场；农村金融市场的交易成本远远高于城市（雅荣等，2002）。Mickon（1973）及 Pischke 等（1987）的研究表明，能从正规金融机构得到贷款的农户所占的比例极小，如非洲约为 5%，亚洲和拉美稍高，但也仅占 15% 左右，且贷款的对象主要集中在少数富裕人群手中，贷款总额的 80% 为 5% 的农户所掌握，仅有 15% 的农户得到了剩下的 20% 的贷款，80% 的农户无法得到贷款。解决农户融资难的方法经过了由传统方法向新方法的过渡。传统方法是：政府以特定目标信贷的方式大力干预金融市场，如政府所有和管理的农村金融机构接受低息贷款并以低于市场的利率向客户提供贴息贷款；新方法则侧重于实现农村发展的主要目标，即增加收入和减少贫困。新方法认为提供农村金融不见得总是实现上述目标最节约成本的方式，有效的农村金融项目应该配合以其他方式的政府行为，如增加对农村基础设施和人力发展的投资。

0.2.1.2 征信制度的基础理论与实证研究

征信制度的基础理论研究主要为西方国家的学者所主导，学者们对于征信的制度研究滞后于各国的实践。早期（主要是 1993 年以前）将"征信"上升到理论研究的文献十分鲜见（玛格里特，2004），仅仅围绕该问题进行了一些零散分析，典型的如图里奥·雅派利、乔治·帕迪亚等主要围绕征信过程中信贷市场上的信息共享问题作了若干研究，包括信息共享的条件、效用、种类等，但对于信息共享的种类和机制则无一致结论。另外，对征信的实证研究亦极其有限（玛格里特，2004），这些有限的研究主要集中于分析信用评分工具的预测能力，如钱德勒和帕克、钱德勒和约翰逊、卡尔贝格和尤戴尔的研究。这些研究证明：使用信用报告中的数据（尤其是正面信息）后，信用评分的预测能力大大增强。此外，一些学者（如雅派利和帕格诺，加林多和米勒）就征信对整体经济的影响进行了实证研究，研究表明，信息共享与征信制度促成了较高水平的贷款和较低水平的违约率，私人和公共征信系统均能发挥相同的功能，但两者之间是互补还是替代关系尚无定论。

近期对征信制度的研究以世界银行 1999～2003 年的跨国（不包括中国）研究为代表，该研究补充并扩展了已有领域，系统研究了以下几个问题：第一，深入分析了世界 80 多个国家征信业的制度安排，特别是关于公共征信系统（PCR）的研究。研究发现，世界各地的公共征信系统在制度安排、收集数据的类型以及分配信用数据的典型政策方面，有共同的基本框架，但在某些方面也存在一些显著的差异（如信息的具体内容、发送与披露信息的规则等），这些差异进而使公共征信系统在金融部门中所起的作用亦不相同。此外，各国对征信系统数据的最低贷款额以及采集何种信息也存在很大差异。公共征信系统容易出现在债权额内权益相对保护程度不高，以及法律体系来自于法国民法典的国家。第二，采用理论与实证相结合的方法，证明了征信数据在金融体系中的重要作用。研究发现，信用信息交换不仅能显著地提高放贷机构评估借款人质量的能力，具有显著的增值价值，而且通过确定借款人的信誉，解决了市场信赖的问题，这一结论既适用于发达国家，也适用于发展中国家。第三，分析了政府政策对征信的影响。通过对美国、澳大利亚等国的经验研究表明，只对负面信息征信的国家，以及部门征信局占主导地位、个人信用信息不共享的国家，个人信贷的可得性较差。在限制性征信信息的国家，借贷成本较高；在缺乏全面征信体系的国家，随着人均信贷供给量的增长，其价格曲线的倾斜度更大。至于限制信用历史的存储、限制全面征信所带来的负面效应，还没有得到进一步的实证。

较新的文献更多关注的是征信的效应，这些研究主要以单个国家为例分析了征信制度对经济的影响、征信的基本规则等（Jentzsch，2006；2007）。征信对缓解小企业的信贷约束、促进经济增长的作用也已被一些实证研究所证实（IFC）。如 Love 和 Mylenko（2003）对 51 个国家的 500 个企业的调查结果显示，在没有征信的情况下，49% 的企业存在信用约束，信贷的可获得性为28%；而在征信条件下，信用约束和信贷的可获得性分别为 27% 和 40%。

0.2.1.3 信用评价模型的研究

信用评价是征信制度的核心产品之一，至今约有 80 年的历史。20 世纪 30 年代，美国率先使用数字的评分系统来克服信用分析员在信贷决策中标准不一致的问题；第二次世界大战后，一些学者开始将信贷决策的自动化与统计学中的分类技术相结合，来开发在信贷决策中利用统计模型的好处；20 世纪 60 年代末银行卡的诞生，使信用评价的实用性进一步得到认可（托马斯等，2006）。20 世纪 70 年代以来，随着金融创新的不断深化，又涌现出了较多的信用评价模型。其中，传统的模型有：专家系统模型与贷款评级分级模型、信用评分模型及其拓展后的非线性区别模型与神经网络分析系统；新模型有：期限结构模型、死亡率模型、RAROC 模型、KMV 模型、Credit-VaR 模型、$Risk^+$ 模型等。从以上模型的演进可以看出，对借款人的信用评估由主观定性模型逐渐向定量模型不断发展，模型的精确性不断加强；模型的构建从缺乏理论基础到建立在坚实的金融理论基础之上并充分运用借款人的信息资料（马九杰，2001；约瑟·A. 罗培斯等，2002；龚朴和何旭彪，2005）。

0.2.2 国内研究状况

0.2.2.1 农户融资制度的研究

中国自 20 世纪 80 年代在农村实行家庭联产承包责任制以来，农户开始成为自主经营、自负盈亏的经济实体，农户的融资行为成为家庭经济行为而非"大而公"的集体行为；农村金融机构开始讲求经济效益，农户融资约束也由以前计划经济条件下的软约束变为硬约束。但由于农村经济的特殊性以及农村金融计划与市场交错混杂的运作体制，农户融资难的问题也与此相伴而生，并呈现出越来越严重的趋势，在很大程度上阻碍了农村经济的发展。这一现象引起了学者们的关注。但这一阶段的研究以正式的金融制度为主，很少关注非正式金融制度，对后者基本持否定态度；在研究方法上则大多采用描述性的个案研究和定性研究，且对农户融资的研究也多内蕴于对农村宏观金融制度的研究，单独研究农户融资问题的文献十分有限。

20 世纪 90 年代以来，中国农村金融体制改革滞后和农村金融市场萎缩现象凸显出来，农户融资问题又一次引起学者们的广泛注意，专门研究农户融资的成果逐渐增多。该阶段开始注重大样本的实证研究。例如，中国社会科学院农村金融课题组（2002）1998 年对广东省、浙江省、湖北省、山西省、陕西省 256 个农户的研究；霍学喜和屈小博（2005）从 2000～2003 年对陕西渭北地区 8 个村庄农户借贷行为的研究；史清华、李延敏分别于 2002 年、2005 年对全国 300 多个村庄、2 万多农户的跟踪研究；何广文和李莉莉 2005 年对贵州省 502 个样本农户的研究，等等。该阶段的研究逐步引入了新制度经济学的概念框架与分析范式，用制度变迁理论来解释和指导农村金融制度的演变与创新

（李春来，2004；张杰，2003）。研究表明，不同区位、不同经济发展水平下的农户其融资行为虽然存在一定的异质性，但同时也存在许多共性。在研究内容上，主要集中在以下几个方面：

1）不仅关注农户正式的融资制度，而且对非正式融资制度也给予了较多研究。学者们主要围绕农户融资的来源、数量、用途、成本、风险等展开了细致的分析。例如，史清华等（2002）1996年、2000年对山西太原、大同等10个地市民间借贷的研究；温铁军（2007）、曹力群（2001）2000年对我国东、中、西15个省份农户间私人借贷的研究；何军等2005年对江苏沭阳等6个县市、481个农户民间借贷的研究，等等。学者们认为，民间借贷一直以来都是农户外源性融资的首选渠道和主要渠道，而私人借贷又是农户民间借贷的主要形式。所有研究表明，私人借贷至少占农户借贷总额的70%以上，有的地方甚至高达90%。何广文进一步指出，这种现象是既有的融资制度下农户融资行为被扭曲的结果，与市场经济在农村的发育和农户真实的融资意愿相悖（何广文，1999）。关于农户融资的数量、用途和风险，学者们得出了基本一致的结论：在数量上以小额为主，非生产性的借贷在全国大多数地方占主要地位，整体风险并不十分突出。但在农户的融资成本和信息优势上则开始出现分歧。大多数学者认为，农户间私人借贷与正式借贷相比，具有明显的成本优势和信息对称优势。但也有学者提出异议，如中国人民大学张杰（2001）指出，农户私人的友情借贷还包括"面子成本"，而这一成本在正式金融中介借贷中是不存在的，由此可以推论，随着"面子成本"的上升，私人借贷的成本优势则要大打折扣。刘民权（2006）则指出，随着经济的进一步发展，农户对资金的需求量越来越大，信贷圈子也被要求进一步扩大，农户间私人借贷的信息优势和资金供给的能力将会受到挑战。换言之，农户间私人借贷只在特定地域范围和特定金额内具有优势，即有限度的优势。

2）农户小额信贷制度成为学者们研究的重点。该制度自20世纪90年代初由中国社会科学院从孟加拉国"移植"和借鉴到国内后，学者们便对此产生了极大的研究兴趣，从当初的介绍性研究逐渐深入到较为系统的理论和实证研究，有关这方面的文献比较丰富，目前理论界关注的重点和难点是如何促进该融资制度的可持续生存和发展。

3）农户融资政策研究。在政策主张上，开始放弃"机构观"而转向"功能观"，主张建立适合农村和农户需求特点的、多样化的农村金融服务体系，对非正式融资制度给予了充分肯定。中国农业大学何广文（2004）认为，中国从20世纪80年代初就开始实行以机构多元化为主线的金融体制改革，但并没有实现对农村金融结构的优化，因此，应从金融"功能观"出发，建立多元化的金融组织。货币金融当局也持类似观点并正逐步付诸实施，典型的如农村商业银行的试点与推广，以及村镇银行的设立等。

0.2.2.2 征信制度的研究

征信制度是近几年中国理论界和实践界关注的焦点，学者们围绕该课题进行了若干实证研究，在以下两方面达成共识：一是征信制度缺失以及由此而引起了信贷市场交易效率的低下；二是农户征信制度的缺失已成为制约农户融资的瓶颈。但与国外相比，理论研究相对薄弱，主要探讨了以下几个问题：

1）征信模式的选择、运作与制度配置。石晓军（2007）对征信制度的设计进行了较为全面的研究，认为"功能"是征信体系的灵魂，并提出了"功能导向的国家征信体系规划方法"，进而指出了四种主流功能模式（惩戒型、惩戒监管型、促进型、监管促进型），不同的模式有不同的典型制度配置。至于征信制度的运作，具有代表性的观点是：由于中国的征信体系建设尚处于起步阶段，因此应选择政府推动和市场需求拉动两种力量共同作用的运作模式，即由政府或其代理机构建立统一的信息库，提供基本的征信产品，同时将数据提供给信用中介公司，再由中介公司开发成信用产品以满足各类授信机构的需求（张亦春，2004；国务院发展研究中心课题组，2006）。

2）征信体系的维系制度与个人隐私保护。对于征信体系的维系制度问题，姚明龙（2005）从信用维护的动力源角度给予了较完整的回答，他将信用维护的动力源归纳为四个方面：强制关系、利益交换关系、文化价值观和信息的完备性。但同时他又指出，信用能否维持最终取决于当事人的利益得失，进一步说，维持一个良好的信用必须满足很多条件，如延长行为主体的商业生命周期、增加守信者的收益、降低社会贴现率等。至于个人隐私保护问题，学者们基于个人信息的私有产权观，主要从法律角度提出了若干解决思路，如对征信机构、信息统计者、信息使用者进行法律规制等（裴平，2002；金雪军，2004）。

3）个人信用评判模型研究。中国于20世纪80年代在商业银行开始使用判断式信用评分，至今已涌现了许多模型，但这些模型主要运用于企业和城市居民。就农户信用评价模型来看，主要使用了两种方法：层次分析法和模糊数学方法（徐芳，2006；王树娟和霍学喜，2005），两种方法选取的指标大同小异，在一定程度上能判断农户的信用状况，但对农户的数据挖掘仍显不够，模型中没有充分体现农户的"信度"。更为重要的是，学者们虽然构造了一些农户信用评价模型，但将其开发成应用软件的几乎是空白。此外，理论界除了将信用评分当成一项技术来研究外，还将其上升到了制度层面。认为信用评分不仅是一项技术，其背后还体现了一定的制度效力，因为个人信用评分不仅影响到购买这种产品的特定个体的利益，而且还会影响到一大批不特定群体的权益，在信用评分是私人企业提供的前提下，完全可能是按照企业自身的利益原则而研发形成的。正因为如此，信用评分必须制定特定的规范约束，如对信用评价主体的资格限制、评分过程的法律规范等（龙西安，2003）。

已有研究虽然得出了许多富有启发意义的结论，但仍存在如下不足：

一是对策研究较多而理论研究相对缺乏。综观近期大量文献，学者们对特定地区特定时点的农户融资研究较多，研究中急于发现和求证各个因素之间的数量关系，而对整个融资制度体系及其本质较为忽视，跟踪研究亦不够。因此，这些研究成果只能解释农户融资行为的某个局部片段，难以抓住制度变迁的实质，所提出的对策建议只能作为特定研究对象的应急之举，不具有前瞻性和指导性。

二是从制度的供给与需求角度来研究和判别农户融资制度均衡性的成果十分少见。供需分析法是经典的现代经济学的研究方法，学者们从供需角度对农户融资的现实进行了许多研究，但是，这些研究多是针对融资数量多寡的研究，在制度的供求与融资数量的供求之间没有建立起十分紧密的联系，从而不可能完全揭示研究结果中应有的经济学含义，也不能上升到更高的理论层次。

三是没有科学回答现有的各种融资制度的效率状态。效率是评价制度优劣的重要标准，一项新制度产生的前提和必要条件是比以往制度更有效率。中国农户融资制度历经多次变迁，每一次变迁是否符合制度变迁的规律？换句话说，新的制度安排是否比旧制度更有效率？已有研究对此问题鲜有涉及，即便涉及，也没有建立评价制度效率的科学标准和评价体系，因此所得出的结论尚待进一步推敲。例如，中国农业大学李莉莉在其博士论文《正规金融机构小额信贷运行机制与绩效评估》中，通过选取有限的成功案例，对农户小额信贷制度进行了绩效评价，便得出小额信贷制度效率高的结论，这一研究方法本身就存在漏洞。众所周知，农户小额信贷制度不仅在全国可以找到成功的典范，而且也可以列举众多失败的例子，因此，前述研究结论是可以被证伪的。基于以上理由，继续加强和深化中国农户融资制度研究，十分必要。

四是对农户征信制度的设计主要停留在表面，尚未深入探究征信制度背后的其他因素。而要将农户纳入征信的范畴，首先必须对农户的金融信用度有较为准确的把握，分析现有征信制度安排的效率及其影响因素；其次，作为一项特殊资产，农户的信用信息应该属于农户自身还是金融机构？金融机构是否愿意共享农户的信用信息？如何利用先进的信息技术和方法对农户的信用度进行评价？以上都是亟待回答的重要问题。国外有关这方面的文献虽然比较丰富，但基于中国现实的文献并不多见，相关研究比较零散，尤其缺乏对中国农户的实证研究。此外，国外的研究结论是否适用于中国尚待进一步验证。

0.3 相关概念诠释与研究内容安排

0.3.1 相关概念诠释

0.3.1.1 农户

不同领域的学者对"农户"一词有不同的理解。根据研究目的，本书所指的农户是区位意义上的农户，即农村住户（rural households），指拥有农村户籍且居住在农村的居民户，既包括职业农户（farming households），也包括兼业农户和放弃土地但仍有农村户籍的个体工商户。

0.3.1.2 融资

学术界对"融资"一词有着不同的理解。传统解释以美国学者 Victoria Chick 为代表，将融资定义为"为支付超过的购货款而采取的货币交易手段或为取得资产而集资所采取的货币手段"，认为"融资问题常发生在个人或企业中间"（约翰·伊特韦尔，1992）。这一定义仅考虑了微观经济主体的融资，而忽视了宏观融资。我国绝大多数学者直接将融资与金融等同，认为融资就是资金的融通，融资活动就是信用活动或金融活动（江春，1999），融资不仅包括资金的流入，还包括资金的流出，是资金的双向互动过程。

新制度经济学派基于"交易观"的理论赋予了融资新的内涵。新制度经济学认为，交易无处不在，任何经济活动都可以还原为交易。相应的，融资可以定义为：融资是一种虚拟的、跨时期的交易行为，是当前的现金流与未来现金流的交易。故交易中不确定性较多，贷方承担的风险较大。风险越大，要减少此种风险所需的交易成本也越大，一旦交易成本大于或等于风险损失时，交易将不会发生。

综合以上观点，本书认为融资是基于信用的资金借贷活动，广义的融资是资金的双向对流过程，既包括资金的融入，也包括资金的融出，前者亦称为狭义的融资。本书既从农户需求的角度研究资金的融入活动，同时也从资金供给主体的角度探讨资金的融出活动。

0.3.1.3　融资制度

从动态的角度来看，融资制度是指通过一系列制度安排，将储蓄转化为投资的活动；从静态角度来看，是指在储蓄转化为投资的过程中，由货币金融当局制定、资金余缺双方经过重复博弈所形成的一系列借贷法规、条例、习惯等约束条件和行为准则。简言之，就是为资金余缺调节的制度安排。

一个完整的融资制度应包含以下几个方面的内容：①融资活动的主体和客体。融资活动的主体即参与融资的双方；融资活动的客体就是交易的标的物。随着金融创新浪潮的不断推进，融资的标的物经历了由原生到简单组合、衍生，再到复杂而精心设计的过程，但无论怎样创新其实质都是货币资金。②融资活动的载体，即金融中介，包括直接金融机构和间接金融机构。③保证融资活动正常、有效进行和延续的业务规制。这是融资制度的核心，包括正式融资制度和非正式融资制度。正式融资制度有：位于顶层的宪法秩序，如商业银行法；约束融资行为及融资双方之间的关系、界定融资交易基本条件的一系列具体的操作规则，如贷款条例等。非正式融资制度主要指习惯及道德规范，以及由此衍生出来的人们的具体借贷行为。

0.3.1.4　农户融资制度与一般企业融资制度的差异

农户融资制度与现代企业融资制度的差异源于小农户经济的特殊性。第一，农户在一定程度上是直接为自己消费而生产的单位，其生产抉择部分取决于家庭的需要，这与生产、消费分开的现代都市居民截然不同；第二，农户在某种程度上也是一个追求利润的单位，为市场而生产，根据市场信息来作出生产抉择（黄宗智，1986）；第三，农业生产的自然性状使得农户经济具有很大的周期性和自然风险，再加上土地的细碎化，农民无法实行规模经济的生产方式，这进一步导致农民的自给性生产倾向，结果使农民"取得生活资料多半是靠与自然交换而不是与社会交换"，又由于"农民没有任何丰裕的社会关系"（李守庸，1990），因而也就没有规范的社会记录；第四，农户的经济属于生态经济，生态环境是农村和城市的公共品，而公共品的购买者只能是政府部门，因此农户经济与国家公共财政又有着不可分割的联系。

与之形成鲜明对比的是现代企业的社会化大生产。现代企业的生产是规模生产，是超越自然约束的生产，是资本与产品的交换。在经济决定金融的客观经济规律下，农户融资制度与现代企业的融资制度必然存在差异，形成农村与城市两套不同的金融制度。

0.3.1.5　征信

征信即信用征集，指由专业化的、独立的第三方机构运用专门知识，通过依法采集企业或消费者个人的相关信息，建立信用档案，来对外提供其信用报告的一种活动。根据征信对象的不同，征信可分为企业征信和个人征信。在借贷市场上，征信可以有效降低交易双方的交易成本，建立信用监督和约束机制；征信制度的推行使金融机构能有效瞄准合格的、潜在的借款人，为信用管理决策提供重要支持；借款人凭借其个人信用评分可以克服抵押品不足的情况。本书所研究的是农户个人征信。

0.3.2　研究内容

本书共分 11 章展开论述：

第 1 章，融资制度与征信制度的理论分析。本书的理论基础是新制度经济学的制度变迁理论与征信理论。该部分全面梳理了制度的内涵；在对制度变迁的一般理论模型、制度变迁的均衡理论和制度的效率理论逐一进行评价的基础上，说明了选用以上理论作为研究基础的原因；系统阐释了征信的内涵和外延，归纳了征信的基本理论假设与原理，并运用信息不对称理论和激励理论解释了征信制度的理论基础，介评了征信的几种基本形式；在信用评价理论部分，总结了信用评价的必要性与前提条件，并揭示了信用评价的主要理论依据。最后，最后形成了本书的基本分析框架。

第 2 章，农户融资制度供给及其变迁。分 3 个部分：第 1 部分，全面梳理中国改革开放以来农户正式融资制度的供给及其变迁。包括：农村信用社农户融资制度的供给及其变迁；农业银行农户融资制度的供给及其变迁；邮政储蓄"负向"融资向"正向"融资的制度转变。第 2 部分，回顾中国农户非正式融资制度的供给及其变迁，包括农村合作基金会农户融资制度——从诱致性制度变迁到强制性制度变迁，民间自由借贷的农户间互助融资制度，非政府组织专项农户融资制度。第 3 部分，对中国农户融资制度变迁的简要评价。

第 3 章，农户融资制度需求的分析。分 4 个部分：第 1 部分，中国农户融资需求的一般特征。第 2 部分，中国农户融资需求的进一步实证。第 3 部分，中国农户融资行为所体现的制度需求指向。第 4 部分，农户融资制度供求非均衡及其原因分析。

第 4 章，中国现行农户融资制度效率评价。分 4 个部分：第 1 部分，农户融资制度效率评价的指标体系设计。具体包括制度效率评价的理论模型和农户融资制度效率评价的指标设计。第 2 部分，中国现行单个农户融资制度的效率评价——实证分析。具体包括中国现行农户正式融资制度的效率评价和中国现行农户非正式融资制度的效率评价。第 3 部分，结论与政策含义。

第 5 章，中国农户正式融资制度的帕累托改进。分 4 个部分：第 1 部分，制度帕累托改进的含义。第 2 部分，中国农户融资制度帕累托改进的瓶颈：交易成本过高。第 3 部分，国内外农户融资制度帕累托改进的经典案例——孟加拉国的"GB 模式"、山西省龙水头扶贫基金会模式。第 4 部分，中国农户正式融资制度帕累托改进的策略选择。

第 6 章，中国农户金融信用度的实证研究。分 3 个部分：第 1 部分，农户金融信用度及其影响因素的理论分析；第 2 部分，农户金融信用度测评的模型选择；第 3 部分，农户金融信用度的实证研究与基本结论。

第 7 章，农村信用社农户征信制度效率的 DEA 模型评价。分 3 个部分：第 1 部分，征信制度效率的内涵；第 2 部分，征信制度效率的理论模型与评价指标；第 3 部分，中国现行农户征信制度效率的实证分析与基本结论。

第 8 章，农户征信与信息共享的理论与实证研究。分 3 个部分：第 1 部分，农户信息的产权界定；第 2 部分，农户信息共享实现的条件；第 3 部分，农村信用社征信与信息共享的实证分析与基本结论。

第 9 章，国外征信制度借鉴与中国农户征信制度的设计。分 3 个部分：第 1 部分，征信国家不同征信模式的选择与发展；第 2 部分，征信发达国家的制度内核；第 3 部分，中国已有征信模式与评价；第 4 部分，中国农户征信制度的选择。

第 10 章，征信条件下中国农户信用评价模型研究。分 3 个部分：第 1 部分，对现有农户信用评价方法与模型的评价；第 2 部分，基于概率神经网络方法的农户信用评价模型设计；第 3 部分，农户信用评价模型的构造与模拟效果评价。

第 11 章为全书结论与研究展望。

0.4 研究方法与数据资料来源

0.4.1 研究方法

本书坚持规范分析与实证分析相结合、定性分析与定量分析相结合、静态分析与动态分析相结合的方法论，具体采用了如下方法：

1）制度经济学的分析方法。该方法贯穿整个研究的始终，其中，运用新制度经济学的制度变迁理论模型研究方法分析了农户融资制度。具体如下：①运用制度变迁的一般理论模型，分析了中国农户自 1979 年以来融资制度变迁的路径；②运用制度供求与均衡理论，阐释了中国农户融资供求意义上的均衡表现与原因；③运用制度效率理论模型，对中国农户融资制度的整体效率和单个融资制度的效率作了评价；④在制度变迁理论的框架内，借助交易成本理论与契约理论的分析方法，探讨了中国农户融资制度的帕累托改进策略。运用新制度经济学的制度设计理论构建中国农户征信制度的基本理论框架；运用制度效率理论模型界定征信制度效率的内涵并提出评价指标。

2）供求分析法。供求分析法是经典的现代经济理论研究方法，本书利用该方法的主要目的在于探求制度供需之间是否均衡以及均衡或非均衡的程度。本书第 2 章、第 3 章分析了农户融资制度的供给和需求，得出了供求非均衡的结论。

3）实地调查研究方法。本书通过对湖北省天门市 198 个样本农户的问卷调查，分析了农户的一般金融行为，对农户借贷的实际渠道与意愿渠道、借贷数量、利率、借贷的规范性、借贷期限、对融资制度的认知等进行了统计研究；走访了中国人民银行武汉分行调查统计处、中国人民银行天门市支行以及相关信用合作社的负责人和信贷员，获取了农户融资状况的基本数据。

4）数理模型研究方法。影响农户融资供给和需求的因素错综复杂，但究竟哪些因素起主要作用是定性研究所不能回答的问题，本书运用全概率模型——Probit 模型分离出影响农户融资需求的主要因素，测定各因素的影响概率，为帕累托改进的可能方案选择提供依据；为分析农户金融信用度，还运用 Logistic 模型对影响农户金融信用度的因素进行了实证分析；采用 DEA 模型对现行农户征信制度效率进行实际测评；采用因子分析法、主成分分析法及概率神经网络（PNN）模型，并纳入新的研究参数，对中国现有的农户信用评价模型进行修改，建立了新的农户信用评判模型。

5）案例研究法。案例研究法是测评制度效率的重要方法之一。本书第 4 章选取了湖北省随州市农村信用社小额信贷的一个完整案例进一步分析了农户小额信贷制度的效率。此外，由于对交易成本的测度存在技术上的困难，因此第 5 章选取了国内外两个经典案例，对两种不同制度的交易成本进行了较为具体的分析。

6）比较分析法。比较分析法是进行制度研究的一个重要方法。本书在如下几个方面作了对比分析：农户融资及融资制度供给与需求的对比；正式融资制度与非正式融资制度的运行特征与效率的对比；农村信用社农户小额信贷制度效率与农村中小企业信贷制度效率的对比；已有实证研究结论的对比；国内外两个典型案例的对比分析；征信发达国家制度内核的对比。

7）博弈论方法。融资是资金供给者和资金需求者之间的金融交易，交易能否达成以及在何种情况下达成取决于双方博弈的条件与均衡解。本书构造了一个2人博弈模型，说明要达到有效率的均衡解必须具备的条件。

0.4.2 数据资料来源

0.4.2.1 统计年鉴资料

本书所用的统计资料主要来自官方统计年鉴，如《中国金融年鉴》、《中国统计年鉴》、《中国农业发展报告》、《中国农村住户调查年鉴》、《中国政策年鉴》、《中国经济体制改革全书》、《湖北统计年鉴》、《天门市统计年鉴》等；同时也有少部分取自中国金融网、中国农村金融网、国家邮政储汇局网站、新华网、中华小额信贷网等网站发布的数据。

0.4.2.2 实地调查数据资料

实地调查数据主要通过问卷调查与访谈获取。关于农户融资制度方面的资料，本书作者于2006年8月赴湖北省天门市，选定了三个经济发展水平不同的地区进行农户调查，这三个地区分别是：岳口镇、多宝镇、多祥镇，取得有效问卷198份；走访中国人民银行天门支行统计科的王叶芹女士，了解天门市农村信用社农户信贷的整体情况，并获得了相关内部资料；走访岳口镇、多宝镇、多祥镇基层农村信用社负责人、信贷员，其中岳口镇新堰乡信用社员工徐志海、多宝信用社的负责人王主任、多祥镇麻洋信用社的统计员曾嵘比较全面而客观地反映了本区域农村经济和农户借贷的基本情况，提供了大量信息。

关于农户征信制度方面的资料，本书作者带领课题组成员分别于2008年7~9月、2009年1~2月、2009年6~10月对农户金融信用度、农村信用社征信与信息共享意愿、农户借贷经历与还款情况进行了问卷调查，分别获得561个、336个、130个有效数据。另外，走访了中国人民银行武汉分行征信处、湖北省农村信用联社信贷管理处等相关职能部门负责人，获取了大量信息。以上信息已被加工整理后融入全书中。

0.5　创新点与不足之处

0.5.1　创新点

1）研究对象和研究视角新。本书运用新制度经济学的制度变迁理论、制度供求与均衡理论、制度效率理论和社会经济学的相关理论，并借助现代计量经济学的分析工具，来研究中国农户融资制度，是一个较为新颖的分析视角。此外，在征信客体的选择上，将研究对象定位于农户，分析农户征信制度的效率与信息共享意愿，并提出农户征信制度设计的基本设想，是对现有研究范围的扩展。现有关于征信制度的文献多针对企业和城市居民，且鲜有从制度效率和信息共享意愿角度来探讨我国农户征信制度设计的成果。因此，本书的研究对象及研究视角均具有一定新意。

2）引入了新的分析方法。本书将"制度的均衡"与"制度的效率"两个概念结合起来构建了制度效率的理论模型，提出了农户融资制度的中介目标和最终目标，并在此基础上提出了评价农户融资制度效率的四个主要的且可量化的指标：覆盖面、交易成本、可持续性和收入增长水平，并用前三个指标进行了实证分析。该方法的使用，改变了以往农户融资制度效率评价中的模糊性和主观臆断性，使得研究结论的可信性增强。在农户信用评判部分，本书运用概率神经网络模型方法，重新构建了农户信用评判模型，使农户信用评价方法更加科学，所得结果更加可靠，有较好的现实指导意义。

3）修正和补充了已有研究成果。已有研究成果中，多数学者将正式和非正式融资制度置于同等重要的位置，对非正式融资制度给予很高的评价和期望，将农户融资条件的改善过多地寄托于非正式融资制度，而本书所得结论对该观点有所扬弃。本书研究发现，农户正式融资制度的效率虽然低于非正式融资制度，但随着农村经济社会的转型，非正式融资制度的适应性效率正在逐步递减，短期内缺乏帕累托改进的空间，其固有的局限性决定了该制度只能对正式融资制度起到拾遗补缺的作用。因此，完善中国农户融资制度，解决农户融资制度效率低下的根本在于对正式融资制度的帕累托改进，而改进的核心则是如何降低交易成本，这一结论对已有研究成果是一个修正与补充。

0.5.2　研究的不足

对制度效率的测算是一项十分有意义但极具挑战性的工作。新制度经济学派对此尚无十分成熟并为大家广泛接受的分析范式，本书虽以农户融资制度为对象作了一些尝试，但仍有不足，主要表现为对制度环境的重视不够。由于篇幅所限，对于市场份额较小的非正式融资制度，本书未涉及。此外，对中国农户征信制度设计的研究尚不够深入，相关实证分析的区域范围有一定的局限性。具体如下：

1）本书对农户融资制度的效率评价只侧重于经济效率评价，没有考虑制度的社会效益。对制度经济效率的测算和评价需要大量而详细的数据支撑，但由于受统计制度的局限性等原因，掌握的数据比较有限，且在对农户正式融资制度效率的测算过程中与制度环境的结合并不紧密，对农户正式融资制度效率的地区差异性，仅根据理论推导给出了解释，没能进一步深入探究其原因。

2）本书所得结论认为影响农户正式融资制度效率的两个主要因素是交易成本和风险控制制度，但交易成本的影响因素更大，因此仅针对交易成本过高提出了若干对策建议，而对如何建立风险控制制度没有展开分析，这也是农户融资制度变迁中需要关注的重要内容，有待今后进一步探讨。

3）由于时间和精力有限，本书的实证研究区域仅限于湖北省，对于西部欠发达地区、东部发达地区没有展开相应调研，因此所得结论可能存在一定的局限性。另外，农户征信制度的选择是一个非常复杂的课题，与一国政府的偏好、征信基础、金融发展水平、融资方式等密切相关。具体到中国应选择什么征信模式？本书虽明确指出信用商品化是中国农户征信制度设计的核心，但论证还需加强，且具体应如何操作，尚需进一步深入研究。

第1章
基础理论与本书的分析框架

本书的理论基础是新制度经济学的制度变迁理论，因此有必要对相关基础理论作一梳理，并在此基础上构建中国农户融资制度分析框架。制度变迁理论包括制度变迁的一般理论模型、制度变迁的均衡理论以及制度的效率理论，该理论对现实问题极具解释力而备受学者青睐，也为我们进行制度的重新设计提供了有益的指导。

研究制度变迁理论的经济学家颇多，如马克思、科斯、舒尔茨、诺思、托马斯、拉坦、速水、菲尼等，但最重要的代表人物则是诺思。诺思在其代表作《经济史中的结构和变革》和《制度、制度变迁与经济绩效》中系统地阐述了制度变迁的理论及其思想。本章主要介绍诺思的制度变迁理论。

1.1　制度与制度变迁的一般理论

1.1.1　制度的含义

1.1.1.1　马克思的制度观

马克思主义政治经济学的突出特点是重视对制度的研究，把制度视为经济发展的内生变量，从而构造了宏观的制度经济学体系。基于历史唯物主义的制度分析框架，马克思将生产关系的总和定义为经济基础，将建立在经济基础之上的法律、政治、意识形态等上层建筑定义为真正的社会制度。在马克思看来，制度不仅包括作为经济制度的生产关系，还包括作为与经济制度相适应的政治、法律等制度体系（孟宪俊，1987）。列宁指出："马克思认为经济制度是政治上层建筑借以树立起来的基础，所以他特别注意研究这个经济制度。马克思的主要著作《资本论》就是专门研究现代社会即资本主义社会的经济制度的。"（中共中央马恩列斯著作编译局，1972）

马克思关于社会制度的分析和界定有如下几个特点：①制度是历史的、演进的和动态的，要研究长期的经济发展和制度变迁就必须从历史的视角出发，且制度是可变的。马克思认为，制度作为一个经济范畴总是历史的和具体的。在生产力和生产关系、经济基础和上层建筑对立统一的矛盾运动下，任何制度都处在不断的发展和变化之中。马克思还强调，社会制度变迁并不是个人需要的结果，因为个人的需要是受制于特定社会生产关系或社会制度的，而社会制度的存在状态又是受制于社会生产力发展水平的。因此，研究制度和制度变迁不能从个人需要出发，而应该从生产力发展水平及其与生产关系的相互作用出发，唯有如此，才能揭示社会经济制度变迁的真正动因。②制度具有二维的性质。马克思认为，制度具有两重性质：一是效率性，这实际上是制度的功能；二是公平性，公平的效率是有利于人的全面发展的制度。与新制度经济学派仅从效率角度考评制度的优劣相比，马克思的制度观凸显出其全面和人文的一面。

1.1.1.2 早期制度学派（19 世纪末至 20 世纪初）的制度"旧说"（刘树成，2005）

早期制度学派的主要奠基者、美国经济学家凡勃伦（Veblen Torstein Bunde）并没有明确界定制度的含义。他认为，制度是由人们的心理动机和生理本能所决定的思想和习惯形成的，人类的进步和社会结构的演进，是制度的一个自然淘汰过程，是个人在环境变化下强制性的精神适应过程。早期制度学派的另一代表人物康芒斯（John R. Commons）则认为，"'制度'这个名词的意义不易确定"，"但如果要找出一种普遍的原则，适用于一切所谓属于制度的行为，我们把制度解释为'集体行动控制个体行动'"（康芒斯，1962）。在集体行动中，最重要的是法律制度，制度分析的基本单元是交易，所有权是制度经济学的基础。凡勃伦的学生米契尔（Wesley Mitchell）以经验统计的分析为依据，强调制度因素对经济过程的重要性。由此可见，早期制度学派虽然注意到并率先对制度进行经济学意义上的研究，但对于什么是制度尚处在抽象探讨和百家争鸣的状态。

1.1.1.3 新制度经济学的制度"新说"

截至目前，新制度经济学对于制度的界定仍没有达成高度统一的意见。科斯、诺思、舒尔茨等都曾给制度下过定义，但这些定义总体上比较抽象，不具可操作性。科斯曾经说道："这件事（指给"制度"下定义）留给别人去做，如诺思在这方面做了一些工作，我是没给过什么定义。我所说的制度无非是指法律、市场和企业等。"（盛洪，1996）相对而言，诺思给出的定义比较"标准"，并为大多数人接受（程恩富和胡东明，2005），并且诺思的制度变迁理论几乎被公认为新制度经济学的成熟理论（孙明泉和张雁，2006），因此，此处仅介绍诺思关于制度的有关观点。

作为新制度学派的主要代表人物，诺思对"制度"的理解也经历了一个从抽象到相对具体的过程。在其所著的影响巨大的《经济史中的结构与变迁》一书中，诺思指出，"制度是一系列被制定出来的规则、守法程序和行为的道德伦理规范，它旨在约束追求主体福利或效用最大化利益的个人行为"。随后不久，诺思在其《制度、制度变迁与经济绩效》一书中，从功能的角度对制度作了进一步的解释。诺思认为，制度界定和限定个人的选择集，制度的主要功能在于通过建立稳定的制度来减少未来的不确定性。但诺思同时又指出，稳定的制度不等于一成不变的制度，各种制度都处在不断的演进进程之中，从而不断地改变着我们的选择集。

诺思关于"制度"的最详尽的解释在其1993年发表的《制度变迁的理论》一文中，在该文中，诺思指出，制度是人们所发明设计的对人们相互交往的约束，它由正式的规则、非正式的约束以及其实施机制所构成。其中，正式的规则是指约束人们行为关系的有意识创设的行为规则；非正式约束是人们在长期交往中无意识形成的行为规则，如价值观念、道德观念、风俗习惯、意识形态等，它们起着弥补正式规则缺位（不足）的作用；制度的实施机制是制度构成的第三个重要部分，也是不可或缺的一个组成部分，尤其是对于正式规则来说，如果没有健全的实施机制，正式规则将不会起任何作用。

1.1.1.4 国内学者对制度的理解

自从新制度经济学的研究成果和研究范式被引进国内后，研究"制度"的经济学家日益增多，但对于什么是"制度"，学者们并没有作更多的探讨，因此也没有给出一个被广泛接受和认同的定义。从作者所涉猎的文献来看，对"制度"的理解大致有如下几种：

1）"宽泛论"。北京大学汪丁丁（2005）指出："广义而言，任何'结构'都是制度"，制度的"本质是一种社会现象，是一种关系束，制度无所不包"。而且，"制度是千差万别的，如果试图定义'制度'概念，就会遇到许多一开始我们不打算解决的麻烦"。

2）"正式论"。复旦大学韦森教授认为，"institutions"是一个带有宽泛含义的"秩序"概念，从中文意义上讲，"制度是正式规则中的秩序和秩序中显出来的正式规则的整合"，与现实某种社会秩序重合的正式规则，可以被称为

"一项"制度，而在正式规则约束下而产生和存在的秩序，则可以被称为"一种"制度。并且，韦森还强调制度是正式约束规则，且一般是用语言文字写下来的正式约束规则。至于习俗则是一种非正式约束，是惯例，一旦习俗和惯例变成了正式规则，变成了法律原则和用书写语言记下的契约和规章、规程，就成了制度（汪丁丁等，2005）。

3）"继承与综合论"。林毅夫（1994）指出，经济学意义上的"制度"即制度安排，是指管束特定行动模型和关系的一套行为规则，是获取集体行动收益的手段。制度安排可以是正式的，也可以是非正式的。同时，制度安排与制度结构不同，后者指一个社会中正式的和非正式的制度安排的总和。该定义秉承了新制度学派对制度的权威界定，并且具有可操作性。本书在研究过程中遵循这一划分。

1.1.2　制度变迁的原因、内在机制与原则

1.1.2.1　制度变迁的含义与原因

根据诺思的经典定义，制度变迁是指"制度创立、变更及随着时间变化而被打破的方式"（诺思，1994a），"是对构成制度框架的规则、准则和实施的组合所作的边际调整"（诺思，1994b）。"经济变迁是一个无处不在、持续进行的增量过程，它是组织内企业家每日每时进行选择的结果"（诺思，1994c）。综上所述，制度变迁可以从以下几个方面来理解（卢现祥，2003）：从变迁的最终结果来看，制度变迁是一种制度被另一种效益更高的制度替代的过程，但不排除有些无效制度长期存在这一事实；从变迁的过程来看，制度变迁是对一种更有效益的制度的生产过程；从经济活动的对象来看，由于制度变迁涉及的是人与人之间的交易，因此制度变迁的实质是制度的交易过程。

原有制度为什么会被打破？诺思从稀缺、竞争、学习、选择四个方面探究了制度变迁的原因。诺思指出，"经济变迁是一个无所不在、前进、累积的过程"，经济"变迁的基本源泉是组织中企业家的学习"，通过学习改变对现有制度的评价，而学习又源于竞争的存在。相应的，"学习的速度将会反映组织之间竞争的激烈程度"。稀缺性越大，竞争越激烈，学习动机也会越强；变迁的速度决定于学习的速度，而"学习种类决定经济变迁的方向"。诺思进一步认为，经济制度之所以会发生变迁，在于学习后人们的理性选择，即"个体认识到他们可以通过重构交易（包括政治的和经济的）而做得更好。因此，制度就会被修改"，制度变迁"伴随着组织中企业家领悟力（的提高）普遍地

不断发展"（Douglass C North，1993）。从以上分析不难看出，诺思是从需求诱致角度来探讨制度变迁的原因的。

除诺思外，另一著名经济学家舒尔茨是用新古典经济学的供求分析框架来解释制度变迁的原因的。舒尔茨认为，制度作为一种服务的供给，其变迁源于为适应人的经济价值的提高而做出的滞后的调整，这一分析框架影响了后来众多研究制度变迁的经济学家，如诺思、戴维斯、拉坦、林毅夫等。诺思在《经济史中的结构和变革》一书中，对以前的需求分析框架进行了补充和修正，将供给因素纳入制度变迁的分析框架中。

1.1.2.2　制度变迁的内在机制与原则

关于制度变迁的内在机制与原则，新制度经济学家从需求和供给两方面做了回答。科斯、诺思等从制度变迁的需求诱致机理出发，指出制度之所以被重新安排，在于行为者可以从重新安排中获取潜在的收益，这体现为对新制度的需求，且必须满足变迁的收益大于变迁的成本这一基本原则。拉坦在以上结论的基础上进一步指出，制度变迁不仅取决于更为有效的制度需求，而且还取决于社会与经济行为以及组织与变迁的知识供给是否发生了进步。菲尼指出，需求是导致制度变迁的必要条件，但不是充分条件，需求能否成为现实，还取决于制度供给者的安排能力和意愿、供给者预期的实施成本、上层决策者的净利益等。

值得注意的是，上述对制度变迁收益与成本的经济计算并不是制度变迁的唯一动力，意识形态对于制度的维持与变迁亦发挥着重要的作用，意识形态具有判断现行制度结构是否合乎义理的功能①，从而影响人们的选择。

1.1.3　制度变迁的过程和方式

为了说明制度变迁的过程，诺思引入了初级行动团体、次级行动团体以及制度装置的概念。初级行动团体和次级行动团体均是决策单位，其中，前者是单个人或由个人组成的团体，当这一行动团体认识到只要改变现有安排结构就能获得潜在的收益时，就会选择启动制度创新的进程；后者则是帮助初级行动团体获取收入的决策单位。具体而言，制度变迁的过程是：当个人或团体认识

---

① 关于意识形态影响制度变迁的观点，诺思、林毅夫等均已注意到这一点。关于这方面的文献可参阅：林毅夫. 关于制度变迁的经济学理论：诱致性变迁与强制性变迁.//R. 科斯，A. 阿尔钦，D. 诺斯. 1994. 财产权利与制度变迁——产权学派与新制度学派译文集. 上海：上海三联书店，上海人民出版社，1994；道格拉斯·诺思. 1994. 制度、制度变迁与经济绩效. 上海：上海三联书店.

到潜在利润的存在，就会形成推动制度变迁的初级行动团体，初级行动团体会提出制度变迁的方案并推动和实施制度变迁。在这个过程中，如果初级行动团体的力量薄弱或缺乏组织，就有可能形成推动制度变迁的次级行动团体，由次级行动团体协助制度变迁的实现。当然，并不是所有的制度变迁都存在次级行动团体。行动团体获取制度变迁的收益是通过制度装置来完成的，所谓制度装置，是行动团体为实现制度变迁而利用的文件和手段，当这些装置被应用于新的安排结构时，行动团体就利用它们来获取外在于现有安排结构的收入。

关于制度变迁的方式，诺思指出，绝大部分制度的变迁都是渐进式的。渐进的变迁是指交易的双方（至少交易双方中的一方）为从交易中获取某些潜在收益而再签约，这类再签约可能从非常简单的形式到政治革命形式。与之相对应的是突进式变迁，突进式变迁采取的是激进式和强制的变迁方式，如革命、武装暴力等。然而，大多数经济学家习惯于按照变迁主体的不同将制度变迁分为强制性变迁和诱致性变迁（林毅夫，1994）。强制性制度变迁由政府命令和法律引入和实行，这一概念由国内学者林毅夫首次提出并得到学术界的认可；诱致性制度变迁指的是现行制度安排的变更或替代，或者是新制度安排的创造，它是由个人或一群人在响应获利机会时自发倡导、组织和实行的过程。诱致性制度变迁一般由潜在的获利机会促成，而强制性制度变迁则很有可能仅仅是现有利益的再分配。当然这种划分并非绝对，如某些自发的制度变迁往往也需要政府的介入和推动。以上分析暗示着以下结论：当存在潜在获利机会时，诱致性制度变迁是较好的选择；当需要进行利益再分配时，强制性制度变迁则成为首选。

1.1.4 制度变迁的路径依赖

最早发现路径依赖（path dependence）现象的是经济史学家大卫·保罗，他在 1975 年初步阐述了这一思想并于 1994 年进一步完善。保罗发现，两种技术"一旦开始具体竞赛，可能会导致一种技术方案战胜另一种技术方案"，即便战胜方劣于战败方也是如此。出现这种结果的原因在于技术变迁过程中存在一种"不可逆转的自我强化趋向"，即具有正反馈机制的随机非线性动态系统，一旦为某种偶然事件所影响，就会沿着一条固定的轨迹一直演化下去，即使有更好的替代方案，既定的路径也很难改变（刘和旺，2006）。除保罗外，经济学家谢林（Thomas C. Schelling）于 1978 年指出了经济选择中的"互动性行为"（interactive behavior）问题（刘和旺，2006）。谢林指出，经济结果严重依赖于行为发生时的秩序，由于行为发生秩序的不同，次优的选择可能比最优的选择更为流行。这一结论与保罗的研究结果一致。

将以上现象作进一步探讨的经济学家是 V. B. 阿瑟。阿瑟指出，在技术变迁过程中，之所以一些小的历史事件或偶然情形可能导致一种技术战胜另一种技术，是因为技术变迁过程中存在四种自我强化机制，路线依赖性就是自我强化机制的结果之一。这四种强化机制分别是：①大规模地组织或固定成本，由此产生了随着产出增加而单位成本下降的优势。②学习效应。随着某项技术不断处于支配地位，人们会改进产品或降低生产成本。③协作效应。由于其他经济当事人采取相配合的行为，因此会产生合作利益。④适应性预期。当某项制度给人们带来巨大好处时，人们会对此产生强烈的适应性预期或认同，从而使制度进一步处于支配地位，而支配地位反过来又强化了人们的适应性预期。

受以上研究结果的启发，诺思（1994b）将技术变迁领域中的路径依赖思想引入到制度变迁理论中，进而提出了制度变迁的路径依赖理论。该理论认为，制度变迁同样存在自我强化机制，这种机制使制度变迁一旦走上了某一条路径，它的既定方向会在以后的发展中得到强化，即"人们过去做出的选择决定了他们现在可能的选择"。沿着既定的路径，制度变迁可能进入良性循环的轨道而迅速优化，也可能进入恶性循环的路径而被"锁定"在"无效"状态。同时，诺思指出，"有两种力量会规范制度变迁的路线：一种是报酬递增，另一种是由显著的交易费用所确定的不完全市场"。对前者而言，"在存在报酬递增时，制度是重要的，它确立了经济的长期路线"，因此，制度给人们带来的报酬决定了制度变迁的方向；对后者而言，由于市场是不完全的，存在着高昂的交易费用，因此，"行动者的主观主义模型将会被非常不完全的信息反馈及规定路线的意识形态所修正"，"持久的不良绩效将居于支配性"。此时，意识形态在决定制度变迁的路径上起着十分重要的作用。基于以上判断，诺思进一步认为，路径依赖理论是分析、理解和研究长期经济变化的一个非常有用的工具。不言而喻，这一理论对中国改革开放以来农户融资制度的变迁路径与原因无疑具有极强的解释力。

1.2 制度变迁的均衡理论

1.2.1 制度的均衡与非均衡：内涵与原因

从最一般的意义上讲，均衡即为"力量的平衡"，或者是一个没有内生的"变革倾向"的静止或稳定的状态，是任何特定的经济过程"倾向"的一个确定的结果（约翰·伊特韦尔，1992）。借助这一概念，诺思提出了制度均衡概念，用于对制度变迁的时机进行分析。他认为，所谓制度均衡是这样一种状态：在行为者的谈判力量及构成经济交换总体的一系列合约谈判给定时，没有一个行为者会发现将资源用于再建立合约是有利可图的，即制度均衡是指制度达到了博弈的均衡且资源得到了最合理的运用，是一种帕累托最优状态。当然，这一状态并不意味着每个人对现有规则和合约都满意，而是因为改变现有合约的成本相对收益而言过高。制度非均衡则与之相反，制度非均衡会引发制度变迁。那么，制度为什么出现不均衡？诺思将其归结为相对价格的变化，认为相对价格的变化导致重新谈判后一方或双方新增"剩余"的增加，进而引发"变革倾向"。

国内学者张曙光（1992）在诺思的定义框架内从供求角度进一步探讨了制度均衡与非均衡的内涵，并从外部因素与内在矛盾指出了制度非均衡的原因。张曙光认为，从供求关系看，制度均衡指制度供给和制度需求互相适应的一种满足或满意状态，在这种状态下，人们无意且无力改变这一既有制度。其中，制度的需求来自于制度服务的接受者的需求，需求是否产生以及是否构成有效需求取决于制度的运行成本与社会净收益的大小；制度的供给来自于制度提供者，供给是否实现取决于个别制度的变迁成本和收益的对比。制度的运行成本与制度的变迁成本有着根本的区别：运行成本指为维护一种制度安排和制度结构的运转所必须耗费的费用，它是在制度建立起来并投入运行之后才发生的费用，而且是一种时时刻刻都发生的经常性费用，由一系列的"费用流"组成；变迁成本是指为建立一种制度安排和制度结构而耗费的费用，由于制度的变迁时间较为短暂，因此该费用可以看成是一次性支出。制度变迁一经完成，变迁费用则立即消失，而运行费用亦相继发生。由此可知，制度需求与制度供给的成本收益函数是截然不同的，因此必将导致二者收益曲面的迥异，即供需不仅不可能完全重合，而且经常会出现较大的差异，这种差异克服的过程即是制度从非均衡到均衡的过程。这一解释使制度均衡与非均衡的含义更加简明。

制度均衡与制度供需之间的互相适应与调整过程如图 1-1 所示。

何时才能实现制度的变迁进而实现由非均衡向均衡的飞跃？由以上分析可知，要实现制度供需的均衡，必须同时满足以下两个条件：①对需求方来说，制度变迁的社会效益大于社会成本；②对供给方来说，制度变迁的个别收益大于个别成本，即只有在供需双方同时实现净收益大于零时，供需的双适应才能既有可能、又有能力达到。但是需要指出的是，即便已经满足了以上条件，制度的均衡也不可能马上实现，而是存在着一个时滞，这既包括认识时滞，也包括决策时滞、响应时滞、作用时滞等。因此，现实中更常见的是制度的均衡是逐渐实现的，遵循从局部到整体、从量变到质变的一般规律；相应的，制度的

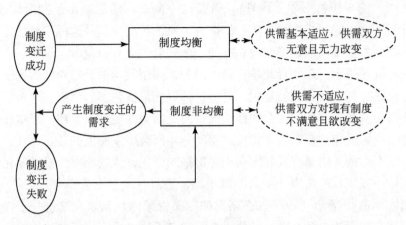

图 1-1　制度均衡状态与制度供需的动态调整

变迁也呈现出不断推进和积累的特征。

　　林毅夫（1994）在总结已有研究的基础上，全面而完整地回答了造成制度非均衡的原因。他认为，从某起始均衡点开始，有四种原因可能引起制度不均衡：

　　1）制度选择集合的改变。制度选择集合的改变源于以下原因：第一，社会科学的进步程度。社会科学进步的程度越高，越能提高领会和创造新制度安排的能力。第二，与其他经济接触的情况。与其他经济接触能扩大制度选择的集合，受其他地区制度传播的影响，本地区可以采取"拿来主义"，进行制度的移植，但要做一定的适应性调整。第三，政府政策的改变。政府政策的改变有可能将某些制度从选择集合中剔除出去，也有可能引进新的制度选择。

　　2）技术的改变。技术变化是生产力的变化，生产力的变化会导致生产关系的变化，作为生产关系的制度为了适应生产力的发展，也会因此而改变。

　　3）制度服务的需求改变。要素和产品相对价格的变动会导致收益率发生变动，引起人们对能带来高收益制度的需求。

　　4）其他制度安排的改变。一个制度并不是孤立存在的，一项制度的安排和实施是彼此依、互相影响的，因此某个特定制度安排的变迁，可能引起对其他制度安排的需求。

1.2.2　制度非均衡的表现[①]

　　从供求关系来看，制度非均衡无外乎表现为以下两种情形：①制度供给不

---

①　本部分参考了卢现祥的《西方新制度经济学（修订版）》，但本人的观点与书中观点不尽一致。

足。这源于三个原因：一是制度供给者认识和决策的"时滞"与偏好；二是"搭便车"行为的普遍存在使制度供给的激励机制失效；三是制度供给的权力掌握在强大的既得利益集团手中，即使新制度的实施会带来总体收益的提高，但如果侵蚀了少数既得利益集团的利益，则新制度变迁会受到强大的阻力而供给不足。②制度供给过剩。制度供给过剩是指相对于制度的需求而言有些制度是多余的，是一种人们不愿利用或无法利用的制度，即缺乏可操作性或使用成本过高的制度。这种制度虽然存在，但由于形同虚设，相对于人们的现实需求是多余的、无意义的制度存在。当然这种制度也有可能被极少数人利用。

1.3　制度效率理论

1.3.1　制度效率的内涵与表征①

从经济学意义上讲，效率意味着在资源和技术条件限制下尽可能满足人类需要的运行状况，若该运行状态达到了帕累托最优，则称之为最有效率。诺思（1994a）认为，制度的效率是指在一种约束机制下，参与者的最大化行为将导致产出的增加，该产出不仅包括经济产出，而且还包括社会产出，因此，制度的效率包括社会效率和经济效率；相应的，效率的提高意味着以上两种效率的任何一个或两个均得到提高的情形（罗必良，2005）。如图 1-2 所示，E_0 代表原有制度效率，E_1 代表社会效率得到提高后的情形，E_2 代表经济效率得到提高后的情形，E_3 代表两者都得到提高后的情形。

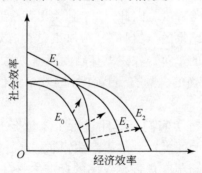

图 1-2　制度效率提高的三种情形

---

① 制度的效率和制度变迁的效率含义不同：前者是指实施制度本身所具有的效率，是静态的含义；后者是指实施制度变迁后所具有的效率，是动态的含义。但两者无本质区别，本书不作区别

一个有效率的制度必须具备何种特征？学者们对此进行了一些零星的讨论。诺思（1994b）指出，制度的稳定并不意味着效率的实现，因此稳定性并不能作为识别效率的特征，因为稳定性有可能是制度需求（或供给）一方或供需双方陷入僵局的一种状态。布坎南（1989）指出，同意的"一致性是检验效率的最终尺度"。同意的一致性是指制度变迁中参与交易的双方一致同意对现存制度做某种变动。国内学者伍山林（1996）不仅支持布坎南的这一观点，而且进一步指出，制度变迁的效率取决于制度供需双方同意的一致性程度。王有贵指出，有效率的制度应该达到两个标准，一是该制度能保障人们充分选择的自由；二是该制度能激励人们使经济从低效均衡向高效均衡的努力。

　　以上观点仅反映了学者们对有效制度看法的某些片段，德国新制度经济学家柯武刚和史漫飞（2000）更明确地回答了有效制度的表征。在其所著的《制度经济学——社会秩序与公共政策》一书中指出，有效制度的本质特征是该制度具有普适性：第一，制度应具有一般性，即制度不应在无确切理由的情况下对个人和情境实施差别待遇。第二，有效制度必须具有确定性，即必须是可认识的，并对未来的环境提供可靠的指南。这意味着有效的制度必须使人看懂其信号，且知道违反制度的结果。第三，有效的制度应具有开放性，以便允许行为者通过创新行动对新环境做出反应。

1.3.2　制度效率的评价标准

　　关于制度效率的评价是一个极其复杂的问题。林毅夫（1994）指出，由于某种制度安排"嵌在"制度结构中，故这种制度的效率还取决于其他制度安排实现它们功能的完善程度，因此，"单独挑出某个制度安排并绝对地讨论其效率是不会得到什么结果的"，研究一项制度是否有效率，必须具备对历史时间及地区的专门知识的了解，并注重其制度环境。此外，制度的社会效率不易量化，因此，提出明确的、具有可操作性的效率评价标准是一件十分困难的事。

　　虽然如此，制度经济学家们仍对此进行了大量努力，提出了若干评价标准，这些标准大致可归为两类：一是适应性标准。这一标准认为，人或组织同制度的适应性如何是判断制度是否有效率的标准之一（李怀，1999）。适应性效率的标准是：能为组织提供一种创新的机制，以适应外部不确定的世界；能消除组织的错误，分担组织创新的风险，并能保护产权。对于这一标准，诺思也持肯定态度。在1993年撰写的《新制度经济学及其发展》一文中，诺思指出，"持续良好经济运行的关键是要有一个灵活的制度机制，它能够根据技术的发展、人口的变化以及制度的震荡来进行调整"。二是成本—收益标准，以科斯、诺思、布坎南、布罗姆利、林毅夫等为代表。这一标准认为，当制度变迁的收益大于成本时，制度就是有效率的。科斯从交易成本的高低探讨了制度的有效性；诺思、布坎南、布罗姆利从制度变迁的动力机制得出了这一结论。必须指出的是，布坎南虽然提出"同意的一致性"是制度有效率的前提，但他并没有坚持以此作为评价制度效率高低的标准。布坎南（1989）指出，只要新的制度安排能产生比旧制度更好的结果，那么新的制度必定比旧的制度更有效率。林毅夫（1994）比较全面地阐述了制度有效的两个具体标准：①在相同的制度成本下，能提供更多服务的制度就是有效率的制度；②在提供相同服务的制度下，成本较低的制度就是有效的制度。

以上两个标准是否存在相通之处呢？本书认为，所谓"适应性"是属于主观感受的经验范围，不同的人对同一制度的感受是不一致的，且客观上也难以进行数量测度。但是这种主观感受上的适应性最终会表现为一个净结果——即一定数量与质量的净"产出"，因此，可以通过比较不同制度的净结果来判断哪种制度更有效率。从这个角度看，这与成本—收益原则并不存在根本的差异，相反，两者还可以找到相通的地方。

1.4 征信与信用评价的基本理论

1.4.1 征信理论

1.4.1.1 征信及其基本假设

（1）征信与农户征信制度的内涵和外延

征信最早源于《左传》曰："君子之言，信而有征，故怨远于其身。"大意是君子言而有信，信可验证，因此不会招人怨恨。就词义本身看，"征信"的"征"可理解为"征集"，"信"可理解为"信用"（中华征信所，2003）。近代的章太炎比较完整地将"征信"概念运用于学术研究中，"征信"被定义为"推校、推度、判断之意"。人民银行征信处将征信定义为：由专业化的第三方机构为建立信用档案，依法采集，客观记录个人或企业的信用信息，并依法对外提供个人或企业的信用报告的一种活动（百姓征信知识问答编委会，2008）。征信记录了被征信人过去的信用行为，这些行为将影响到其未来的经济活动。

当前对农户征信制度尚无正式定义。一般文献将农村征信系统定义为：为服务于农村、农业与农民，为"三农"融资提供信息支持，并为防范农村金融风险，保持农村金融稳定，促进农村经济金融和谐发展的一个现代信息服务系统（人民银行课题组，2006）。本书将农户（包括专业种植养殖户、农村工商企业、农业产业化龙头企业以及其他经济组织）征信制度定义为：通过为农村每一个从事经济活动的农户建立一套信用档案，把通过金融和非金融部门采集到的信用信息进行存储和加工，为农村社会交易提供信用信息产品，从而帮助金融机构防范信用风险，促进农户提高信用意识，改善农村信用环境和融资环境的一系列规章制度和实施机制的总和。

（2）征信的基本理论假设与原理

1）征信的起源与发展。征信最早起源于英美（李曙光，2006），征信在英国首先是针对个人欠债发展起来的，而美国的征信却是首先针对企业欠债发展起来的（万存知，2009）。18世纪初，随着中产阶级的逐步壮大，英国的一些银行开始允许客户透支，为了更好地鉴别客户的信用，银行开始建立客户档案，通过客户的历史信用记录决定是否提供透支服务，这是最早的个人征信雏形。1841年，美国纽约的蚕丝商人为了向贸易双方提供对方背景和资信信息服务，以防止交易双方的互不信任和欺诈，减少交易纠纷，成立了第一家商业征信公司（The Mercantile Agency），这是最早的企业征信雏形。

第二次世界大战后，随着经济的高速增长，英美等国家个人消费信贷、企业间信用交易逐渐出现并迅速增长，相应的，个人征信和企业征信亦得以迅速发展。如今，在技术创新和金融市场开放的驱动下，征信业在世界范围内得到了长足的发展，绝大部分发达国家与发展中国家，都不同程度地建立了本国的征信体系。世界银行1999年7月至2001年5月的调查表明，从全球范围来看，公共征信系统和私营征信公司并存，征信公司的存在为本国经济的发展作出了重要贡献（玛格里特·米勒，2004）。

中国现代意义上的资信调查产生于20世纪80年代后期，而真正的征信制度的建立则始于2002年以后。2002年2月，全国金融工作会议以后，建立企业和个人征信体系的任务提上议事日程，2002年11月党的十六大提出要"健全现代市场经济的社会信用体系"，2003年10月十六届三中全会提出"建立健全社会信用体系"，2003年11月成立了中国人民银行征信管理局，行使"管理信贷征信业，促进建立社会信用体系"的职能（中国人民银行征信管理局，2004）。

中国的个人征信始于1999年，以中国建设银行正式实施龙卡个人信用等级评定办法和上海资信公司的成立为标志（杜金富，2004）。而个人信用信息基础数据库的建立则始于 2004 年初，并于 2004 年 12 月实现了在 15 家全国性商业银行和 8 家城市商业银行在全国 7 个城市的联网试运行，2005 年 8 月底完成与全国所有商业银行和部分有条件的农村信用社的联网运行，经过 1 年的试运行，于 2006 年 1 月正式运行。

我国的个人信用信息基础数据库是世界上规模最大的个人征信数据库，截至 2005 年年底，个人信用信息基础数据库收录的自然人数已达到 3.4 亿人（其中有信贷记录的人数约为 3500 万人），收录个人信贷余额 2.2 万亿元，约占全国个人消费信贷余额的 97.5%。到 2006 年 1 月底，收录自然人数 4.86 亿，信息涵盖个人基本信息、结算账户开立信息、银行信贷信息和来自银行系统以外的住房公积金缴存信息等，基本实现了为城市和部分农村每一个有经济活动的个人建立一套信用档案的目标；银行信贷登记咨询系统的服务功能日显重要，全国统一的企业信用信息基础数据库开始投入试点运行；围绕征信系统建设所开展的非银行信息采集工作稳步推进；征信法规建设与征信管理工作取得进展。[1][2]

经过几年的征信建设，征信的效果初步显现：第一，扩大了信贷，各商业银行相继恢复了信用贷款；降低了商业银行信贷风险；第二，提高了社会大众的信用意识。除了金融领域之外，该信息系统的建设为其他行业的信用建设以及执法管理都发挥了重要作用（苏宁，2006）。

2）征信的假设前提。国内外的有关征信文献往往致力于介绍具体的征信服务活动及其发展，并未从原理上进行系统阐释。本书认为，征信之所以能解决借贷市场上借贷双方信息不对称的问题，主要源于以下四个基本假设前提：

第一，债务人机会主义行为的普遍存在。所谓机会主义行为，是指人一有机会就会现出损人利己的"本性"，即便有契约、法律和道德的限制，这种潜在行为也不能杜绝。在债务人违约、失信所得到的收益大于其损失时，这种行为愈容易出现。因此，审查债务人的历史信用信息，通过将债务人对一方的违约转化为债务人对所有人的违约，可以较准确地筛选出信用度高的客户。

第二，征信机构比银行有更强的信息优势。金融中介理论认为，银行的特点在于它们有能力收集借款人偿还历史的信息，并掌握借款人诚信度的无形知识。因此银行具有一定的信息优势。但是，即便如此，银行仍不能很好地克服信贷市场上的"道德风险"和"逆向选择"，主要原因在于：相对于借款人而

---

① http：//www.pbc.gov.cn/detail.asp？col=1422&ID=71.

② http：//www.pbc.gov.cn/detail.asp？col=1422&ID=69.

言，银行掌握的信息是有限的，进而导致借贷市场上"机会主义"的普遍存在。而征信机构作为独立的第三方，通过特有的信息采集机制和加工手段，能提炼出借款人的银行信息和非银行信息，并将其加工成产品——信用报告，对借款人的信用状况进行客观公正的评价，为银行信贷决策提供重要参考。

第三，信誉是一种个人独有的、长期积累的无形资产，可作为"抵押品"，这种抵押品在借贷市场上比有形资产抵押更重要。征信的最终产品是信用报告，信用报告的核心是提供了个人的还款历史信息，贷款人可以根据这些信息更加准确地评判信用风险，作出贷款决策。反过来，信用报告也加强了借款人的自我约束意识，因为借款人对一家机构的失信，将意味着对所有其他机构失信，进而导致其他机构拒贷。

第四，过去的信用表现能说明现在。行为学认为，人的行为具有一定偏好的稳定性，即人自身的状态和所处环境的状态的相关参数都被考虑在内之后，人的行为具有相对稳定的偏好，或者换句话说，人的行为决策不是完全随机的，一个人某个时刻对当时所面临的选择集的偏好次序，跟这个人自身的状态参数以及他所处的环境状态参数密切相关。正因为如此，个人的信用表现也就具有很强的连续性，即"历史会重演"，通过过去的信用表现会推测到现在及未来的信用表现。

1.4.1.2 征信制度的理论基础

信贷市场上面临的基本问题有两个：逆向选择和道德风险，该风险由信息不对称所造成。而征信则是矫正信息不对称的最直接而有效的手段，征信制度实施中的激励与惩戒又反过来进一步提高了信息披露的质量。因此，信息不对称理论和激励理论构成了农户征信制度研究的理论基础。

1）信息不对称理论。信息不对称理论是征信制度的理论基础之一。该理论认为：市场中交易双方所掌握的信息是不对称的，掌握更多信息的一方可以从信息贫乏的一方获益。信息不对称导致了借贷市场的逆向选择和道德风险。从信息不对称理论我们知道，信号传递可以解决逆向选择问题。所谓信号传递，即指自然选择代理人的类型，代理人知道自己的类型，委托人不知道（因而信息是不完全的），为了显示自己的类型，代理人选择某种信号，委托人在观测到信号之后与代理人签订合同。这一理论可以运用到农户征信制度之中。从农户征信制度的定义我们可知，农户征信通过信号传递（农户的信用报告）可以在农户信贷领域发挥作用，有效地防范借贷发生之前的逆向选择问题。农户征信系统作为一个信息共享平台，通过对贷款人各种信用信息的收集并借助于信用评分工具，准确地评估每个贷款申请人的信用度，并根据其信用度决定是否给予贷款以及贷款的额度和利率。同时通过农户征信的信号传递（农户的信用表现）还可以解决借贷市场的道德风险问题。因为借款人的每次借贷行为都会被记录到数据库，从而会对其以后的借贷行为产生长久的影响。

2）激励理论。该理论实际上是信息不对称理论基础的衍生。所谓激励，就是通过设计适当的外部奖酬形式，以一定的行为规范和惩罚性措施，借助信息沟通来激发、引导、保持和规范组织成员的行为，以有效地实现组织及其成员个人目标。激励分为正激励和负激励。正激励是指对符合组织目标的期望行为进行奖励；负激励是对违背组织目的的非期望行为进行惩罚。正负激励都是必要而有效的。激励不仅作用于当事人，而且会间接地影响周围其他人。

激励理论是征信制度的理论基础，这集中体现在征信制度具有激励负债人的作用。国外学者 Jappelli 和 Pagano（2005）将征信体系的微观功能概括为：惩戒、促进和平衡，这三大功能都是征信制度中激励理论的具体表现。所谓惩戒功能，是指通过征信手段，使失信者的融资成本增加，甚至不能继续融资，征信体系实现惩戒功能的主要手段是"黑名单"。所谓促进功能，主要体现在降低融资约束和提高信贷水平两个方面。由于征信产品（如信用报告）是借款人的"信誉担保证"，因此，良好的信用记录就可以帮助借款人降低融资约束，解决实物抵押不足的困难。所谓平衡功能，是指银行为消除客户关于信用信息垄断可能会导致高利率和垄断利润的担忧，会自愿地进行信息共享、内生性地进行信息交流，以消除信用信息单独占有的"信息租金"，降低利率，促进借款人提高自身的努力程度，最终达到降低违约率的目的（Padilla and Pagano；Gehrig and Stenbacka）。

1.4.1.3 征信方式

征信方式是一个意义较宽的概念。从被征信方来看，有主动征信和被动征信；从征信方来看，有同业征信、联合征信和金融联合征信。本书对后者的基本原理与操作进行简要分析和介绍。

1）同业征信。同业征信是由征信机构在一个相对独立或封闭的系统内部进行信用信息调查和提供征信服务的征信方式。在这种征信方式下，征信机构的信息来源和信息使用都来自于同行业的企业，即原始信息的提供者，通常也是征信产品的使用者，征信机构不会向行业以外的社会和公众提供征信产品和服务。实行同业征信的目的，就是在一个体系内部实现信息资源共享，同时达到信息保密的目的。同业征信方式的原理如图 1-3 所示。

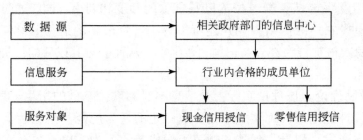

图 1-3　同业征信方式原理

资料来源：林钧跃，2007

实行同业征信的企业并不多，这些企业一般具有以下特点：①大多是赊销企业或授信机构，都需要征信服务；②属于信息敏感行业，法律法规要求对数据保密，信息的泄露可能引起法律问题；③信息的流失即便不引起法律问题，但会减少本企业的客户，降低本企业的竞争力。从世界各国的实践来看，商业银行、其他金融机构、通信行业比较适合使用同业征信。

由于同业征信的范围较窄，因此存在两大缺点：一是数据来源有限，导致信用报告的准确性不高，不能全面反映受信主体的信用状况；二是如果要提高征信准确度，则需要购买行业以外的征信数据，这势必增加征信成本。

2）联合征信。联合征信是指允许征信机构从多家信用信息源采集覆盖多个行业信用数据的形式。与同业征信方式相比，这种征信的范围较广，既可以向各类拥有征信数据的单位收集数据，又可以向各类合法的使用者提供信息。拥有征信数据的单位既包括政府部门，也包括非政府部门，如商业银行、公共事业单位、邮政、通信公司等。由于凡是拥有征信数据的非政府机构都是失信惩罚机制的成员，都是法定的合法用户，因此，提供征信数据的单位之间存在信息共享的关系。联合征信方式的原理如图 1-4 所示。

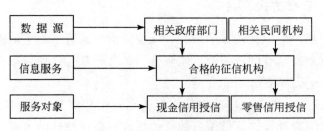

图 1-4　联合征信方式原理

资料来源：林钧跃，2007

不难看出，联合征信是同业征信的升级，其数据数量和环境优于同业征信，更方便开发出高质量的信用产品。联合征信方式一般具有以下特点：第一，数据的获得部分是免费的，部分是有偿的；第二，属于企业性质的联合征信所开发的征信产品，其成果的应用是商业化的，任何人都可以使用；第三，属于个人性质的联合征信，其开发的信用产品的使用受到法律的限制，只有授信方、受信方、雇主、相关政府部门是合法用户。

3）金融联合征信。金融联合征信是一种特殊的征信工作模式，该模式既不同于同业征信，也不同于联合征信。从信息收集的方式来看，它是联合征信的一种，需要广泛地收集个人信用信息；从使用者的角度来看，金融联合征信又类似于同业征信，只能向有关会员资格的金融机构提供服务。

金融联合征信的目的是为金融机构的授信决策提供依据，消除信贷决策中的信息不对称，并作为金融当局的监管手段之一。这种方式单独存在的原因是保护金融安全、防范金融风险。金融联合征信方式的原理如图 1-5 所示。

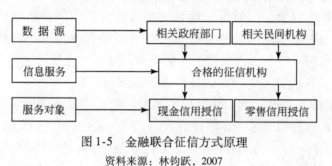

图 1-5　金融联合征信方式原理

资料来源：林钧跃，2007

1.4.2　信用评价理论

1.4.2.1　信用的内涵和外延

信用是一个含义非常宽泛的概念，本书所指的信用是指在二元或多元主体之间，以某种经济生活需要为目的，建立在诚实守信基础上的心理承诺与约期实践相结合的意志和能力，即信用是一种建立在信任基础上的、不需立即付款就可获得资金、物质和服务的守信能力，是一种"信誉抵押品"（喻敬明等，2002）。

1.4.2.2　信用评价的必要性与前提

1）信用评价是契约交易的基本要求与必然选择。市场经济的一个突出特征是人格化交易向契约化交易的转变。所谓人格化交易，是指"建立在个人之间相互了解基础上的交易，在这种交换中，由于人们的知识水准低，经济规模小，交易成本较高"（诺斯，1994a），而相互了解需要通过反复不断的日常接触和重复交易，因此，交易的半径是狭小的，交易的达成需要长时间的"交易历史沉淀"，相应的，扩大交易规模则需要花费高昂的交易成本。在这种情况下，交易半径的扩大与信用评价、非人格化交易同时产生。非人格化的交易即契约化交易，在这种交易中，一方对另一方没有任何个人了解，也不能以任何个人形态来区分交易对方，信用度的确认成为双方达成交易的首要步骤和事后保障，因此双方必须凭借第三方出具的"信用证明"来达成契约，才能形成守信和可持续交易的良性循环。

2）信用评价促成"良币驱逐劣币"的公平有效的信贷机会。由于信用交易是跨时交易，因此具有难以预测的风险。在不存在信用评价与客户筛选的制度下，授信方则会根据市场的平均违约率来提高受信成本，即采取所谓风险溢价手段来弥补风险损失。然而，这种手段会使守信用的优质客户退出交易市场，留在市场中的是高风险的客户，产生"劣币驱逐良币"的负面效应。信用评价方法和制度的引入，使授信者能有效判断未来违约的概率，筛选出合格客户，促成"良币驱逐劣币"的公平高效的信贷机会。

3）信用是有"度"的，是可以测量的。前已述及，信用是一种基于信任基础的能力，这种能力包括客观守信能力，也包括主观守信愿，是主观能力和客观意愿的综合。交易主体的历史信用表现不同，因此其信用度是有差异的。这种差异如何去描述和刻画？随着数学和计算机科学的发展，个人信用表现的差异可以根据历史记录加以量化和测算，使各交易主体的信用度可以相互比较，从而形成信贷市场上不同水平层次的信贷主体，进而制定和形成合理的交易价格。

1.4.2.3 国内外信用评价方法的演进与理论依据

1）国内外信用评价方法的演进。信用评价是征信制度的核心产品之一，至今约有 70 年的历史。20 世纪 30 年代，美国率先使用数字的评分系统来克服信用分析员在信贷决策中标准不一致的问题；第二次世界大战后，一些学者开始将信贷决策的自动化与统计学中的分类技术相结合，来开发在信贷决策中利用统计模型的好处；20 世纪 60 年代末银行卡的诞生，使信用评价的实用性进一步得到认可（托马斯、埃德尔曼和克鲁克）。20 世纪 70 年代以来，随着金融创新的不断深化，又涌现出了较多的信用评价模型。其中，传统的模型有：专家系统模型与贷款评级分级模型、信用评分模型及其拓展后的非线性区别模型与神经网络分析系统；新模型有：期限结构模型、死亡率模型、RA-ROC 模型、KMV 模型、Credit-VaR 模型、Risk[+] 模型等。从以上模型的演进可以看出，对借款人的信用评估由主观定性模型逐渐向定量模型不断发展，模型的精确性不断加强；模型的构建从缺乏理论基础到建立在坚实的金融理论基础之上并充分运用借款人的信息资料（马九杰，2001；约瑟·A. 罗培斯等，2002；龚朴和何旭彪，2005）。

中国于20世纪80年代在商业银行开始使用判断式信用评分，至今已涌现了许多模型。中国的金融机构现在多采用所谓传统的信用评价方法，比如专家打分法、评级方法。也有学者用一些现代的信用评价方法来分析中国的信用问题。如施锡铨和邹新月（2001）运用"典型判别分析"对企业信用风险进行评估；王春峰和李汶华（2000）运用"投影寻踪判别分析模型"对商业银行风险进行评估，并研究了小样本数据的多元判别分析模型；王春峰和康莉（2001）运用"遗传规划"方法对商业银行的信用风险进行评估；张维等（2000）运用"递归分类树"方法对商业银行信用风险进行分析；蒲建平和余剑（2001）利用贷款定价的期权分析对中国银行信用风险进行考察；梁琪（2000）通过期权定价方法和EDP模型研究了企业的信用风险，等等。这些模型主要运用于企业和城市居民，农村金融机构对农户贷款的信用风险进行模型化评价的非常少见。

2）信用评价的理论依据。信用评价及其方法之所以被视为科学，除基于行为学的基本理论假设外，其理论依据主要源于信用评价方法的理论。信用评价作为一个单独的方法从20世纪30年代最初问世以来，随着数学、统计学、计算机科学和人工智能技术的不断发展，涌现了许多不同的评价模型与方法，并经受了现实的检验，因此其理论根基亦非常丰富。综合来看，信用评价的主要理论依据有统计学理论、模糊理论（尤其是模糊数学理论）、人工智能理论等。以下对相关理论作简单介绍。

统计学的方法及理论。信用评价最初是利用统计方法对消费者进行信用评分，直到今天，统计学方法仍然是信用评分的主要方法。统计学方法之所以能得到运用，主要原因在于该方法能利用样本估计得到的信息及置信区间与假设检验这些统计工具，据此评价所构造的评分模型的可能辨别能力和用于评分的不同特征之间的相对重要性，由此能识别并除去次要特征量，保证所有的重要特征量都参与评分（李曙光，2008）。

模糊理论及模糊数学方法（任平，1995）。模糊理论是一个较完善的数学分支，该理论由美国计算机与控制论专家L. A. Zadeh教授于1965年提出，主要包括模糊集合理论、模糊逻辑、模糊推理和模糊控制等方面的内容。模糊理论认为，人类自然语言具有模糊性，人们经常接受模糊语言与模糊信息，并能做出正确的识别和判断。用模糊集合的理论找到解决模糊性对象加以确切化，从而使研究确定性对象的数学与不确定性对象的数学沟通起来。模糊数学方法的技术支持是计算机技术的进步。通过一定的技术，能较好地描述与仿效人的思维方式，总结和反映人的体会与经验，对复杂事物和系统可以进行模糊度量、模糊识别、模糊推理、模糊控制与模糊决策，尤其是模糊理论与人工智能在神经网络和专家系统等方面相互结合的研究与利用，推动了应用科学、决策科学和管理科学的进步。

模糊数学是研究和处理模糊性现象的一种数学理论和方法，是精确数学的对称。在精确数学中，经典集合论只能把自己的研究对象限制在那些有明确外延的概念和事物上，集合论限定：每个集合都必须由明确的元素构成，元素对集合的隶属关系必须是明确的，绝不能模棱两可。长期以来，精确数学在描述和解决事物的运动规律中，取得了很好的效果。但是，在社会实践中还普遍存在着大量的模糊现象，对于那些外延不分明的模糊概念和事物，经典集合论是不涉及的，因此不能解决"非此即彼"以外的社会经济问题。模糊数学的出现解决了以上问题。

人工智能理论。人工智能主要是研究用人工的方法和技术来模仿、延伸及扩展人的智能，从而实现机器智能。"在学习中发现一致"是人工智能的理论假设之一，该理论认为，在概念学习中，给出一个目标概念的实例集，系统能发现与所给实例一致的且能够描述概念的假设。

1.4.3 征信与信用评价的关系

1）征信与信用评价的区别。征信是一种专业化的调查服务，是对信用的征集和验证，即对被征信者的信用表现以一定的程序进行标准化记录、整理、汇总，形成标准的信用报告，但对信用水平并不作结论性评价。而信用评价则是在掌握了特定信用信息的基础上，通过较为复杂的数学方法，对调查对象的信用水平进行客观、量化的评价，为金融机构的信贷决策提供依据。信用评价是对征信结果的运用，是征信的延续。

2）征信与信用评价的联系。征信虽不等同于信用评价，但两者并不是分割的，而是有着十分紧密的联系。首先，两者都是信用经济的有机组成部分，征信是信用评价的前提，信用评价是征信的目的，征信数据的质量决定了信用评价结果的准确性，也就是说，信用评价只有在征信制度发达的条件下才能获得准确的结果。其次，征信与信用评价在一定程度上是共生关系。国内外丰富的实践证明，两者是互相促进、共同发展的共生关系。共生是一个生态学的概念，指两种不同生物之间所形成的紧密互利关系。共生现象不仅存在于生物界，而且广泛存在于社会体系之中，经济学上的共生就是指经济主体之间存在持续性的物质联系，也是共生单元之间在同一定共生环境中按某种共生模式形成的关系（袁纯清，2002）。在共生关系中，一方为另一方提供有利于生存的帮助时，也获得对方的帮助。征信与信用评价之间的共生性表现在：缺乏良好的征信制度，信用评价会逐渐萎缩、退化；反过来，征信又依存于信用评价，如果信用评价没有市场，征信也就没有存在的必要了。

正因为如此，本书在全面剖析中国农户征信制度的基础上，进一步研究征信条件下农户信用评价模型，从而达到理论的连贯性和研究的完整性。

1.5 本书的任务与理论分析框架

1.5.1 本书的基本任务

1.5.1.1 解释农户融资制度变革的频繁性

自1979年以来，中国农村金融体制和农户融资制度就一直处在曲折的制度变革中，大体上可分为三个阶段（具体情况见本书第3章），经历了多次被"锁定"又多次重新启动的过程。然而，农户乃至整个农村融资的条件却并未得到根本改善，农村金融机构也陷入了举步维艰的困境，直至今天，农户融资制度仍然面临着重大的历史抉择。农村金融制度及农户融资制度为什么要发生如此频繁的变革？这一变革的动力机制及利益集团何在？要回答以上问题，需要有针对性的理论指导。以诺思为代表的制度变迁理论无疑是理解我国农户融资制度变迁的最适当的注脚。

1.5.1.2 评价中国农户融资制度变迁绩效

中国农户融资制度历次变迁取得了怎样的效果？每次变迁是否形成了帕累托改进的格局？有没有达到供需意义上的均衡？如果没有，其中的原因是什么？对以上问题，学术界尚存在一定的争议，有些学者倾向于用主观感受和个别事例来进行评判。制度变迁的效率理论和均衡理论为此提供了一个非常有用的、客观的分析框架，因此，运用该理论对中国农户融资制度进行绩效评价所得出的结论更具科学性和客观性。

1.5.1.3 提出中国农户融资制度创新的路径选择

有效率的制度变迁即为制度创新。如何对中国农户融资制度进行创新？其均衡解何在？制度变迁理论间接地回答了这一问题，为我们进行制度创新提供了有益的指导。如制度变迁的原则、过程，制度变迁的路径依赖理论，这些理论观点暗示：一项成功的制度变迁首先需要满足和创造特定的外部条件，正确权衡成本收益，如果不满足相应条件，即使强制地实行变迁，也不会达到预想的效果；同时，制度创新能否成功还取决于初始路径的选择是否正确，一旦走上错误的初始路径，扭转过来不仅要花费巨大的时间成本，有时甚至还要求意识形态的改变。因此，谨慎而缜密的设计是保证制度创新成功的重要前提。

1.5.1.4 测评农户金融信用度并对农户征信制度的效率进行评价

建立征信制度是提高融资制度效率的必然选择。当前，在全面启动征信制度建设的大背景下，要将农户纳入征信的范畴，建立专门针对农户的征信制度，首先必须对农户的金融信用现状有一个较为准确的把握。进一步，对现有征信制度效率的评价，亦是必须面对的现实问题。只有这样，决策者才能理清政策制定的前提条件，理清政策制定思路，进而制定出符合农村和农民实际的征信制度。本书在剖析农户金融信用度及其影响因素的基础上，以新制度经济学的基本理论为指导，以科斯、诺思、林毅夫等主张的成本—收益模型为制度效率的评价标准，对湖北省农户征信制度的效率进行评价。

1.5.1.5 探寻农户信息共享实现的理论条件并进行实证分析

信息共享是征信制度的重要组成部分之一。农户信用信息共享的理论条件是什么？金融机构对征信的认知与信息共享的意愿如何？这是征信制度设计必须首先回答的问题，现有文献尚没有对此进行深入细致的实证研究。福利理论和效用函数为此提供了一个非常有用的分析框架，本书以该理论为指导，建立信息共享的理论模型。此外，通过问卷调查，对金融机构征信与信息共享意愿进行实证分析。

1.5.1.6 提出中国农户征信制度设计的基本原则

一国征信制度的选择受哪些因素的影响？中国应该选择怎样的农户征信制度？国外的私营和公共征信模式为我们提供了成功的案例，中国在实践中也形成了几种典型模式。本书在借鉴总结国外成功模式的基础上，运用文献研究法、归纳演绎法，提出中国农户征信制度设计必须遵循的基本原则。此外，农户信用评价是征信制度的最终目标之一，因此本书在主成分分析及因子分析的基础上，运用概率神经网络方法，重新建立农户信用评价模型。

1.5.2　农户融资制度与征信制度分析的基本理论框架

对农户融资制度的分析以新制度经济学为理论指导，紧密围绕农户融资制度的供求变迁与运行效率这一主题展开研究，其理论分析框架设计如下：

1）在供求分析框架下，运用制度变迁的一般理论框架模型和制度变迁的路径依赖理论，对 1979 年以来中国农户融资的供给制度进行全面回顾和评价；借助已有研究文献，归纳总结现阶段农户对融资制度需求的普遍特征；通过笔者的实际调研对原有结论进行适当补充。

2）运用制度的均衡理论和效率理论揭示中国农户融资制度非均衡的原因，在制度均衡与效率之间建立了联系，并提出评价我国农户融资制度效率的指标体系；指出中国农户融资制度效率低下的根本原因。

3）在交易费用理论的概念框架内，通过典型案例研究，提出了中国农户融资制度帕累托改进的策略选择。

具体的理论框架如图 1-6 所示。

对征信制度的分析则以征信和信用评价为基本理论指导，系统分析征信制度的效率、信息共享意愿，进一步探讨农户信用评价的模型与运用，其理论分析框架设计如下：

1）在成本—收益分析框架下，运用制度效率的一般理论框架和 DEA 模型，对农户征信制度进行效率测评。

2）基于福利经济学的理论和方法，采用多目标规划模型与效用函数，从理论上证明信息共享后各主体的福利是否得到了改进，以及信用信息资源是否实现了最优配置，在此基础上，对农村信用社农户征信与信息共享意愿进行实证研究。

3）在新制度经济学的分析框架内，运用文献研究法、归纳演绎法，研究分析国外征信成功的制度内核，结合中国农户征信制度实施中存在的问题，探讨征信制度设计的基本原则。

4）以信用评价的理论依据为指导，运用概率神经网络方法，探索农户信用评价的智能化判别方法与系统。

具体的理论框架如图 1-7 所示。

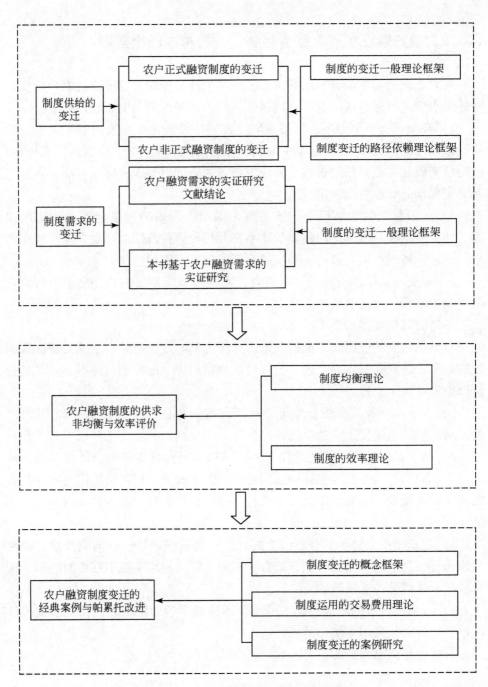

图 1-6　农户融资制度的理论分析框架

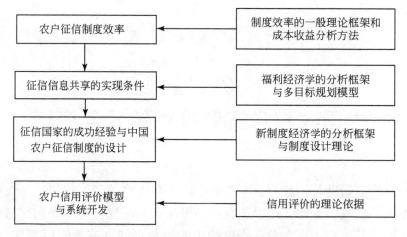

図 1-7 农户征信制度的理论分析框架

本 章 小 结

本章进一步梳理了制度与征信的相关理论及主要政策主张,并在此基础上构建了本书的研究框架。在制度理论部分,分别介评了马克思的制度观、新旧制度学派的基本观点;分析总结了制度变迁的原因、内在机制与原则,以及制度变迁的过程、方式和路径依赖;剖析了制度均衡与非均衡的动态调整过程,并提出了制度效率的评价标准。在征信理论部分,介绍了征信的基本假定与原理,并在此基础上提出了征信制度的理论基础与征信方式;回顾了国内外信用评价理论及其演进过程;辨析了征信以信用评价的关系。最后,本章交代了全书的基本任务并构建了农户融资制度与征信制度的理论分析框架。

第 2 章
中国农户融资制度供给及其变迁

农户融资制度与一般企业融资制度理应存在差异，这一结论为农村金融发达国家的实践所证明，而中国农户融资制度的历史变迁和现实政策取向却违背了这一基本规律。本章首先对中国农村金融制度改革的历程作一回顾，然后分别对农户正式融资制度和非正式融资制度变迁的过程和结果进行简短评价。

2.1   中国农村金融改革历程与特点

2.1.1   中国农村金融改革的历程①

自 1978 年以来，中国在农村金融领域进行了一系列改革。

1979 年 2 月，国务院下发了《关于恢复农业银行的通知》，恢复后的农业银行由中国人民银行代管，自上而下建立各级机构。农村营业所、农村信用合作社一律划归农业银行领导。农村信用合作社既是集体所有制的金融组织，又是农业银行的基层机构，农业银行成为以农业为主要服务对象的专业银行。至此，为农村居民户服务的融资供给者确立。

1984 年 8 月，国务院批转了中国农业银行《关于改革信用社管理体制的报告》，主要内容包括恢复信用社的合作金融性质；建立县联社；扩大信用社的经营自主权，加强信用社经营上的灵活性。

1993 年 12 月，国务院颁布《关于金融体制改革的决定》，此次改革的主要内容有：中国农业银行的所有政策性业务由即将组建的中国农业发展银行、农业开发银行承担，农业银行开始进行商业化改造（1995 年《商业银行法》

---

① 根据《中国政策年鉴（2001~2002 年）》、《中国金融年鉴》、《中国经济体制改革全书》相关年份资料整理而成。

颁布后，农业银行的商业化改革步伐进一步加快）；在农村信用合作社联社的基础上，有步骤地组建农村合作银行；认定农村合作基金会不属于金融机构，不得办理存、贷款业务。

1996年8月，国务院颁布了《关于农村金融体制改革的决定》。规定，建立和完善以合作金融为基础，商业金融、政策性金融分工协作的农村金融体系；并指出，农村金融改革的重点是农村信用社管理体制的改革，把农村信用社逐步改为由农民入股、由社员民主管理、主要为入股社员服务的合作性金融组织；农村信用社与农业银行彻底脱钩；对农村合作基金会进行清理整顿〔1998年正式颁布《非法金融机构和非法业务活动取缔办法》，结束了非（准）正规金融的有组织状态〕。

1999年始，随着农民贷款难的问题逐渐突出，在考察了孟加拉国、印度尼西亚等发展中国家小额信贷方式的基础上，中国人民银行陆续颁布了《农村信用社农户小额信用贷款管理暂行办法》、《农村信用合作社农户联保贷款管理指导意见》、《扶贫贴息贷款管理办法》、《农村信用合作社农户小额信用贷款管理指导意见》等指导性文件。农户小额信用贷款在全国展开。

2003年6月，国务院印发《深化农村信用社改革试点方案》，开始了全国8个省（直辖市）信用社的改革试点。改革要求按照"明晰产权关系、强化约束机制、增强服务功能、国家适当支持、地方政府负责"的总体要求，加快农村信用社管理体制和产权制度改革，把农村信用社逐步办成由农民、农村工商户和各类经济组织入股，为农民、农业和农村经济发展服务的社区性地方金融机构，充分发挥农村信用社农村金融主力军和联系农民的金融纽带作用。目前，全国除海南省外，全部进入改革状态。

2004年1月，国务院颁布《关于促进农民增加收入若干政策的意见》，意见要求改革和创新农村金融体制，要从农村实际和农民需要出发，按照有利于增加农户和企业贷款，有利于改善农村金融服务的要求，加快改革和创新农村金融体制；明确县域内各金融机构为"三农"服务的义务；鼓励通过吸引社会资本和外资兴办多种所有制的金融组织。

2005年1月，国务院颁布《关于进一步加强农村工作提高农业综合生产能力若干政策的意见》，重新提出建立农村金融体系；指出要针对农村金融需求的特点，加快构建功能完善、分工合理、产权明晰、监管有力的农村金融体系；继续深化农村信用社改革；培育竞争性的农村金融市场；在有条件的地方，可以探索建立更加贴近农民和农村需要的小额信贷组织。

2005年年底，经过反复论证和准备，开始在四川省进行民间资本信贷试点。一种完全由民间资本构成的"只贷不存"的金融组织获得承认，民间借贷开始有了一个合法的身份。

2006 年，为缓解农户贷款难等农村金融服务不足的问题，银监会开始在部分地区开展新型农村金融机构试点。自 2007 年 3 月诞生了全国第一家新型农村金融机构——四川仪陇惠民村镇银行和第一家贷款公司——四川仪陇惠民贷款有限责任公司后，新型农村金融机构从无到有、从少到多，截至 2009 年年末，全国已组建新型农村金融机构 172 家，其中中西部地区 114 家，占全国的 66%（村镇银行 143 家，贷款公司 8 家，农村资金互助社 16 家。全国各地小额贷款公司近 1100 多家）。2009 年，银监会提出了"东西挂钩，城乡挂钩"的政策要求，引导各类资本在金融服务空白区设立新型农村金融机构。尽管如此，截至 2007 年年末，全国有 2868 个乡（镇）没有任何金融机构，约占全国乡镇总数的 7%。到 2008 年年底，仍有 1424 个乡镇没有金融服务。

2.1.2　中国农村金融改革的特点

从以上农村金融改革历程及农户融资制度的反复变迁与"锁定"过程，可将中国农村金融改革的特点归纳如下：

1）改革目的是加强对农村金融业的控制，实施向城市倾斜的金融战略。中国人民大学周立认为，由于经济改革和转轨要求中央政府必须有强大的动员和支配资源的能力，在农村支持城市、农业让位于工业的发展理念下，在农村建立了强大的、自上而下的、由政府主导的农村金融网络，结果使得长期金融发展让位给短期经济增长，农村金融取得的是量的扩张而非质的飞跃，农村金融机构仅仅扮演了为城市工商部门积累资金的角色。林毅夫也表达了同样的观点，认为中国长期推行重工业优先发展战略，如果利用市场机制配置资本，则资本价格会非常高昂，而重工业的特性决定了其投资周期和风险都很大，因此，在市场机制下配置资本会使重工业优先发展战略落空。此时由政府掌控金融资源成为必然的选择，在这种情况下，金融市场实际上是不存在的。农村经济与金融的发展处于"自生自灭"状态，农户融资的需求没有受到关注。

2）改革采取了机构观的范式，基本围绕金融机构调整展开。从历次的改革来看，追求金融机构的多样化是农村金融体制变迁的主线（何广文，2004），农村金融的每一次变动，基本上是金融机构的调整。所谓的改革，无非是根据现有的金融机构赋予其相应的功能，并为其建立各种法律法规，这就必然导致虽然改革的举措不少，但固有的问题总得不到有效解决。

3）改革措施倾向为涉农金融机构寻找出路，农村金融服务"三农"的目标落空。为了扭转农村信用社与农业银行脱钩后面临的显性亏损，1996年以后政府出台了一系列改革措施，这些措施出台的实质并不是为了构建一个新型的为农民服务的农村金融服务体系，而是力图缓解利益主体之间的矛盾，在农村信用社和农业银行之间寻找一个利益平衡点。而通过推动农业银行进行商业化改造则与"三农"固有的特性冲突，使为"三农"服务的目标落空；放纵农村信用社盲目进行商业化的改造又进一步使唯一与农民联结的金融纽带松懈。

4）非正规金融不得与"官办"的正式金融机构争资源是改革的潜规则。从2004年以前农村金融制度变迁可以看到，历次改革以正式金融为主（主要是农信社），极少为非正式金融出台相应政策，即使提及非正式金融，采取的也是打压的政策。近年来虽两次发文鼓励多种所有制的农村金融组织发展也仅仅是只喊口号，迟迟不给具体政策，对已经存在的民间金融组织，尚未正名。

5）农村金融改革具有明显的路径依赖性。中国农村金融改革既是在原有金融体系基础上由政府主导下的改革，这就决定了改革特有的路径及路径依赖：改革不能触犯既得利益集团的利益，而必须在各利益集团的利益分配中权衡利弊。在农村缺乏金融服务的背景下，改革由增设机构并由政府控制入手，形成了供给主导型的农村金融体系。为了保证国有银行和国有企业的利益不受到侵蚀，政府通过牺牲农村和农民的利益来维持城市金融的稳定，农村资金在政府的制度安排下大量流向城市。然而这样一来又违背了整个经济市场化的大趋势，企业在国家亏损由国家买单的庇护下，不讲求经济效益，资金的利用效率极其低下，而与此同时，农民贷款难的呼声也越来越高。在这种情况下，政府不得已在改革中逐步引入了市场机制，启动并加速了金融市场化改革，通过"窗口指导"的形式要求农村信用社守住农村阵地，为农户提供小额信用贷款。但农村信用社迫于风险压力以及尚未消化的亏损包袱，在仿效城市商业银行的经营中"走向了商业化倾向的改革之路，与农户经济不可能对接，农户融资又一次被忽视"。

2.2 中国农户融资制度的载体

经过20多年的农村金融体制改革，中国已形成了以合作金融为主体，以商业性金融、政策性金融、政府组织、民间金融、非政府组织、国际组织为补充的农村金融机构。组织结构如表2-1所示。

表 2-1　农村金融的载体供给概览——机构及其职能

组织机构		针对农户的融资情况
国内正式融资载体	中国农村信用合作社（RCCs）	直接面向农户发放贷款
	中国农业银行（ABC）	直接面向农户发放贷款
	中国农业发展银行（ADBC）	办理农副产品收购贷款等政策性业务，与农户不直接发生联系
	邮政储蓄银行（PSRB）	2006 年开始面向农户发放贷款（在少数地方试点）
	政府组织	主要面向低收入农户发放扶贫贷款（无连续性）
	村镇银行、小额贷款公司	2006 年年底开始在部分地区试点
国内非正式融资载体	民间金融机构	农户之间自发组织的互相进行资金余缺的调节
	无形的友情借贷市场，无载体	农户自发进行资金余缺的调节
	非政府组织（NGOs）	主要面向中低收入农户发放小额贷款
	国际融资组织	主要面向中低收入农户发放小额贷款（无连续性）

　　由表 2-1 可知，正式融资载体中，由政府安排的与农户直接发生借贷关系的金融机构虽然不少，但与农户之间的金融交易主要是单边的储汇关系。非正式融资载体中，由农户自发进行的友情式借贷是农户融资的最主要渠道；民间金融机构和为数极少的非政府组织仅仅存在于少数地方，且合法性的问题没有得到根本解决；而国际融资组织则具有临时性特征，主要面向少数经济落后地区的农户发放贷款。以下分别选择几种主要的金融机构予以研究。

2.3　中国农户正式融资制度的变迁

2.3.1　农村信用合作社农户融资制度的变迁

　　从制度的最基本要义来看，农村信用合作社农户融资制度包括融资制度的载体和具体的融资制度安排，其中前者又可分拆为产权制度、管理制度以及网点设置与人员配备制度，而载体的变迁格外引人注目。以下对这一备受争议的制度载体和具体的制度安排变迁分别展开研究。

2.3.1.1　农村信用社产权制度变革的三个阶段

　　第一阶段：1979 年 2 月至 1996 年 8 月，产权模糊阶段。1979 年，农村信用社划归农业银行管理，由于农业银行的国有性质，受初始产权制度[①]的影响

---

　　① 农村信用社初始产权制度的特征是：农户在政府主导下非自愿入股，是一种对政府的顺从和盲从。因此，从一开始就违背了合作制的自愿原则。

以及地方政府干预的惯性，此次改革混淆了集体金融组织和国家银行的界限，农村信用社彻底失去了自主权而成为国家银行的附属机构。此后，在信用社内部虽然按照合作制的原则进行了规范，但由于始终是在农业银行的领导下进行的，是行政主导型的合作金融组织，因此导致农村信用社的产权特征非常模糊。该阶段的产权制度呈现出如下特征：在产权的构成来源上，有农户社员股、信用社职工社员股、国家股、法人股、乡村集体股以及历史遗留股等，股金构成十分复杂；在控制主体上，虽然人民银行、农业银行、地方政府都对信用社行使管理控制权，但地方政府对农信社的控制权限逐渐占优。农户社员虽然在信用社拥有一定的股金，但从未真正行使股东权利，信用社的"三会"有名无实。

第二阶段：1996年8月至2003年6月，实行合作制金融阶段。1996年8月，随着国务院《关于农村金融体制改革的决定》颁布，农村信用社与农业银行彻底脱钩，摆脱了与农业银行之间的行政隶属关系，农村信用社的监管由中国人民银行承担，地方政府也逐渐淡出了对农村信用社的控制。此次改革的目标是要把农村信用社逐步改为由农民入股，由社员民主管理的主要为社员服务的合作性金融组织，至此，农信社的产权归属开始明确。但由于历史遗留巨额债务的存在以及债务承担主体模糊、农户入股与存款的差别不明显等原因，社员与农村信用社之间没有形成稳定的利益制约机制，信用社"内部人"开始形成一个具有独立利益的集团，并逐渐对信用社形成强大的控制力量。该阶段农村信用社的产权制度的总体特征是：农业银行彻底放手对信用社的控制，地方政府将控制权逐渐让位于中国人民银行，中国人民银行成为信用社新一轮的产权代言人。

第三阶段：2003年6月至今，实行股份制改革阶段。以2003年国务院颁布《深化农村信用社改革试点方案》为标志，新一轮的深化农村信用社改革正式展开。此次改革在产权制度上有所突破：否定了以往单一产权模式定式，按照股权结构多样化、投资主体多元化的原则，广泛吸收股金，股金的来源渠道开始扩大，农村居民、城镇工商企业职工、私营企业、个体工商户、农村信用社职工、乡村干部等均可参与入股，股权开始有所分散。允许各地因地制宜选择适合本地实际的产权模式和组织形式，即在经济发达地区可以选择股份制，中等发达地区可以选择股份合作制，而在经济欠发达地区则仍然坚持以往的合作制；以法人为单位，改革农村信用社产权制度，在组织形式上，可以组建农村商业银行、农村合作银行等银行类金融机构或实行以县（市）为单位统一法人，也可以继续实行乡镇信用社、县（市）各自为单独法人的组织形式。农村信用社产权主体变迁图和产权模式选择分别如图2-1和图2-2所示。

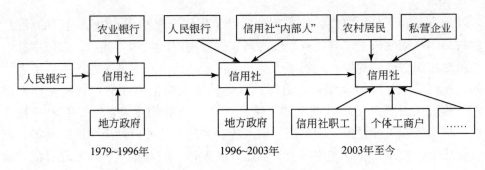

图 2-1　农村信用社产权主体变迁图

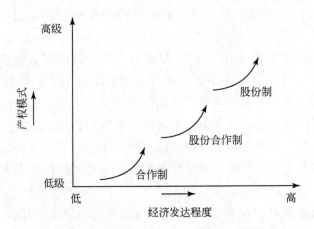

图 2-2　农村信用社产权模式选择

2.3.1.2　农村信用社管理制度的变革

1）1979～1996 年。1979 年至 20 世纪 80 年代中后期，中国处于由计划经济向商品经济的过渡时期，在理论思潮上普遍认为合作组织应属于公有性质的集体经济组织。1980 年中央财经领导小组认为信用社不能下放给人民公社，也不能"官办"，只能办成真正的合作金融组织（国家体改委宏观调控司和中国农业银行信用合作部，1991）。1984 年，国务院批转了中国农业银行《关于改革信用社管理体制的报告》，要求恢复信用社的"三性"，扩大信用社的经营自主权。社会主义市场经济理论提出来后，开始按西方的合作思想重新理顺信用社的管理体制。1993 年，国务院《关于农村金融体制改革的决定》明确了合作金融管理体制的改革。目前，信用社的外部治理特征为：接受银监会的监管，由省级管理机构对其实行行业管理。与此同时，信用社内部运行机制也进行了一些改革，但内部管理体制没有发生实质性的变化，"内部人控制"现象成为全国农信社普遍面临的问题。

2）1996 年至今。1996 年农村信用社从农业银行脱钩后，开始全面进行建立以"三会"制度为主要内容的改革，形成了理事会、监事会、经理层（即信用社主任）三权分立的内部管理体制。但由于县联社及其范围内的职工均是农村信用社的股东，但他们不拥有全部股权，而且在理事会一般占多数，也就是说内部人处于绝对控制的地位，掌握着县联社资产的运用权，"内部人控制"现象仍没有得到有效改善，社员的利益得不到真正意义上的保护。

2.3.1.3 农村信用社网点设置与人员配备数量的变迁

从1981年到目前为止，农村信用社具有法人资格的、能面向农户发放贷款的机构数是逐年递减的（表2-2），农村金融密度也处于很低的水平，最高的为0.740，最低的仅为0.349，并且呈现出迅速下降的趋势（图2-3）。从人员配备数量上来看，却表现出增加的趋势，由1981年的29万增加到2005年的62.7万人，增加了1.2倍。这说明：第一，农村信用社机构合并、撤销之后，相关的工作人员却没有"退出"，农村信用社"国有"、"官办"的性质仍然没有改变；第二，农村信用社将大量人力资本集中于经济相对发达的城镇，已经走向了城市化经营的道路。

表2-2 农村信用社机构数及职工人数（1979~2005年）

年 份	机构数/个	金融密度/万人	职工人数/个	年 份	机构数/个	金融密度/万人	职工人数/个
1981	55 044	0.689	290 335	1994	50 745	0.593	614 501
1982	55 209	0.689	299 312	1995	50 219	0.584	634 245
1983	55 953	0.693	320 577	1996	49 692	0.575	648 613
1984	58 255	0.725	349 754	1997	50 513	0.583	650 122
1985	58 603	0.726	370 345	1998	44 258	0.509	645 285
1986	59 194	0.730	401 799	1999	41 755	0.480	642 273
1987	60 872	0.746	433 866	2000	40 141	0.497	645 889
1988	60 897	0.740	471 910	2001	38 057	0.478	615 550
1989	58 418	0.702	488 116	2002	35 544	0.380	628 154
1990	58 200	0.692	517 083	2003	33 979	0.362	675 711
1991	57 927	0.679	539 226	2004	32 888	0.349	651 664
1992	52 763	0.622	563 163	2005	27 101	0.286	627 141
1993	50 865	0.597	594 017				

注：1. 机构数指独立核算的法人机构数；2.1981~1985年的职工人数指脱产职工人数，包括固定职工和合同职工，1986年以后的职工人数指正式职工人数；3. 金融密度指每万乡村人口拥有的金融机构数；4.2004年的机构数包括7家农村商业银行和12家农村合作银行；5.2005年后由于农村信用社的改革步伐加快，产权制度等发生了较大变化，因此本书未统计

资料来源：《中国统计年鉴》（1988年、1991年、2004~2006年各期）、《中国发展报告（2000年）》、《中国金融年鉴》（1987~2006年各期）

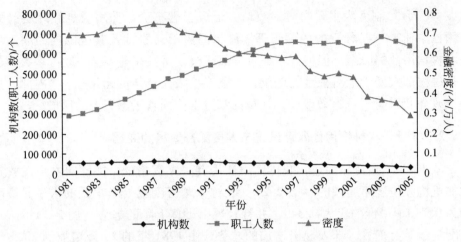

图 2-3　农村信用社机构数、职工人数、金融密度变动趋势图

2.3.1.4　农村信用合作社融资制度安排的变迁

（1）法律制度

农村信用社是农业政策的产物，在整个金融体系中处于相对独立的特殊地位，理应享有特殊的金融地位。但在中国金融立法中，不仅没有专门针对农村信用社的立法，而且由于相关法律法规的制度安排，农村信用社处于不公平的竞争地位。

在现有的与农村信用社信贷业务有关的法律规范中，仅仅强调农村信用社为"三农"服务的义务，没有赋予其相应的权利。根据《商业银行法》的规定，农村信用社的贷款业务适用该法的有关规定，从法律上将农村信用社与其他金融机构的业务运作一视同仁，这就导致了农村信用社名义上特殊独立，实际上却无法独立，农村信用社为农服务缺乏法律保障。

（2）信贷政策

自从 20 世纪 80 年代以来，关于信用社性质的争论就一直没有停止过。一个不争的事实是：信用社是合作金融的牌子，但却是集体金融的内容，在管理方法上采取了国家银行的管理办法，是一个性质含混的金融组织。国家在信贷政策上将信用社视同国家专业银行和一般工商企业来对待，采取了与信用社性质相背离的政策措施（国家体改委宏观调控体制司和中国农业银行信用合作部，1991），如在税费的缴纳上，农村信用社长期与国有商业银行交纳同等的税费[①]。

（3）不良资产的化解与利率政策的重新安排

在与农业银行脱离行政隶属关系之后，农村信用社被迫承担了由农业银行强制划转的大量高风险贷款，形成数额巨大的待处理亏损，农村信用社长期处在不公平的竞争地位。2003年，中国人民银行开始对试点地区农村信用社采取相关手段以解决不良资产问题：一是由中国人民银行按照2002年底实际资不抵债数额的50%，安排专项再贷款，此种贷款利率按金融机构准备金存款利率减半，期限根据试点地区的情况而定；二是由中国人民银行发行专项中央银行票据，用于置换农村信用社的不良贷款。据官方统计资料和有关文件，在利率安排上，开始实行更加灵活的利率政策：在民间借贷比较活跃的地方，允许农村信用社贷款利率灵活浮动工资，贷款利率可在基准贷款利率的1~2倍范围内浮动。对农户小额信用贷款利率不上浮，风险较大的可小幅上浮，对受灾地区的农户贷款，还可适当下浮。

2.3.1.5 农村信用合作社的主要制度安排——农户小额信贷

农户小额信贷是农村信用社专门针对农户贷款的金融产品，也是现今专门针对农户设计的贷款制度。为了增加对农户和农业生产的信贷投入，简化贷款手续，2001年，国家以农村信用社为载体，专门针对农户制定了小额信用的信贷政策。[①] 该信贷政策的核心内容是：①对一般性种养殖业的资金需求，原则上应采取小额信用贷款的方式解决，不需要抵押担保，贷款额度根据实际情况而定。②对超过农户小额信用贷款限额而借款者又无法提供有效抵押担保的农户贷款，信用社可采取联保贷款的方式。对市场风险较大、贷款额度较大的资金需求，应按《贷款通则》的有关规定执行。③建立信用评定制度、完善农户征信建设是小额信用贷款发放的制度保证。为此，中国人民银行自上而下推动信用社进行了全国整齐划一的信用建设，作为发放农户贷款的前提和标准。④为增强信贷员的责任意识和风险意识，信用社对信贷人员发放、管理和回收农户贷款制定了责任目标，将农户贷款的发放量、发放户数和回收率等指标分解落实到每一位信贷员，并以此来考核信贷员的绩效。⑤在期限与利率方面，规定贷款周期原则上不能超过1年，利率则可按中国人民银行公布的贷款基准利率和浮动幅度适当优惠。

2.3.1.6 简短评价

1）农村信用社融资制度的变迁是典型的由政府主导的、自上而下的强制

---

① 《中国人民银行关于印发〈农村信用社农户小额信用贷款管理指导意见〉的通知》，银发〔2001〕第397号。

性的变迁，变迁的目的是为了配合城市融资制度的商业化改革。政府力图使农村信用合作社恢复合作性质，但却流于形式和口号，没有给予和创造适合合作金融生存的制度环境，致使信用社在经营过程中既无力与其他商业银行竞争城市融资业务，又不愿坚守农村金融市场，更不愿与农户发生零售信贷业务，最终结果是农户的正式融资渠道受阻。在这种情况下，国家又采取强制手段，在农村信用社广泛推广整齐划一的小额信贷制度，从制度供给的表象形式来看，农户的融资渠道有了制度保证。

2）"内部人控制"现象仍然存在。原因在于：第一，初始产权的行政命令色彩体现的是政府的意图而非入股社员的意愿，农户社员从一开始就被排斥在外，既没有兴趣关心自身的权益，也无法享有社员的权益，不能承担应有的义务；第二，随着农村经济的发展和农户收入的逐渐提高，农民入股的动机更多的是为了获得融资的便利，农民社员极少关心信用社的经营业绩，农民社员将自己的投票权拱手让给了信用社的"内部人"。

2.3.2 农业银行农户融资制度的变迁

（1）自 1979 年以来，中国农业银行农户融资制度大致经历了三个阶段的变化

1）农业银行的重建及其与农户的融资关系的建立（1979 年）。为了发展农村信贷事业，支持农产品的生产和销售，1979 年 1 月，中国人民银行向国务院报送《关于恢复中国农业银行，统一管理国家支农资金的报告》。1979 年 3 月，中国农业银行正式恢复建立。随着农村家庭联产承包责任制的推行与发展，农业银行的业务范围也在不断变化和演进。1980 年初，农业银行首次提出在政策允许的范围内向承包到户的农民发放贷款，农业信贷对象由以前的社队集体转向承包户和专业户，这是农业银行首次对单个农户家庭进行融资。

2）农业银行的专业化改造与农村信贷管理办法出台（1980～1993 年）。1980 年 8 月，国务院决定对农业银行实行专业化、企业化改造，明确指出专业银行要有自主权，根据国家的宏观信贷政策，自主决策信贷数量、对象、结构、期限等。同时，对农村信贷管理体制也进行了改革，形成了"统一计划、分级管理、存贷挂钩、差额包干"的农村信贷管理办法。1986 年，农业银行开始开办扶贫贴息专项贷款业务，被迫承担了政策性业务。此次改革使农业银行陷入两难境地：既要实行专业化、企业化运作，同时又要受托领导农村信用社，在经营政策性业务的同时追求商业利润。这为下一轮农业银行的改革埋下了伏笔。

3）农业银行的商业化改革及其与农户融资关系的淡出（1994 年至今）。1993 年 12 月，国务院颁布《关于金融体制改革的决定》，明确提出要把农业银行办成真正的国有商业银行，从此，农业银行走上了商业化的改革道路。1997 年中央金融工作会议确定"各国有商业银行收缩县（及县以下）机构，发展中小金融机构，支持地方经济发展"的基本策略后，农业银行逐步精简或撤销了业务量小、长期亏损的县（市）支行及营业网点（具体变动情况如表 2-3 和图 2-4 所示），与工商银行、中国银行、建设银行展开城市信贷业务的竞争，漠视甚至鄙视农业贷款尤其是农户贷款，农户融资制度的供给出现了明显的短缺。在这种情况下，国家于 2001 年颁布了《扶贫贴息贷款管理办法》①，办法规定，农村扶贫贴息贷款由农业银行发放，主要用于国家扶贫开发工作重点县，支持能够带动低收入贫困人口增加收入的种养业、劳动密集型企业、农产品加工企业和市场流通企业，以及基础设施项目。在利率方面，统一执行年利率为 3% 的优惠利率。但是这一看似优惠可行的信贷制度却与农业银行的商业化经营的信贷管理制度相悖②。

表 2-3　农业银行机构变动情况　　　　　　　　　　单位：个

年　份	1997	1998	1999	2000	2001	2002	2003	2004	2005	2006	2007	2008
机构数	63 676	58 466	56 539	50 546	44 417	39 285	36 137	31 004	28 234	24 937	24 552	24 064

资料来源：《中国金融年鉴》2000～2009 年各期

（2）简短评价

1）农业银行农户融资制度变迁的过程体现了商业性金融的本质。随着城乡经济发展差距以及经济类型的差异日益明显，与城市融资业务相比，用现代经营管理手段武装起来的农业银行经营农村业务的比较利益低下。在国有商业银行专业化、商业化渐进改革的导向下，农业银行必然会舍弃农村信贷市场，重新在城市确立自己的金融地位，与另外三大国有银行展开竞争，这是商业性金融的本质特征所致。20 世纪 90 年代以来，农业银行基层机构收缩和撤并的力度表现出明显的城市化倾向，调查表明，到目前为止，全国农业银行系统设有营业机构的乡镇仅占乡镇总数的 50%（于奎，2006），且基层机构由于受授信权限的约束，基本上成为在农村地区的专业吸储机构。

2）缺乏公平的效率是融资制度变迁的突出特征。农业银行农户融资制度变迁的实质是农户融资制度的部分消亡，即仅保留了资金的单向流动机制——以

---

① 参见银发［2001］第 185 号《中国人民银行关于印发〈扶贫贴息贷款管理办法〉的通知》。
② 参见农银发［2002］第 16 号《中国农业银行信贷管理制度》。

储蓄形式出现的"负"融资机制，而瓦解了向农户提供贷款的制度功能。从金融交易的对等性来看，现行的制度虽然具有经济意义的效率，但缺乏公平。

2.3.3 邮政储蓄制度：单边交易向双边交易的转变

2.3.3.1 邮政储蓄制度的变迁历程

中国的邮政储蓄在农村长期扮演着吸收资金、上缴存款的角色，与农户只发生单边的储蓄汇兑交易。随着农村资金短缺问题日益严重，2006年开始在少数地方实施农户质押贷款，邮政储蓄逐渐由"负"向融资向"正"向融资转变。根据管理模式和经营方式的不同，中国邮政储蓄大致经历了三个发展时期①。

1）1986～1989年，邮政储蓄的起步阶段。为发挥城乡邮政储蓄点多面广的优势，积聚闲散资金，1986年，邮电部、中国人民银行相继联合发出《关于开办邮政储蓄业务的联合通知》、《关于印发开办邮政储蓄协议的联合通知》，自1986年4月起，邮政储蓄在全国开始办理。1986年年底，邮政储蓄存款余额为5.64亿元，市场占有率为0.4%，到1989年年底，储蓄余额突破100亿元，市场占有率达到了1.96%。该阶段储蓄业务的性质和特点是：邮政储汇局代理人民银行办理储蓄业务，所吸收的储蓄存款全部缴存人民银行统一使用，人民银行根据缴存存款的平均余额支付代办费。农户与邮政储蓄机构之间仅存在储蓄与汇兑的单边关系，农户是邮政储蓄的净资金提供者。

2）1990～2003年7月，邮政储蓄的迅速发展阶段。从1990年开始，邮政储蓄业务由与中国人民银行之间的代理缴存款业务转变为自办模式，即邮政储蓄资金转存中国人民银行，由双方协商确定转存款利率②。到1995年，邮政储蓄突破1000亿元，市场占有率达到5.45%。此后，储蓄余额逐年攀升，到2002年，邮政储蓄余额高达7000余亿元，市场占有率达8.48%，其中农村储蓄存款余额为2500余亿元，占存款总数的34.1%。随着储蓄余额的不断攀升，农村资金外流越来越严重，与农户生产、经营资金短缺形成鲜明的对比。

3）2003年8月至今，邮政储蓄的改革发展阶段。2003年8月1日，国家调整邮政储蓄转存款政策，邮政储蓄转存款实行新老划段：即新增资金由邮政储蓄机构自主运用，邮政储蓄机构可以从事债券投资和协议存款业务，这标志着邮政储蓄机构由单纯的吸收存款，转向资产业务的市场化经营与管理。2004

---

① 根据国家邮政储汇局网站、《中国金融年鉴》提供的相关资料整理而成。
② 邮政储蓄的上存利率为4.341%，而吸收的存款利率为1.98%。

年5月，银监会颁布《邮政储蓄机构业务管理暂行办法》并开始实施，国家将邮政金融纳入银行业管理范围。2005年8月，国务院印发《邮政体制改革方案》，明确提出要按照金融体制改革的方向，加快成立由中国邮政集团公司控股的中国邮政储蓄银行。2006年3月，邮政储蓄定期存单小额质押贷款业务试点工作开始试点，2007年3月，中国邮政储蓄银行有限责任公司成立，2008年初开始在全国推广。这标志着邮政储蓄资金开始在正式制度的安排下回流，农户与邮政储汇局建立了资金融入和融出的双向对流关系。

2.3.3.2 邮政储蓄"负"向融资制度的数量表现

由以上分析可知，中国邮政储蓄建立以来，长期存在对农户"负"融资的现象，主要表现在邮政储汇局在农村设置的吸储网点数和农户在邮政储汇局存款数量的激增。从表2-4可以看出，从1986～2005年，邮政储蓄在农村设立的网点数是逐年增多的，从2794个增加到35 043个，增加了约11.5倍。农户的邮政储蓄数额也不断上升（表2-5和图2-5）：1989年，邮政储蓄突破100亿元，市场占有率上升到1.96%，其中农村储蓄额为24.4亿，占储蓄总额的24.2%。此后，随着邮政储蓄总额的逐年攀升，农户存款数量也每年上升，所占的比例也稳中有升。到2005年，存款总额已达到13 598.98亿元，其中农户存款余额达到了4861.69亿元，占总存款数的比例为35.75%。邮政储蓄机构在农村扮演了长达20年的"负向融资"角色。

表2-4　邮政储蓄业务网点数　　　　　　单位：个

年　份	1986	1987	1988	1989	1990	1991
储蓄业务网点数	2 794	9 477	13 651	15 609	17 305	18 738
其中农村网点	—	—	—	9879	12 002	13 083
年　份	1992	1993	1994	1995	1996	1997
储蓄业务网点数	20 017	21 945	26 750	30 130	30 712	31 437
其中农村网点	13 955	15 353	18 559	20 513	21 260	21 061
年　份	1998	1999	2000	2001	2002	2003
储蓄业务网点数	31 563	31 477	31 763	31 704	31 704	31 704
其中农村网点	20 789	20 333	20 548	20 242	20 242	20 242
年　份	2004	2005	2006	2007		
储蓄业务网点数	33 720	35 043	36 663	36 187		
其中农村网点	19 062	20 674	19 926	19 450		

资料来源：根据《中国金融年鉴》1990～2008年各期计算整理得出

表 2-5　邮政储蓄存款总余额与农村余额

年　份	1986	1987	1988	1989	1990	1991	1992	1993
总余额/亿元	5.63	37.64	70.34	100.84	180.34	315.15	476.76	615.90
其中农村余额/亿元	—	—	—	24.40	45.76	88.02	124.73	215.16
农村存款占比/%	—	—	—	24.20	25.37	27.93	26.16	34.93

年　份	1994	1995	1996	1997	1998	1999	2000	2001
总余额/亿元	1 615.83	2 146.55	2 645.68	3 202.05	3 815.37	4 579.21	5 908.46	6 994.25
其中农村余额/亿元	546.90	740.06	882.78	1 078.96	1 262.68	1 632.69	2 024.85	2 339.03
农村存款占比/%	33.85	34.48	33.37	33.70	33.70	35.65	34.27	34.10

年　份	2002	2003	2004	2005	2006	2007
总余额/亿元	7 363.46	8 985.69	10 787.25	13 598.98	16 016.45	17 216.54
其中农村余额/亿元	2 511.85	3 066.13	3 768.31	4 861.69	5 758.04	6 852.09
农村存款占比/%	34.11	34.12	34.93	35.75	35.95	39.80

资料来源：根据《中国金融年鉴》1990～2008年各期整理、计算所得

2.4　中国农户非正式融资制度的变迁

国内外学者对中国农户融资来源的研究结果一致表明，非正式融资是农户融资的主流，也是农户融资的实际首选方式。国内学者温铁军（2007）、曹力群（2007）、朱守银等（2003）等研究结果从不同角度得出了近乎一致的结论：农户70%以上的外源性融资来自民间借贷，来自于农村信用社等正规金融机构的资金不足20%。国际农业发展基金组织（IFAD）2002年的研究报告表明，我国农村信用社的贷款实际上只覆盖了20%左右的农户，该机构2005年的研究报告也指出，中国农民来自非正规金融市场的贷款大约是来自正规金融市场的4倍。可见，非正式融资制度已经主宰了中国整个农村金融市场。

但对于不同的非正式融资制度，学者们却很少给予进一步细致的研究，对于此种融资制度存在的原因，也通常求助于单个理论的解释，比较常见的是从信息经济学的理论中寻求答案，对农户、农业、农村的基本特征重视不够，因此其解释力比较有限，难以准确刻画出各种制度的变迁路径，对制度的本质特征及未来走向指示不明。本书选择农村合作基金会、农户间自由借贷、非政府小额信贷组织三种典型的制度安排，分别追踪其制度变迁的路径，并尝试从新制度经济学、社会经济学的角度予以解释和评价。

2.4.1　农村合作基金会农户融资制度的变迁

中国的合作基金会有两类，一类由政府控制和经营，另一类主要由个人经营。前者以四川省乐山市农村合作基金会为代表，成立于1986年；后者以浙江省温州市农村合作基金会为代表，成立于1992年（李静，2004）。这里仅讨论第一类合作基金会。

2.4.1.1　农村合作基金会融资制度起源：共享心智的形成

关于中国农村合作基金会的形成，已有成果主要从集体资产管理者缺位、单个农户融资渠道缺乏的角度来寻求原因，并没有充分的说服力。因为旧制度的不合理是新制度产生的必要条件而非充分条件，新制度并不能自动生成，新制度的产生必须有助于新的制度供给主体的利益增进。根据新制度经济学的制度变迁理论，在新制度形成之前，必然有一个初级行动团体和次级行动团体。① 初级行动团体是一个能够发现新的收入并知道通过改变现有制度后能够获取这些收入的决策单位；次级行动团体则是初级行动团体为获取收入而组织（建立）起来的另一个决策单位，为初级行动团体实现制度变迁服务。

中国农村合作基金会的形成过程，从表面上看是由农村和农户的实际需求引致的、由地方政府推动的诱致性制度变迁，即初级行动团体是广大农户，次级行动团体是地方政府，但从根本上讲是地方政府与农户共享心智的存在和形成过程。

20世纪80年代中后期，中国虽早已明确提出并实行了改革开放政策，但在意识形态上仍然强调中国的经济体制是以计划为主、市场为辅的商品经济。一方面，该阶段实行集体所有、家庭经营"统分结合"的双层经营管理体制，只承认集体财产的家庭经营权，而不承认财产的家庭所有权和个人所有权，农户还不是法律上受保护的独立的财产主体和行为主体。与之相适应，农村信用社贷款的发放对象依然以村组集体为主，单个农户极少能从金融机构获得贷款，这与农村实行家庭联产承包责任制后，农户作为独立的生产经营单位，必须独自解决生产资金的现实相悖。另一方面，在该阶段农村商品经济飞跃发展，农村财政体制改革后，地方政府支配自有财力的权限逐渐扩大，主观上存在着强化自身财政实力、扩大投资、掌控金融资源的内在冲动。因此，地方政府必然会进行制度变通，力图得到上级部门的认可。这样一来，地方政府的利

---

① 在某些制度变迁中，也有可能不存在次级行动团体。

益驱动与农户的客观需求达成高度一致，地方政府与农户之间形成了共享心智：地方政府希望获得农村金融剩余，发展当地商品经济，为自己谋求"政绩"，享受地方"财政剩余"；农户在从集体经济中脱离出来之后，信用社和农业银行的信贷制度没有发生相应的转变，仍然以集体建立银行信贷账户，因此希望有一个能为自己提供金融服务的组织。在国家最高权力中心的制度供给缺乏的情况下，地方政府和农户必然会选择自主创新。这是农村合作基金会得以顺利产生的关键性制度因素。至于国内学者所归纳的其他因素（如管好集体资金的需要、国家正式信贷缺失、农村高利贷的存在等）都是第二位的，是催生合作基金会制度产生的成熟条件和有利契机。

在这一背景下，四川省率先成立了合作基金会，此后，其他地方纷纷仿效。1991 年，农业部发布《关于加强农村合作基金会规范化、制度化建设若干问题的通知》，指出农村合作基金会是指在坚持资金所有权和得益权不变的前提下，由乡村集体经济组织及其成员按照自愿互利、有偿使用的原则建立，主要从事集体资金管理和融通活动的资金合作组织，它通过调剂资金余缺，支持本乡（镇）范围内的农户、企业发展生产。根据该定义，农村合作基金会与任何经济合作组织一样，在组织结构上，应由会员代表大会、理事会、监事会三个相对独立的机构组成，下设具体的业务部门；在性质上，应具备社区性、内部性、独立性、服务性的基本特性。农户作为主要出资者，应充分享有会员的选举法、贷款权和管理权，农户与农户之间在自愿互惠的基础上进行交易。

2.4.1.2 农村合作基金会制度的演变

1）1984 ~ 1988 年，基金会的萌芽和试办阶段。全国大多数省份在地方政府的推动下，建立了各种类型的合作基金组织。统计资料表明，到 1988 年为止，全国已有 50% 以上的县、市（区）依托乡（镇）农村经营管理部门建立了以合作基金会为主要形式的集体资金融通组织，据全国 20 个省（自治区、直辖市）的不完全统计，融资额近 40 亿元（国家经济体制改革委员会，1990）。

2）1989 ~ 1995 年，基金会的快速发展阶段。从 1989 年起，中央及各级地方政府开始以不同形式承认并鼓励合作基金会的发展。[1] 到 1993 年年底，全

---

[1] 关于这方面的文件有：1990 年中央 19 号文件指出，要"办好不以营利为目的的合作基金会，管好用好集体资金"；1991 年 11 月中央十三届八中全会的《决定》要求，各地要继续办好农村合作基金会；1991 年财政部和农业部在联合下发的两个文件中都对农村合作基金会的发展给予了充分肯定和支持，鼓励其进一步发展；1992 年国务院在作出的《关于发展高产优质高效农业的决定》中，提出了"继续发展农村合作基金会，满足高产优质高效农业的需要"的要求。

国共建农金会 128 400 个，其中乡镇一级的达 17 800 个，占全国乡镇总数的 38%，村一级的达 110 600 个。基金会资金总量达 250 亿元，其中集体资金占 72%，农户个人股金占 28%，相当于农村信用社年末存款余额的 4%（杨云英，1995）。

3）1996～2000 年，整顿和清理阶段。在高速扩张的同时，合作基金会逐渐偏离了办会方向，走上了商业化和盲目扩张的道路，成为有实无名的非银行金融机构，开始与农业银行和农村信用社争夺存贷业务。由于基金会人员的业务素质低下、资金投放的非农化与高风险性，导致其隐藏的风险越来越大。1996 年 8 月，国务院《关于农村金融体制改革的决定》针对合作基金会的违规行为，开始提出对合作基金会进行清理整顿。1997 年，亚洲金融危机爆发后，中央成立了整顿农村合作基金会金融改革专题小组，并于 1997 年 11 月下旬制定清理整顿方案。与此同时，中共中央、国务院《关于深化金融改革、整顿金融秩序、防范金融风险的通知》决定：停止设立农村合作基金会，停止吸收存款和办理贷款；现有农村合作基金会根据具体情况选择退出。① 到 2000 年，农村合作基金会融资制度彻底消亡。

2.4.1.3　农村合作基金会融资制度消亡的原因分析与简评

农村合作基金会的产生、发展和消亡是一个完整的制度变迁过程，这一过程以政府主导的诱致性制度变迁为起点，最后以政府主导的强制性制度变迁为结束。这一制度的存在时间之所以十分短暂，根本原因在于农户与地方政府共享心智的消失。

农村合作基金会以"合作"的名义在少数地方成立不久，便开始通过自上而下的行政传递方式在各地一哄而起，地方政府在合作的潮流下单方面作出决定，与农户之间的共享心智迅速消失：作为掌控基金会权力的一方，地方政府为谋求自身利益而开始强行干预基金会的业务，既充当了初级行动团体，同时又充当了次级行动团体，掌握了整个制度变迁的绝对控制权，其合作的基本特性开始消解。农户在基金会制度形成之初仅仅是初级行动团体的拥护者和追随者；在基金会制度的推广和发展阶段，农户被排除在初级行动团体之外，由地方政府全权"代表"农户的意志，农户既缺乏时间也缺乏条件来成立属于自己的行业内管理组织。这是因为，农村合作基金会成立的同时，地方政府就越位执行了行业内组织的基本职能。此外，国家权力中心开始介入，合作基金

---

① 根据 1991 年国务院办公厅转发的清理整顿方案，农村合作基金会的退出方式是：现有的基金会清产核资、冲销呆账后，符合条件的可以并入农村信用社，对资不抵债又不能支付到期债务的，予以清盘、关闭。

会成为了国家和地方施政的载体。农户作为合作基金会的成员，完全丧失了话语权，由会员迅速转变成基金会的储户，并被迫转而与地方政府进行非平等的金融交易。

2.4.2 农户间自由借贷制度及其变迁

农户之间的自由借贷是农户自发供给的友情性、互惠性融资制度，也是历史最悠久的草根金融。在发展中国家的农村，也是生命力最旺盛的民间金融制度，这一结论为国外很多学者的不同国别研究所证明。例如，Floro 等（1991）的研究表明，菲律宾在 1960～1961 年，私人借贷占农户家庭借贷总额的56.7%；到 1980 年，这一比例虽有所降低，但仍占 37.4%。Iqbal（1983）的研究表明，印度在 1970～1971 年，其私人借贷占农户家庭借贷总额的比例为高达 70.5%；到 1988～1989 年，私人借贷比例虽有所下降，但仍达 42.6%。在中国农村，此种形式的借贷更是长盛不衰。1985 年以前，中国农户的外源性融资主要来源于正规金融机构，即农业银行和农村信用社；1985 年以后，农户从正规金融机构借贷的比例大幅下降。国内众多学者的研究结论表明，农户间的自由借贷是我国农户融资的主要渠道。温铁军对全国 15 个省 24 个地区的个案调查表明，中国的民间借贷极具普遍性，发生率高达 95%；沈明高在分析了全国 10 省 4237 个农户 5 年的面板数据后发现，从非正规金融渠道借贷的农户数量是从正规金融渠道获得贷款的农户数量的 1～2 倍。中共中央政策研究室、农业部农村固定观察点办公室对全国 300 多个村庄、2 万多农户固定观察点调查的农户借贷数据表明，自 20 世纪 90 年代以来，农户之间的自由借贷长期居高不下，2003 年以前一直稳定在 70% 左右，2004 年以后虽有所下降，但仍在 60% 左右（表 2-6）。

表 2-6　农户自由借贷占全部借贷金额的比例　　　　　单位:%

年份	1993	1995	1996	1997	1998	1999	2000	2001
比例	72.28	67.86	69.00	70.43	73.96	69.36	68.34	68.70
年份	2003	2004	2005	2006	2007	2008	2009	
比例	71.83	63.64	61.77	59.28	58.15	54.20	61.68	

资料来源：1993～2000 年的数据来自中共中央政策研究室和农业部农村固定观察点办公室汇编的《全国农村社会经济典型调查数据汇编（1986～1999 年)》；2001 年、2003 年的数据根据农业部农村经济研究中心网站提供的数据计算得出；2004～2009 年的数据来中共中央政策研究室和农业部农村固定观察点办公室汇编的《全国农村固定观察点调查数据》

2.4.2.1　农户间自由借贷制度存在的基础

民间自由借贷之所以成为农户外源性融资的长期选择，在于维持此种制度运行基础的长期存在和稳定，这些基础是：

（1）乡土社会的意识形态

所谓乡土社会，是指以族缘、地缘、血缘关系为基础而形成的社会结构，在乡土社会中，由熟人之间的相互信赖而构成经济交易和非经济活动的基础。传统的乡土社会是一个情感社会，在这个社会里，维系和保证人与人之间交易的基础是宗族观念与友情，不需要额外的制度来保证交易的顺利进行，换言之，宗族观念与友情本身就是一种共同自觉遵守的制度。著名社会学家费孝通先生认为，"乡土社会"的生活是富于地方性的，是一个"熟悉"的社会，没有陌生人的社会。在这种熟人社会里，人和人之间由熟悉逐渐到信任和友情，因此，人们之间便会产生互助制度。

（2）低廉的交易成本

新制度经济学认为，交易成本包括信息搜寻成本、谈判和决策成本、监督和实施成本。在传统的农村，农户间自由借贷的交易成本表现为低廉的信息搜寻成本、低廉的合同订立成本以及低廉的监督合同执行的成本，这是由农户的居住特点、生产特点、生活特点决定的。美国学者威廉·施雅坚对四川成都东南25千米的集市高店子的调查发现，当地一个农民到50岁时，可能已赶集3000多次，与集市共同体的每一户男子至少在同一街道碰面1000次，这表明农村社会天生具有充分而对称的信息，通过日常生活就可以获得信息，信息成本几乎为零。

（3）低风险、高信誉

一般认为，农业是高风险性的产业，不仅面临着自然风险，同时也面临着市场风险；同时，由于农户缺乏抵押品，还具有不可控制的信用风险。但是，农户之间的资金互助制度恰恰表现出低风险性和高信誉性的特征。这是因为，第一，农户的收入来源不仅仅限于农业，还存在其他更多可以自由选择的渠道，如小规模的家庭饲养业等；第二，农户之间可以选择灵活的抵押品及抵押方式，对抵押品的管理和处置的成本也较低廉，物品抵押制度的灵活选择不仅解决了抵押品缺乏的困难，而且大大降低了农户违约的可能性；第三，农村存在着完善的社会抵押机制，促使当事人自动选择履约。在农村，农户与农户之间不仅存在着借贷形式的信用关系，双方还处于一定的社会联系之中，这种社会联系是农户的无形资本，无形资本的有无及多少在一定程度上反映和决定了农户的生存质量，为农户所珍视。因此，农户若借贷违约，则社会资本就会削减，农户被排除在某个圈层之外，未来的生存质量将受到影响，在这种情形下，农户的理性选择就是自动履行合约。

（4）借贷额度小，放贷者的机会成本低

乡土社会中人性传统的善良、人与人之间的血缘、地缘、业缘关系使得人们愿意进行短暂的资金互助，但这一般发生在借贷金额小、放贷者的机会成本低甚至为零的前提条件下，一旦条件发生了变化，则农户之间的互助式、无息式的资金交易将不会普遍发生。

2.4.2.2　我国农户间自由借贷的基本特征

从实践来看，农户之间的自由借贷与正规商业性金融借贷之间存在着许多区别，这些区别同时也构成了农户自由借贷的基本特征。

1）利率和归还期限的不严格约定。农户之间在发生借贷关系时，一般不拟定利率，即使存在某种形式的回报，也并不总以货币形式出现①，且没有具体的归还期限。

2）额度小，频率高。农户作为循环生产者，由于土地的细碎化程度较高，收获期限带有不可违抗的季节性，因此所需资金一般比较小，货币流通的集中性强，借贷频率较高。

3）较少使用书面借贷协议，主要以口头协议为主。由于农户之间的借贷大多发生在较小地域范围内的亲友和熟人之间，借贷金额较少，因此较少使用规范的借贷合同，一般通过口头约定达成交易。单纯从制度本身来看，这种借贷制度隐藏着极大的道德风险和机会主义，农户违约的可能性很高。但是，实践证明，这种制度不仅有效避免了信用风险，而且具有强大的生命力，因此，该制度必然有其存在的制度保障和制度优势。

2.4.2.3　农户间自由借贷制度的维持基础与表达方式的渐变

（1）制度维持基础的渐变

在传统的乡土社会中，农户之间自由借贷制度的维持基础具有相对稳定性，但这是以社会类型的稳定为前提条件的。一旦社会发生转型，这种相对稳定性的制度基础就会发生微妙的变化，甚至不复存在，从而影响旧制度的继续运行。中国目前正在经历着由传统乡土社会向契约型社会的转型，转型所带来的直接后果就是旧制度——友情式的自由借贷继续运行的基础开始发生改变。

---

① 国内外的许多研究都持此种观点。但也有一些学者认为，即便是没有名义上的利率，但负债方给予债权方以某种形式的承诺，在广义上也可看做是一种以期权形式出现的利息回报。本人同意后一种观点。

所谓契约型社会，是随着市场经济的发展逐步形成的一种社会形态，与传统的情感型社会相比，此种社会是基于选择意志和主观利益之上的组织，是一个"利益社会"。在这个利益社会里，人们对物的依赖关系使得人与人之间的交往关系以物与物的关系来表现，即人们在契约和法律的基础上进行交往，通过各种契约相联系。这同时也说明，契约型社会达成交易的基础与情感型社会达成交易的基础是不相同的，后者的基础是熟悉与信任，而前者的基础则是由契约所保障的权利与义务的法律意义上的清晰界定。相应的，农户之间自由的借贷方式开始有了一些新的表征，既有借贷方式的基础开始发生动摇。

（2）表达方式的渐变

农户之间借贷制度的基础发生动摇后，其借贷的内容及若干规则也开始发生微妙的变化，主要表现为：第一，"面子成本"的出现与节约。随着农村贫富分化的加剧，负债方逐渐认为欠债权方的不仅仅是货币，还有无法用货币衡量的别的东西，如情感负担。此外，农户认为向熟人和亲友借贷无异于将自己的家庭财政公之于众，甚至还面临着"被人瞧不起"、"无能"的舆论压力，而向信用社、银行等金融机构借贷则遵循的是匿名的、还本付息的原则，即以支付利息为代价来换取即期货币的使用权，不存在面子成本的支付问题。因此，农户潜意识更偏向公平交易的商业信贷。① 第二，农户的借贷资金变为借贷资本后，负债方据此获利，债权方要求得到利息回报的理由得到了理论的支撑。马克思的利息理论认为，利息产生的制度基础是资本的所有权与使用权的分离，正是资本的所有权与使用权的分离，使得平均利润被分割成两部分：一部分是归债权人所有的利息，另一部分是归负债人所有的利润，因此，利息是凭所有权得到的收入，负债方应该为获得所有权而付出一定的代价，这是从所有制的角度对利息是否应该存在所作的阐述。古典利率理论的"时差利息论"认为，资金是有时间价值的，资金变为资本后，时间价值的体现就表现得更加充分——负债方据此所获得的利润。该价值的一部分应该归属于资金的所有者，而利率和利息则是最公平合理的表达方式。第三，机会成本的出现及上升。在相对落后的农村社区，人们的投资机会较少，相当多的农户还习惯于以"窖藏"的方式保存节余，农户节余货币的机会成本很低。随着农村市场经济的逐步发展，人们的投资渠道和理财方式开始发生改变，货币的机会成本开始形成并随市场经济的发展而逐渐上升，农户之间在进行资金交易时开始进行经

---

① 该观点的提出是基于笔者2006年对湖北省天门市所作的农户问卷调查和访谈。在调查和访谈过程中，绝大部分农户表示，如果能很顺利地从信用社和银行获得贷款，他们是不愿意找亲友和熟人借款的，原因是"很丑，说明自己没本事，除非是孩子考上了大学要借钱"；"有的亲友明明有钱，却不愿意借，说是放在银行里存了定期"。这说明农村正在由情感型社会向契约型社会转型，农户的市场交易观念已经开始形成。

济核算，对亲情和友情的价值与延续则有所忽视。第四，市场经济的理念使农户正在产生新的信用伦理文化，双方开始倾向于求助于法律，以契约的形式确定借贷关系，力图向正式制度学习。

2.4.2.4 简短评价

农户之间互助式、友情式的自由借贷虽然延续了几千年，至今仍然是广大农户的普遍偏好，传统的乡土社会及其所固有的信息机制、惩罚机制等对此种制度的维护起到了重要作用。不可否认的是，这种偏好是在正规金融无法适应和满足农户的特殊需求而被迫形成的。随着农村社会形态的变迁，这种制度赖以继续运行的基础正在发生微妙的变化。因此，如何适应这种变化，增加相应制度的供给，引导民间金融继续发挥其独特优势，是需要进一步研究的问题。

2.4.3 非政府组织专项农户融资制度

非政府组织专项农户融资制度是介于正式与非正式之间的一种制度，具有不完整性、不确定性、阶段性等特征，是政府或团体意图的体现，也是政府宏观调控的直接工具，体现了财政手段和金融手段的有机结合。目前，这种金融制度主要以国内外的小额信贷扶贫项目出现。

2.4.3.1 国内小额信贷扶贫项目

（1）民间专业小额信贷机构项目

中国比较典型的民间小额信贷项目有两个：一个是由中国社会科学院开展的"扶贫经济合作社"项目，另一个则是由经济学家茅于轼在山西省创建的"龙水头扶贫基金会"，这两个项目采取了不同的制度安排，但取得了同样的成效。1993 年，中国社会科学院农村发展研究所在福特基金会和孟加拉乡村银行的资金和技术支持下，开始引入孟加拉国的乡村银行模式并在河南、河北、陕西等地进行试点，组建了"扶贫社"项目，针对贫困地区的农户发放贷款。在制度的具体设计上，除个别方面外，几乎全部按照孟加拉乡村银行的基本规则来操作，如分期还款制度、小组联保制度、中心会议制度。从该项目的实践过程来看，分期还款制度的运作得到了有效的实施，小组联保制度的实施效果次之，而中心会议制度的实施则遇到了很大的困难，主要原因是会议的机会成本太高，间接提高了贷款利率。从项目实施的效果来看，不仅使扶贫资金真正到达贫困户手中，而且实现了高还贷率。1999 年年底，扶贫社得到了中国人民银行、国务院办公厅和国务院扶贫开发领导小组的批准，作为社科院的实验基地，允许扶贫社从事小额信贷服务，其合法性得到了解决。

经济学家茅于轼创办的龙水头扶贫基金会与社科院的扶贫社项目一样，也是专门服务于贫困人群的融资机构，该机构于1993年9月在山西省临县湍水头镇龙水头村创立，初始资本仅为500元，经过14年的运作，资本金已达到130亿元。该基金的运作制度与扶贫社相比，有如下特征：第一，实行既存又贷的双向资金流动机制，既能发放贷款，同时又可以面向社会吸收存款，是半开放的基金。第二，贷款不仅可用于生产，而且还可以用于消费。用于生产的基金必须支付6%的月利率，但一般只有6个月的期限，用于消费（如医疗、教育等）的贷款则不收取利息，贷款期限为1年。第三，采取了自我信誉担保和社会舆论的风险控制机制。农户申请贷款不必提供抵押和担保，而是以自身的信誉作为抵押，若出现恶意违约现象，则启动社会舆论惩罚机制，公开违约者的信息，形成对违约者的精神压力和警示。据统计，该项目的还款率达95%（商界传媒企业研究院，2006a）。

（2）政府项目

目前，我国的小额贷款机构有300余家，但是除10多家能自由运转外，其余的都不能实现可持续发展。在这种情况下，人民银行从2005年起，开始了新的小额贷款模式实验，在山西、陕西、四川、贵州、内蒙古五省区成立了7家小额贷款公司（表2-7）。这些贷款公司出面向农户发放贷款外，还针对中小企业发放贷款。其具体的制度规定（商界传媒企业研究院，2006b）是：第一，贷款公司由当地政府采用招标的形式选出，用自有资金及银行法定利率的4倍发放贷款，但不能吸收存款；第二，公司贷款总额的60%～70%必须面向"三农"；第三，农户借款一般采用信用担保即可。

表2-7 政府主导下的小额贷款公司一览表

公司地点	公司名称	成立时间	注册资本/万元	股东	平均年利率/%	单笔贷款规模限制
山西平遥	晋源泰	2005年12月	1600	韩士恭等四人	20.25	10万元（自然人）
山西平遥	日升隆	2005年12月	1700	王治信等三人	16.389	5万元以下农户贷款比例不能少于70%
四川广元	全力	2006年4月	2000	赵琼等三人	17.51	40万元
贵州铜仁	华地	2006年8月	3000	益兴科技与贵州华地投资公司	—	60万元
陕西户县	信昌	2006年9月	2000	陕西省榆林市信昌典当有限公司	18.6	40万元

公司地点	公司名称	成立时间	注册资本/万元	股东	平均年利率/%	单笔贷款规模限制
陕西户县	大洋汇鑫	2006 年 9 月	2000	西安市含光物业总公司	18.65	40 万元
内蒙古东胜	融丰	2006 年 10 月	5000	中国扶贫基金会、乔玉华、王林详	—	250 万元

资料来源：商界传媒企业研究院，2006b

2.4.3.2 国际小额信贷扶贫项目

20 世纪 90 年代初期，在驻华援助机构的启动资金支持下，国内有关部门组织（如妇联、科研单位和政府部门）将国际上成功的小额信贷制度引入我国，并在云南、贵州、四川、青海、河南、山西等省区组建一批小额信贷扶贫实验项目。此后，随着项目成功率的提高，国际小额信贷项目逐渐增多（表2-8）。

表2-8 我国的国际小额信贷项目情况

资金提供者（F），项目实施者（I），中方合作者（P）	省（县/地区）	项目开始时间	贷款规模/元	还款方式
AUSAID（F），青海外经贸厅、农业银行（I）	青海（海东）	1996 年 8 月 ~ 2003 年 6 月	400 ~ 1000	6 ~ 12 个月
Caritas Germany（F），国际农业发展中心（I），外经贸部（P）	四川（仪陇）	1998 ~ 2000 年	500 ~ 1000	贷款后 20 天开始还款，每 10 天还款
加拿大国际发展署（F），Canadian Coop. Associatio（I），外经贸部（P）	新疆（和田）	1996 ~ 2002 年	1000	半年还款
DID 信用社（I，P）	河北（滦平）	1998 年 1 月 ~ 2000 年 12 月	1 000	从第 5 周开始还款，每 2 周还一次
Development Organisation of Rural Sichuan（F，I），扶贫办（P）	四川（汉源）	1997 年	800 ~ 1000	半年还 1 次
福特基金会、乡村托拉斯、加拿大基金（F），中国社科院	河北，河南，陕西	1994 年 4 月	1000	每周还款，贷款期限为 1 年

中国农户融资制度变迁与征信体系建设研究

资金提供者（F），项目实施者（I），中方合作者（P）	省（县/地区）	项目开始时间	贷款规模/元	还款方式
福特基金会、亚洲基金、香港乐施会（F），《农家女百事通》和妇联（I）	5省8县	1996年11月	500~2000	贷款期限1年，从第3个月开始每月还款
德国技术合作公司（F，I），江西山江湖开发治理办公室（I）	江西（赣县、崇义、南康）	1996年4月~1999年2月	500~2000	贷款期限不定，一次还清
农发基金会（F），信用社（I），财政部和农业部（P）	四川，安徽，青海，贵州	1996年4月	100~3000	还款周期不定1~6年
国际Crane基金会渐进项目（F），贵州环保局草海自然保护区（I）	贵州（威宁）	1995年6月	200~2000	3个月后一次还清
建华基金会（F，I），县乡政府（P）	河北，内蒙古	1999年2月	多数300~4200	8个月的贷款一次还清，22个月的贷款两次还清
乐施会（F，I），云南省扶贫办、贵州省农业厅、广西民委（P）	贵州，广西，云南	1992~2000	150~1000	还款周期从3个月到3年不定
Salvation Army（F，I），妇联（P，I）	云南	1998年3月~2000年2月	800~2500	贷款期限为1年，每月还款
联合国儿童基金会（F）外经贸部（P）	12个省（24个县）	1996~2000	600~800	贷款期限为3~14个月，每月还款
国际小母牛项目（F，I），省畜牧局（P）	四川（16县），其他4省	1985	200~1000	3年三次还清
世界银行（F），中国西部人力资源开发中心（I，P）	四川（阆中），陕西（安康）	1997年1月2002年9月	1000	贷款期限为1年，每10天还款
世界粮食计划署（F），妇联（I，P），农业部（P）	宁夏（固源）	1995年8月~2000年8月	1000	贷款期限1年，从第3个月开始每月还10元，其余的最后一次还清

资料来源：www.cass.net.cn/webnew/yanjiusuo/cnfzs

第2章 中国农户融资制度及其变迁

75

2.4.3.3　简短评价

非政府组织的小额信贷扶贫制度不仅是对现有正式金融制度供给错位和缺失的一个纠正和补充，其成功的运作否定了传统的银行经营理念，专门瞄准低收入农户，将富裕农户排除在服务对象之外，证明了普惠性金融体系构建的可能性，而且再次证明了制度移植的可能性和灵活性，即在制度环境相似的情况下，制度是可以移植的，但移植不等于照搬，移植过来的制度若要实现其功能，还需要做进一步的适应性调整。

本 章 小 结

1）农户融资制度供给"过剩"与不足并存。从制度的供给数量来看，政府是农户融资制度的主要供给者，但农户对政府提供的正式制度的利用是极其不充分的，主要原因在于使用该制度的交易成本过高。过高的交易成本不仅表现为金融机构的财务成本，而且还表现为农户进入正式金融市场的"资格成本"——苛刻的抵押与担保、稀缺的"关系"资源。这使得正规金融机构和农户均对政府主动供给的制度缺乏利用的动力，导致正式制度的利用率低下，出现供给"过剩"的局面。与之形成鲜明对比的是民间自发的非正式友情借贷制度所表现出来的强大的生命力。但不容忽视的是，这种在农户群体中内生出来的、朴素的草根金融制度，在其经历了几个世纪的考验后，随着农村社会的逐步转型，维系此种借贷的制度基础正在发生渐变，农户正在经历由社会转型所带来的融资偏好的转型，这预示着传统意义上的友情借贷制度也需要改进。

2）农户融资制度变迁遵循的是强制性变迁路径，变迁的"路径依赖"明显。中国是一个有着长期集权且农村金融市场较为落后的国家，在这种情势下，农户融资制度的变迁理所当然地由最高权力中心——国家来决定和实施，这使得农户融资制度的每一次变迁均是自上而下的政府强制性行为，体现的是"司法中心主义"，满足的是强势利益集团的利益，换言之，强势利益集团的目标函数代替了作为公平与效率代表的政府的目标函数，因此针对农户的融资制度并没有得到实质性的改善，变迁流于形式且浅表化。不仅正式制度如此，除民间自由借贷外，其他非正式制度的供给也受到了政府不同程度的干预，典型的如农村合作基金会，在农村合作基金会的制度变迁过程中，政府充当了初级行动团体和次级行动团体的唯一代表。

3）农村金融特有的制度特征没有得到充分体现。农户融资制度的安排没有与城市工商业融资制度安排区别开来，过多地强调现代融资制度在农村的推进，强调农户的被动适应，而忽视了农户、农村的基本特征。1979年以来的农村金融体制改革一直沿着使农村正规金融商业化、城市化的目标前进，并在90年代中后期大大加快了商业化改革的速度和步伐。作为权力中心的最高决策层虽然以"窗口指导"方式努力矫正农村扭曲的金融资源配置，但由于各金融机构的目标函数与政府的目标函数存在较大差异，因此对窗口指导缺乏实施的动力机制，这为农户融资制度供求的偏离埋下了隐患。

4）由政府和国际机构提供的小额信贷制度虽然具有节约制度创新成本的优势，但该制度仍处于"试错"和"输血"的阶段。出现此种结果的主要原因在于扶贫资金的产权主体与制度实施主体的割裂，以及委托人（政府）对代理人（各项目执行机构）缺乏有效的考核与监督手段，导致代理人的机会主义行为。因此，从这个角度上讲，无论何种性质的金融中介，当涉及公共产权与私人产权的交易时，交易必定是缺乏效率的，要提高交易的效率，必须改变产权制度。

第3章
中国农户融资制度需求分析

　　本章在已有文献的基础上，分析中国农户融资需求的一般特征，并结合笔者在湖北省天门市的调查资料，进一步加以实证，并对农户融资制度的供求均衡状况予以分析。

3.1　中国农户融资需求的一般特征

　　归纳总结国内已有研究成果，中国农户融资的需求特征可概括如下：

　　1）农户对资金的需求量呈逐年上升的趋势。农业部农村固定观察点的农户借贷资料显示，从 1986~2003 年，农户人均借贷存量水平从 1986 年的 105.8 元增加到 345.8 元，年均增长速度达 13.34%。其中，正式借贷年均增长速度为 11.21%，而非正式借贷的年均增速稍高，为 14.23%（李延敏，2005）。其他区域性的个案研究也得出了类似的结论，如何广文（1999）、史清华（2002）、何军（2005）、霍学喜和屈小博（2005）等学者的研究。农业部农村固定观察点提供的农户人均借贷水平变化如表 3-1 所示。

表 3-1　全国农村固定观察点农户人均借贷水平　　　　单位：元/人

年　份	1986	1987	1988	1989	1990	1991	1993	1995	1996
数　量	105.8	84.67	105.58	95.74	86.96	106.88	186.68	249.62	301.93
年　份	1997	1998	1999	2000	2001	2002	2003	2004	2005
数　量	287.37	311.20	343.47	353.47	364.18	352.11	350.44	434.80	455.31
年　份	2006	2007	2008	2009					
数　量	474.57	441.61	563.72	637.52					

　　注：1992 年和 1994 年未开展此项调查

　　资料来源：1986~1999 年的数据直接来自：中共中央政策研究室和农业部农村固定观察点办公室汇编的《全国农村社会经济典型调查数据汇编（1986~1999 年）》；2000~2003 年的数据间接引自农村固定观察点的调查；2004~2009 年的数据根据固定观察点的数据计算得出

2）非正式借贷成为农户融资方式的首选，来自信用社等正规金融机构的借贷份额呈迅速下降趋势。不论从全国总体情况来看，还是从个别区域案例来看，非正式借贷在农户借贷来源中均居于首位。全国农村固定观察点的数据显示，从 1993～2003 年 21 年中，农户通过非正式渠道融资的比例一直稳定在 70% 左右（李延敏，2005；史清华，2002），不同收入水平的农户在融资渠道的选择上并无显著差异。学者们不同年份的个案研究结果也支持这一结论，例如，何广文 1998 年对浙江、江苏、河北、河南、陕西 21 个县 365 个样本农户的调查（何广文，1999），中国社科院农村发展研究所 2000 年对广东、浙江、湖北、山西、陕西五省 5 村的调查（中国社会科学院农村发展研究所农村金融研究课题组，2000），朱守银（2002）和陈天阁（2004）分别对安徽亳州、阜阳 217 个农户和皖北平原 300 个农户的调查，温铁军 2001 年所做的调查，中国农业科学院农业政策研究室 2001 年对全国 1199 个农户所做的调查（颜志杰等，2005），霍学喜 2005 年对陕西渭北的调查等，以上研究的时间和空间虽然截然不同，但却得到了非常一致的结论，即农户对非正式融资的依赖性极强，农户之间友情式自由借贷的发生率极高，基本稳定在 70% 左右，有的地区甚至高达 90% 以上，农户与信用社之间呈现出不平等的单边信用联系。

3）正规金融借贷期限较短，而农户间自由借贷则没有明确的期限。朱守银（2003）、李延敏（2005）、何广文（1998，2005）等人的研究表明，农户从正规金融机构获得的贷款期限一般较短，而友情式自由借贷则一般没有明确的还款期限。出现这种明显差异的原因在于正规金融机构一般只给农户提供生产性贷款，根据商业银行经营的"真实票据"理论和农业生产的季节性，金融机构形成了"春放、秋收、冬不贷"的基本信贷规则，而农户之间的友情借贷则存在着软约束，在没有还款来源的情况下，农户通常采取继续拖延的策略。

4）农户对非生产性信贷表现出持续的增长需求。全国农村固定观察点的资料显示，自 1993 年以来，农户借贷的主要用途逐渐由生产性借贷向生活性借贷转变；中国社科院农村金融课题组 1998 年对五省 5 村的调查结果显示，不论是经济发达的地区，还是中等发达或欠发达的地区，农户的生活性贷款需求均超过了生产性贷款需求；史清华（2002）、朱守银（2003）、何广文（1999，2005）分别对山西、安徽、浙江和贵州等省的研究也得出了同样结论。当然，相对来讲，贫困地区农户的借贷总量用于非生产的比例要稍低一些（何广文，2005）。[①] 此外，农户对生产性借贷的需求主要由正规金融机构满

---

① 对于经济欠发达地区农户生活性借贷比重与生产性借贷比重的关系，中国社科院的研究结果与何广文的研究结果迥然不同，可能的原因是：a. 选点的时空不同所造成的系统性误差；b. 两者均没有对生活性消费作进一步的划分和界定，如炫耀性面子消费与基本生活消费。本书同意何广文的研究结论。

足，这是因为正规金融机构对农户发放非生产性贷款的制度安排很不普遍，即使农户从正规金融机构获取贷款进行消费，也通常以补充生产资金的名义。这种转变说明随着农村经济的发展，农户的消费结构和消费水平均得到了一定程度的提升，农户正在由生存型借贷向发展型借贷转变。

5）农户资金需求的利率弹性较低。资金需求的利率弹性与金融市场的发育程度和市场化程度呈同向变动关系，该指标也是反映农户借贷满足程度的一个重要依据。从已有研究结论看，农户可接受的利率水平的范围较大。何广文（2005）对贵州的调查表明，83.2%的农户对利率并不敏感；曹力群的调研结果认为，农户对小额贷款的利率并不敏感[①]；霍学喜（2005）的研究也得出了相同结论。我国民间和官方试点的小额信贷实施的高利率也印证了这一点。当然，随着借贷资金数额的增大，资金对利率的敏感性开始逐渐显现（李延敏，2005）。这说明农村信贷市场的发育程度仍然很低，农户的贷款满足率有待进一步提高。

6）农户正在从关系型融资向契约型融资转变。关系型融资是基于亲友关系和相互信任为前提而进行的资金融通，资金借出方更多履行的是一种道义帮助的义务，对违约的预期较弱；而契约型融资则是为了规避信用风险而事先预防的结果，对违约的预期较强，其典型规避形式是立书面字据。国内诸多研究表明，农户对契约型金融的选择日趋明显。这方面有代表性的大样本研究结论有：史清华和陈凯对山西745个农户的借贷调查表明，友情借贷中立字据的比例呈大幅上升趋势，从1996年的9.26%上升到2000年的28.46%；陈天阁等2004年对安徽300个农户的调查结果显示，私人借贷中一定签订正式合同的占11%，以前没有签订但现在希望签订的农户占35%，只有38%的农户不签订正式合同，16%的农户不确定；安翔2002年对天津北辰区的调查发现，随着借贷金额的上升，立字据的比例越来越大，借款金额在1000元以下的，这一比率为25%，当借贷金额超过10 000元时，立字据率则上升到41.8%，山西阳泉镇也呈现出同样特征（李延敏，2005）。但也有例外，何广文2005年对贵州铜仁的研究表明，由于农户间借贷金额普遍很小，立字据的比例极低，仅为4.8%。这说明在经济十分落后的农村地区，现代市场金融的价值判断还未被农户所接受。

3.2 中国农户融资需求的进一步实证

已有研究虽然为我们提供了丰富的实证材料，得出了一些带有普遍意义

---

① http://www.people.com.cn/GB/jingji/1037/2502252.html.

的结论，为未来制度的重新设计提供了事实依据，但仍存在一定缺陷，即农户对融资制度的初始主观需求意愿是什么，现有研究鲜有涉及。导致这种结果的原因在于分析前提的局限性：在既定的供给约束条件下考察农户融资需求的现存状况，所得出的需求特征从某种程度上来说是一种与供给被迫相适应的结果，是农户的真实需求与现存供给之间的一种僵持状态，故农户的初始需求意愿有被掩盖的可能性，至少在理论上是一种不真实的、低水平的均衡状态，是一种在既定融资制度供给下扭曲的需求特征。而要准确刻画农户的融资需求特征，还必须引入农户的融资意愿这一关键分析变量，但到目前为止，这方面的前期研究成果十分有限，并且有些研究是以农业生产和农村的特点来对农户的融资需求所作的理论推导，缺乏基本事实依据。本书拟通过对湖北省天门市的实证研究来进一步丰富和补充已有的研究结论，关注农户的基本金融行为与初始融资意愿，并在此基础上总结出农户对融资制度的需求特征。

3.2.1　实证材料来源

本数据来自 2006 年 8 月在湖北省天门市的农户调查。调查内容包括农户的基本金融行为、信用状况、金融意识、融资意愿、实际融资情况等。调研样本选择遵循的标准是经济发展水平。样本选择的基本步骤是：①将全市各乡（镇）按经济发展水平分成上、中、下三类；②在各类乡（镇）中随机选择一个乡（镇）；③在选中的乡（镇）中，将各村经济发展水平分为上、中、下三类；④在各类村中随机选择一个村，在每个村随机选择耕地面积有一定差异的农户群体进行入户问卷调查。调查共获得有效样本 198 个，调研样本总体分布如表 3-2 所示。

表 3-2　调研样本总体分布情况

村庄名	岳口镇			多宝镇			多祥镇		
	徐越村	健康村	新堰村	刘夏村	四房村	雷锋村	陈湾村	东号字村	达洲村
调查农户数/个	54			66			78		

3.2.2　调研区域农户总体融资状况

天门市是湖北省的农业大市，其经济发展水平等各项金融指标在全省处于平均水平。与全国其他农村一样，天门市也面临着农村金融萎缩、农户贷款难的普遍特征。从农村金融机构的供给现状来看，自 1996 年起，四大国有商业银行相继撤并了部分网点机构，从 1996 年的 156 个减少到 2004 年的 32 个（其中农业银行减少 27 个），减幅达 53.62%，所撤并的 80% 为乡镇一级机构。工商银行、建设银行、中国银行在乡镇一级基本上已无网点，唯一与农户发生业务往来的是农业银行，但农业银行的贷款权限受到限制，且仅对农户发放抵押贷款。农村信用社也逐年撤销了风险较大的农村信用站，到 2004 年，信用社仅有 38 家。[①]

从农户资金需求情况及满足程度来看，也存在着较大的硬缺口，其中 2001 年、2002 年天门市农户资金需求及缺口如表 3-3 所示。

表 3-3　天门市农户资金需求及供给状况　　　单位：万元

年 份	资金需求量①	内源融资量②	资金缺口③ = ① - ②	弥补资金缺口的途径		
				信用社小额信贷④	民间借贷（包括赊销）⑤	硬缺口⑥ = ③ - ④ - ⑤
2001	166 232	131 969	34 263	5 172	16 708	12 383
2002	163 007	129 544	33 463	10 481	14 121	8 861

资料来源：根据人民银行天门市支行提供的数据计算整理得出

3.2.3　样本农户的基本信息

3.2.3.1　样本农户的基本信息

（1）样本农户的年龄与性别特征

从年龄分布来看，30 岁以下的农户最少，仅有 5 户，占 2.53%，60 岁以上的农户次之，占 5.56%，绝大多数农户在 30～60 岁，其占比高达 91.92%（表 3-4）。之所以年轻农户少，主要原因是农户经营规模较小，农村家庭劳动力出现了剩余，年轻人普遍选择了外出务工。从性别比例来看，在被调查的 198 个农户中，男性为 124 人，女性为 74 人，分别占 62.6% 和 37.4%。在农村，户主"天然"地是男性。调查中发现，男性往往更愿意表达自己的想法，并对所提问题的回答能作进一步的说明，有少数农户还敢于提出自己的见解和评价。

---

① 以上数据由中国人民银行湖北省天门市支行提供。

表 3-4　样本农户户主的年龄结构分布

项　目	≤30 岁	31~40 岁	41~50 岁	51~60 岁	≥61 岁
人数/个	5	55	64	63	11
占被调查对象比例/%	2.53	27.78	32.32	31.82	5.56

（2）样本农户户主的文化程度

从户主受教育情况来看，呈现出正态分布的特征。其中文盲 33 人，占 16.7%；具有高中文化程度的仅 17 人，占 8.6%；绝大部分农户具有小学或初中文化水平，这部分农户共有 146 人，占 74.7%。农户的总体文化素质并不低（表 3-5），如果将外出务工的年轻人考虑在内，则农户的总体文化素质会更高。

表 3-5　样本农户户主的文化程度

项　目	文　盲	小　学	初　中	高　中
人数/个	33	62	86	17
占被调查对象比例/%	16.7	31.3	43.4	8.6

注：本调查所指的文化程度是指毕业或肄业，如上过一年初中则认为具有初中文化水平，小学、高中同样以此为界定原则

（3）样本农户的家庭规模和经营规模特征

在所调查的 198 个农户中，农户家庭规模最小为 1 人，最大为 12 人，平均每户 4 人（表 3-6）。其中家庭人口在 3~4 人的户数最多，为 109 户，占 55.1%；家庭人口在 5~6 人的户数次之，为 59 户，占 29.8%；家庭人口少于 3 人的户数和大于 7 人的户数仅为 17 户和 13 户，其比例分别为 8.6% 和 6.5%。可见，作为农村经济的基本单元，其劳动力规模是偏小的。在耕地面积方面，每户的经营规模非常有限（表 3-7），10 亩以下的小规模农户占 64.1%，10~30 亩的中等规模农户占 23.2%，耕种 30 亩以上的大农户所占的比例则更小，为 12.6%。以上数据说明：在不实行机械化耕作的条件下，由于户均人口规模较小，每户所能经营的土地面积是有限的，而有限的土地所带来的收益又不足以满足家庭的支出需求；土地的细碎化使得单个农户不可能实行机械化耕作。

表 3-6　样本农户的家庭规模

家庭人口/人	户　数	所占比例/%	最小值	最大值	均　值
<3	17	8.6			
3~4	109	55.1	1	12	4.29
5~6	59	29.8			
≥7	13	6.5			

表 3-7　样本农户的经营规模

每户耕地面积	户数/户	所占比例/%
小于等于 10 亩	127	64.1
大于 10 亩小于 30 亩	46	23.2
30 亩以上	25	12.6
总计	198	100.0

3.2.3.2　样本农户的经济活动

农户家庭以农业和非农兼业为主。从表 3-8 可以看出，样本农户中，仅有 41 个农户完全依靠土地生存，占 20.7%；兼业农户为 143 个，其比例高达 72.2%；而完全脱离农业的农户有 14 户，占 7.1%，这部分农户有的是自愿放弃务农，在当地从事运输、小商品买卖、裁缝、修理、木材加工等经营活动，有的是由于土地被征，不得不改变自己的谋生方式。

表 3-8　样本农户家庭从业情况

农户所从事行业类别	传统农业（种养殖业）	农业与非农兼业	非农行业
户数/户	41	143	14
占被调查对象比例/%	20.7	72.2	7.1

3.2.4　样本农户金融行为分析

农户金融行为包括借贷行为、信用状况、金融参与意识等具体活动方式与意识形态。在发达的农村金融市场上，农户的金融行为与其对信贷的需求存在着一定的联系，如存、贷机构选择的一致，信用意识、金融意识与贷款需求的高关联度。本书在此处分析样本农户金融行为的目的在于考察农户基本借贷行为与借贷需求之间的联系，为相关对策建议提供依据。

3.2.4.1　农户基本借贷行为

为了考察农户的存贷款意愿和行为，本次调查对农户的存款地选择和选择标准、贷款意愿、用途、利率等基本金融行为设计了问卷，主要调查结论如下。

（1）信用社和农业银行是样本农户存款机构的首选

当被问到"如果您手中多余的钱暂时不用，你最愿意或习惯存到哪里?"

时，由于该调查涉及家庭隐私，因此只有 180 人作答，18 人拒绝回答或称"手里没钱"。如表 3-9 所示，选择信用社的有 86 人次，占所有被调查农户的 43.43%；选择农业银行的有 60 人次，占 30.30%；选择邮政储蓄和其他银行的分别为 10 人次和 19 人次，所占比例仅为 5.05% 和 9.6%；选择"不存，放在家里"的农户有 9 户。由此可见，农户对涉农金融机构有着强烈的储蓄存款偏好（选择信用社、农业银行、邮政储蓄三者的比例高达 78.78%），这一方面是出于对农村金融机构的信任和受以往存款地选择惯性的影响，另一方面，金融机构的远近和便利是影响农户存款地选择的一个非常重要的因素。目前，只有农村信用合作社深入到农村，其他商业银行（包括农业银行在内）纷纷撤离农村网点，信用社成为农户存款地的必然选择。但是，由于受信用社汇路不畅的影响，一些农户为了方便支付在外地上大学子女的费用，也不得不舍近求远，选择农业银行等其他金融机构。以上数据在很大程度上反映了农户对农村金融机构的强烈偏好和节约交易成本的意愿，同时，也说明农户与信用社和农业银行存在潜在的其他交易机会。

表 3-9　样本农户对存款机构的选择

存款机构选择	信用社	农业银行	邮政储蓄	其他银行	放在家里	未回答
户数/户	86	60	10	19	9	18
所占比例/%	43.43	30.30	5.05	9.60	4.54	9.09

注：由于有少数农户同时选择两个存款地，因此户数总和不等于 198。所占比例按总人数 198 人计算

（2）农户的初始融资意愿与实际融资渠道背离

当被问及"如果从信用社或其他金融机构能较方便地借到款，您愿意找谁借（可多选，并排序）"时，有 103 个农户首选信用社，占被调查农户总数的 52%；81 个农户首选"向亲朋好友借"，排在第二位，占被调查农户总数的 40.9%；只有 12 个农户表示首先愿意向农业银行等其他商业银行贷款，2 个农户明确表示只愿向民间放贷者借。这一结果与农户的实际融资渠道严重偏离。当问及"您过去几年实际向外借款一般找谁借?"时，有 16 人回答"不愿向外借款，没有借款经历"，余下的 182 个农户中，有 126 人选择"向亲朋好友借"，42 人选择信用社，8 人选择找农业银行贷款，6 人希望从其他渠道获得。意愿融资渠道与实际融资渠道背离的程度如图 3-1 所示。

调查过程中发现，绝大多数农户选择向私人借款的原因是"没有别的办法，信用社不借"，"在信用社贷不到款"，这进一步说明在农村普遍存在的农户间友情借贷并不是农户的初始意愿，农户的潜意识是偏向正规匿名信贷市场

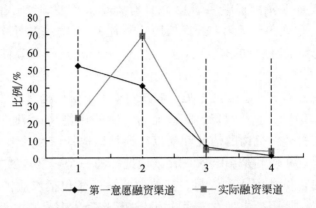

图 3-1　样本农户意愿融资渠道与实际融资选择的偏离

注：1、2、3、4 分别代表信用社、亲朋好友、农业银行等商业性金融机构、民间放贷者

的。农户的初始意愿之所以与现实相悖，原因在于既有融资制度安排下信用社的利益驱动。由于信用社在农户借贷业务上暂时没有形成规模效益，因此不愿同农户发生借贷联系，表现在信贷制度的设计上就是设置一道高门槛，如要求农户提供抵押、担保等，这样一来，不仅提高了双方的交易成本，而且使得农户对信用社的认同感和信任度降低，认为信用社是为某些"特权"阶层、"关系户"服务的机构，农户与信用社之间的距离越来越大。民间私人之间的友情借贷之所以在农村有着顽强的生命力，在于此种借贷方式的低交易成本和亲朋邻里之间互助的优良传统，低交易成本主要体现在：无书面申请的手续、无需签订正式的借贷合同、无需提供抵押品、能及时获得所需资金、零利率或非货币化利率等。

（3）有借贷经历的农户较少，金额差别较大，且主要通过私人借贷满足，农户对资金的有效需求不足

本次调查详细访问了农户 2005 年的借款情况，其中有借贷经历的只有 63 户，占 32.32%，没有借贷经历的为 135 户，占 67.68%。在有借贷经历的 63 个农户中，选择向亲朋好友借贷的农户为 33 人，找信用社贷款的只有 20 人，找农业银行的有 6 人，还有 4 人是通过其他渠道满足的（表 3-10）。非私人借贷金额差别很大，最低借贷金额为 500 元，最高为 20 万元，绝大部分农户的借贷额度在 3000~10 000 元。该结果表明，农民在解决温饱问题后，维持简单的农业再生产已经不成问题，绝大多数农户处于"维持现状"的保守经营状态，因此对资金的需求并不急迫。存在资金需求的农户，主要是一些种田大户和需要满足消费需求的农户（如子女上学、建房、操办子女婚事等）。调查发现，多祥镇和多宝镇的种田大户较多，最多的 1 户达 800 余亩，规模在 20

亩以上的农户也比较普遍，这是因为两地农民距离当地农场较近，农民有机会"买"田耕种，因此需要较大资金投入。如表3-11所示，在63笔借贷中，有41笔借款用于简单农业再生产。借贷资金用途分别处于第二位和第三位的分别是消费和经商，其中有15笔借款用于消费，7笔用于经商。值得注意的是，由于农民是集生产和消费于一体的经济单位，生产资金和消费资金互相挤占，因此在现实中往往很难将两者区分开来，农户生产资金的缺乏很有可能是消费增加所致。再加上信用社没有开办针对农民的消费信贷，因此农户即使是为了满足消费需求，在向信用社借贷时却大多以补充生产资金的名义贷款，因此实际用于消费的借贷比例要高于以上数字。

表3-10 样本农户2005年实际借贷渠道分布特征

项　目	找亲朋好友	找信用社	找农业银行	其　他
户数/户	33	20	6	4
占贷款人数的比例/%	52.4	31.7	9.5	6.4

表3-11 样本农户2005年资金借贷用途

	农业再生产	消费（子女上学、建房、治病、送礼、婚丧嫁娶等）	做生意（小买卖、运输等）
户数/户	41	15	7

（4）农户的贷款期限和贷款利率随借贷用途和来源的不同而不同

在有借贷经历的63个农户中，用于农业生产且来源于金融机构的一般在6~12个月，而用于消费且来源于友情借贷的则无明确期限。私人友情借贷的利率除1户表示按银行存款利率付息外，其余均为零利率；从该渠道以外借款的月利率大多数在9.1‰~9.8‰，只有2笔贷款的月利率较低，为5‰。对于零利率的存在并被广大农户长期认可，可以从以下角度解释：①以现金形式表示的利息只是农户之间支付资金使用报酬的表达方式之一，且该方式在农民看来"没有人情味，不讲感情"，因此在金额不大的情况下农民为了自己的"面子成本"而耻谈利息；②借款方往往以其他隐性方式（如物质酬谢、提供劳动力等）来间接支付利息，该方式对双方来说都易于接受；③农户之间的借贷是互助性的，借贷方的角色是经常发生变化的。

3.2.4.2 农户的信用状况、金融参与意识及对融资制度的认知

（1）农户的信用意识与信用表现

农户的信用意识十分强烈，友情借贷中很少采取书面的风险防范措施。在

被调查的 198 个样本农户中，当被问及"您认为信用重要吗?"时，有 193 个农户认为信用"很重要"，占 97.5%，仅有 5 户认为信用"比较重要"，农户的信用意识十分强烈，亲朋、熟人之间的信任感也很强，这可从私人友情借贷是否用书面形式表达债权债务关系中看出。如表 3-12 所示，在发生过私人友情借贷的 194 个农户中，159 户不立正式字据，占 81.96%；立正式字据的仅 25 人，占 12.89%；还有 10 人依金额大小、亲疏程度等具体情况而定。

表 3-12　私人自由借贷的契约规范程度

项　目	不　立	立	有时立，有时不立
户数/户	153	25	10
比例/%	81.96	12.89	5.15

农户的信用表现不容乐观。当被问及"您有没有借出款后被拖欠的经历?"时，曾经被拖欠和没有被拖欠的农户数基本相同，分别为 84 户和 83 户，占有借贷经历样本农户总数（171）的 49% 左右，农户的信用表现较差。有 4 个农户认为亲友之间的借贷是无期限的，不存在拖欠问题（表 3-13）。以上数据说明，农户虽然有极强的信用意识，但信用表现却较差。之所以出现主客观不一致的情况，主要原因是：①口头借贷的契约对债务人的约束力不强，债务人可以采取机会主义行为，最大限度地满足自己的便利和需要；②零利率的显性借贷成本使债务人低估或忽视资金的时间价值，认为拖欠后对债权人造成的影响不大；③由于受自然风险和市场风险的双重影响，农户的收入呈现出较大的风险性而导致无力按期偿还债务；④对违约者无惩罚手段，且实施惩罚的交易成本太高（如面子成本等）。在被债务人拖欠的 84 个农户中，有 61 人被迫将还款日进一步下延，有 21 户不了了之①，仅有 2 户通过找村委会或亲友调解。

表 3-13　私人自由借贷的到期回收情况

项　目	有	无	无期限，不存在拖欠
户数/户	84	83	4
比例/%	49.1	48.5	2.3

注：由于有 26 个农户无借出经历，有 1 个农户没有回答，故样本农户总数为 171 个

（2）农户的金融参与意识与参与程度

与一般城镇居民比较，农户更应该积极参与金融。这是因为，农户不仅是

---

① 21 户中仅有一笔为大额借款，达 4 万元，被外地来本地做生意的某农民骗走，其余均为小额借款。

消费单位，还是生产单位，积极参与和利用金融可以更有效调节资金的余缺，提高资金的使用效率，节约交易成本。目前，农户参与金融的可能方式就是加入信用合作社，让自己成为资金积累和使用的决策者和受益者。在调查中，我们发现农户参与金融的意识并不强（表3-14）。在198个有效样本中，仅有61人已在信用社入股，为信用社社员，占30.8%；近70%的农户没有入股，而且有些农户根本不知道股金、社员等的含义。入股农户中，股金最少的为20元①，最多的为500元（仅有2户），大多数农户的股金为50元或100元。可见，即便是已经入股的农户，其积极性也并不高。该结果可能说明：①农户的金融知识缺乏，金融意识较差，不知道如何利用集体的力量来帮助自己；②农户对信用社的信任程度低，担心"合作"有名无实。因此，信用社应该多做宣传，让农民了解相应的融资知识，树立样板，利用农户的"羊群效应"，让农户积极主动参与金融。只有这样，信用社在农村才有市场，才能形成农村金融与农村经济的良性互动。

表3-14　样本农户入股比例

	是信用社社员	不是信用社社员
人数	61	137
比例/%	30.8	69.2

（3）农户对现行融资制度的认知

农户对现行的融资制度知之甚少。当被问及"您知道农村信用社农户小额信贷吗"？以及"您所在地信用社为农户提供了小额信贷服务吗"？时，仅有69个农户知道农户小额信贷，有129个农户根本不知道什么是小额信贷；有137个农户不知道且没有关心本地信用社是否向农户提供了小额信贷服务，有7个农户回答信用社没有向农户提供小额信贷，仅有54个农户回答信用社向农户发放小额信用贷款，这同时也说明信用社远离农民后，农户对现有涉及自身利益的融资制度的已经失去了兴趣和信心。

3.2.5　农户融资需求的影响因素分析

从以上实证分析可知，农户的基本金融行为与影响农户资金需求的因素之间并没有十分密切的关系，农户与信用社之间的信贷交易主要表现为资金单向流动。因此，必须从其他方面入手，寻求影响农户融资需求的因素。

---

① 此数据将解放初期被调查农户的父辈入股的金额排除掉，如果将继承父辈的股金计算在内，则该数据更大。

3.2.5.1 影响农户融资需求的交叉列联表分析

从理论上看，影响农户融资需求决策的主要因素有农户的经营规模、户主受教育程度、农户的兼业状况、农户的资信及收入水平等，限于本次调查的资料所限①，本书只对农户的经营规模、户主文化程度、农户的兼业情况、农户的年龄与农户的融资需求进行分析，基本结论如下：

1）农户的耕地面积与融资需求呈高度相关关系（表3-15）。当农户的耕地面积小于10亩时，需要借款的户数仅为总户数的26%，随着耕地面积的扩大，这一比例逐渐上升到56.5%和56%，这说明外源性融资对农户的生产有着非常重要的影响。

表3-15 耕地面积对农户贷款需求的影响

		需要贷款与否		比例/%
		不需要贷款	需要贷款	
耕地面积	小于等于10亩	94	33	26
	大于10亩小于30亩	20	26	56.5
	30亩以上	11	14	56
	总计	125	73	36.9

2）农户的文化程度越高，融资需求意愿越强烈，但小学文化程度和初中文化程度的农户差别不明显。从表3-16中可以看出，当户主为文盲时，需要贷款的比例仅为30%左右，当文化程度为小学和初中时，这一比例分别为40%和33%左右，而当文化程度为高中时，有融资需求农户的比例高达58%左右。这一状况与农户的实际融资需求呈现出高度对称的关系，从借贷意愿与实际借贷行为来看，农户融资的满足率还是很高的（表3-17）。

表3-16 文化程度与贷款需求的关系

		需要贷款与否		比例/%
		不需要贷款	需要贷款	
文化程度	文盲	23	10	30.3
	小学	37	25	40.3
	初中	58	28	32.6
	高中	7	10	58.8
	总计	125	73	36.9

---

① 调查中农户往往不愿透露收入。加之物质收入难以量化，因此本书不分析收入对农户融资意愿的影响。

表 3-17　需要贷款与实际贷款的关系

		贷过与否		比例/%
		没贷过	贷过	
需要贷款与否	不需要贷款	125	0	0
	需要贷款	10	63	86.3
	总计	135	63	31.82

3）农户的经济活动不同，对贷款需求的程度也不同，但纯农户和兼业农户的区别不大。从表3-18可以看出，专门从事传统农业的农户和兼业农户需要贷款的比例基本一致，为35%左右。而从事非农行业的农户由于一次性投入资金较多，因此对贷款的需求比较强烈，存在贷款需求的农户高于64%。

表 3-18　经济活动与贷款需求的关系

		需要贷款与否		比例/%
		不需要贷款	需要贷款	
经济活动	传统农业	26	15	36.59
	农业与非农兼业	94	49	34.27
	非农行业	5	9	64.29
	总计	125	73	36.87

4）农户年龄与贷款意愿的关系非常明显。如表3-19所示，小于等于30岁的农户贷款意愿最强烈，需要贷款的农户占同龄人的60%，其次是年龄在40～60岁的农户和30～40岁的农户，完全没有融资意愿的是年龄在60岁以上的农户，这与农户的生理和心理特点比较吻合。

表 3-19　年龄与贷款需求的关系

		需要贷款与否		比例/%
		不需要贷款	需要贷款	
年龄	小于等于30岁	2	3	60
	小于等于40岁大于30岁	41	14	25.5
	小于等于60岁大于40岁	71	56	44.1
	60岁以上	11	0	0
	总计	125	73	36.87

5）农户参与信用合作的程度与贷款意愿有一定关系。当农户为信用社股东时，对贷款的需求意愿稍高于非股东。如表3-20所示，在61个信用社股东

中，有28人有贷款意愿，占股东总数的45.9%，而在非信用社股东中，有45人存在贷款意愿，占总人数的32.8%，前者的融资意愿稍高于后者，但拥有信用社股份的农户其融资需求意愿较弱。

表3-20　参与信用合作程度与贷款需求的关系

		需要贷款与否		比例/%
		不需要贷款	需要贷款	
是否信用社股东	是	33	28	45.9
	否	92	45	32.8
总计		125	73	198

3.2.5.2　影响农户融资需求的 Probit 模型分析

（1）模型选择及相关说明

本文选择二项分布的 Probit 模型对影响样本农户信贷需求的因素进行估计，模型的基本表达式如下：

$$Y = \beta_0 + \beta_1\chi_1 + \beta_2\chi_2 + \beta_3\chi_3 + \beta_4\chi_4 + \beta_5\chi_5 + \beta_6\chi_6$$

式中，因变量 Y 是一个虚拟变量，分别表示农户是否获得过贷款和是否需要贷款，当 $Y=1$ 时，分别代表农户获得过贷款和需要贷款，当 $Y=0$ 时，分别代表农户没有获得过贷款和不需要贷款。β_0 是用0和1虚拟变量矩阵表示的常数项，自变量 $\beta\chi$ 服从逻辑分布，χ_1 代表户主年龄，χ_2 代表家庭人口，χ_3 代表户主文化程度，χ_4 代表农户经济活动类型，χ_5 代表家户耕地面积，χ_6 代表农户参与信用合作的程度。

（2）变量定义

模型中变量的选择与定义如表3-21所示。

表3-21　变量定义说明

因变量	
Y_1	是否向外借过款：借过=1，没借过=0
Y_2	是否需要借款：需要=1，不需要=0
解释变量	
AGE（χ_1）	户主年龄：小于等于30岁=0，大于30岁小于等于40岁=1，大于40岁小于等于60岁=2，大于60岁=3
POP（χ_2）	家庭人口数
EDU（χ_3）	户主文化程度：文盲=0，小学=1，初中=2，高中（或大专）及以上=3

解释变量	
JJHD (χ_4)	农户从事的经济活动类型：传统农业 $=0$，农业与非农兼业 $=1$，非农行业 $=2$
GDMJ (χ_5)	家户耕地面积：小于等于 10 亩 $=0$，大于 10 亩小于 30 亩等于 1，30 亩以上 $=2$
CRECOR (χ_6)	是否信用社股东：是 $=1$，不是 $=0$

（3）计量结果

根据调查数据，运用 Eviews 5.1 软件进行回归的结果如表 3-22 所示。

表 3-22   模型回归结果

因变量	是否向外借款（Y_1）	是否需要借款（Y_2）
估计方法：ML-Binary Probit		
参与计算观察值数	198	198
Obs with Dep = 0	135	125
Obs with Dep = 1	63	73
解释变量		
AGE (χ_1)	0.1743（0.93073，0.3520）	0.2094（1.1594，0.2463）
POP (χ_2)	−0.0476（−0.6678，0.5043）	−0.0288（−0.4200，0.6746）
EDU (χ_3)	−0.0298（−0.2576，0.7967）	0.0365（0.3225，0.7471）
JJHD (χ_4)	0.3400（1.5781，0.1145）	0.4975 **（2.3515，0.0187）
GDMJ (χ_5)	0.7485 ***（4.9981，0）	0.5986 ***（4.1231，0）
CRECOR (χ_6)	−0.0076（−0.3420，0.9727）	−0.1459（−0.6867，0.4923）
C	−2.1463 **（−2.2585，0.0239）	−1.9400 **（−2.1293，0.0332）

注：①括号内前一数字为 Z 统计值，后一数字为概率；②*** 为在 0.01 的水平下显著，** 为在 0.05 的水平下显著

（4）影响农户融资需求的因素分析

1）对显著性影响因素的分析。从以上结果可以看出，不论是农户的主观借款愿望，还是农户的实际借款需求，都与农户的耕地面积和农户的经济活动类型有关，且呈显著性正向影响，其中耕地面积对农户的借款决策起着最重要的影响。第一，耕地面积越大，农户获取外源性融资的需求就越大。这说明农户仅依靠内源融资不可能进行大面积生产，或者可以这样理解：农户的自有资金只能满足小规模的农业生产，借贷资金用于农业生产的绝大部分是种田大户，这与实际调查中的主观推测一致。第二，按农户所从事的不同职业来看，纯农户对借贷的需求弱于兼业农户，而兼业农户对借贷的需求又弱于从事非农行业的农户，这一特征在农户的主观融资愿望中表现尤为突出。这是因为，一

般而言，从事非农行业的资金投入量较多，绝大多数农户依靠自身积累已不能满足需要，这同时也说明农村资金需求主体具有明显的行业特征。

2）对"是否信用社股东"变量非显著性影响因素的讨论与推测。从理论上讲，如果农户完全出于自愿而在信用社入股的话，其预期不外乎有两个：一是作为股东期望得到收益回报，二是期望得到贷款的优先权与优惠。对于收益回报这一期望，多年的"零回报"示范使得农户对此已经失去了信心，因此农户的期望只可能是后者。进一步，农户是否为信用社的股东与农户的借款愿望、实际借款需求应呈高度相关的关系，但模型结果却否定了该推断。可能的原因是：假设前提不成立，即农户入股并非自愿，而是源于其他原因而被动入股，如宣传的舆论影响，信贷员和村干部的鼓动等。此外，一个非常重要的原因是，农户入股的数额都较小，最少的只有几十元，最多的也仅 500 元，这也说明农户对入股的期望值很低，农户入股带有较大的随意性和无目的性，参与信用合作的积极性不高。

3.2.6 实证结论

1）正规金融市场的发育程度很低，资金的积聚功能主要由正规金融机构垄断，而资金的分配功能却主要由私人借贷来完成，农户仅作为资金净提供者参与正规金融市场，农村金融出现了农户借款难与农户融资需求不足的因果循环。要走出这一循环，最关键的是要使农户和金融机构之间存在交易的机会与可能，最大限度地发挥金融对经济增长的作用。具体而言：第一，通过示范、宣传等途径带领农户主动全方位融入正规金融市场，提高农户对现行融资制度的认识和利用能力；第二，降低农户与金融机构之间的交易门槛与交易成本，激活农户潜在的贷款需求。

2）农户间私人借贷的信用环境尚需进一步改善。从农户的失信原因来看，目前改善农村信用环境的主要对策是：第一，实行农业保险，稳定农户的收入，加强农村社会保障建设，创造农户与信用社之间多次进行重复博弈的条件等；第二，对私人借贷进一步规范化、契约化，加强对债务人的约束，使债权人的权益得到法律保障。

3）农户的耕地面积与农户类型是影响农户借款意愿和实际借款需求的最重要的两个因素，因此，农村信用社应根据农户的耕地面积与经济活动类型，建立客户档案，培植重点客户。这一方面可以稳定信用社在农村金融领域的地位，同时还可以实行差异化的信贷营销策略，实现信用社与农户的双赢。

3.3　农户融资行为所体现的制度需求指向

农户的融资行为既是既定制度安排下理性选择的结果，同时也折射出农户对潜在融资制度的需求，尤其是农户的初始融资意愿，更能真实地反映农户对融资制度的实际需求。从农户融资行为的共性并结合对湖北省天门市农户融资的实证分析结果，可知农户对融资制度的需求指向如下。

3.3.1　正式融资制度是满足农户需求的最重要的制度安排

从农户的融资数量、融资期限、对契约型融资的迫切需求，以及初始融资意愿渠道来看，正式融资制度恰恰是农户真实需求的最重要、最有效率的制度安排。从表面上看，农户仍以非正式融资为首选渠道，但这是农户在既有制度安排下被迫做出的次优选择，是农户的初始意愿无法得到满足情况下所表现出来的扭曲需求状态。由此可以进一步推论：从总体比较而言，正式融资制度比非正式融资制度更具有优势。正式融资制度的优势主要表现在以下几个方面：

1）资金优势。正规金融机构作为存贷双方的中介，具有创造派生存款的独特功能和优势，能最大限度地满足农户日益增长的资金需求。此外，由于正规金融机构的资金实力雄厚，因此与单个私人借贷相比，其整体抗风险的能力更强。

2）硬约束优势。正式融资制度属于契约型融资，契约型融资比较完整地界定了债权债务双方的权利与义务，对债务方形成具有法律保护的硬约束。而非正式融资制度大部分属于关系型融资，多以口头或不规范的借条表达债权债务关系，对债务方仅能形成道义上的软约束。通过契约型融资方式的选择，可以筛选出信用度高的债务人，达到优化资金配置、提高资金营运效率的效果。

3）信息共享与信息成本优势。内格拉杰等指出，非正规金融虽然具有一定程度的信息优势，但这种优势只限于小范围内相对固定的客户，且对地缘、人缘、血缘关系的要求比较苛刻（刘民权，2006）。随着交易范围的扩大，这一优势将不复存在。不仅如此，由于正规金融机构具有功能完备的硬件设施平台和信息共享系统，因此，随着交易数量的增加，正规金融的信息共享优势将更加突出，边际信息成本也会日益降低。

3.3.2　消费信贷等非生产性借贷构成了农户融资制度需求的主体

农村是一个巨大的消费市场，农户对商品的需求量呈较快的上升趋势，因此非生产性融资制度是农户融资制度需求的主体。①随着农村经济的增长和农民收入水平的提高，农户的消费需求也呈现出迅速上涨的趋势。统计资料表明，农户的生活消费中现金支出从 1980～2005 年每年都呈上升趋势（表 3-23），且平均增幅大于农户现金收入的平均增长幅度，农村经济的货币程度日益提高。②农户的收支特性差别很大，客观上要求实现资金余缺的调节。在农户的生活消费支出中，文化教育及服务支出、医疗费用支出、住房支出是货币形式的刚性支出，属于集中性大额消费，这种消费的特性与农户的收入特性不可能对接。对绝大部分农户而言，其收入曲线极不平坦，呈现出明显的季节性，并且大部分以实物形式出现。《中国农村住户调查年鉴》的统计数据显示，农户的收入构成中，货币形式的比例一直较低，这与农户现金支出的比例相差悬殊。虽然农户可以将部分实物变现，但在农产品结构雷同、数量较少的情况下，其变现的难度较大，交易成本偏高。在这种情况下，农户的理性选择是先求助于外源融资，然后在消费活动完成后逐步归还。

表 3-23   农户收入支出变动情况

年　份	农户现金收入/元	增长率/%	农户生活消费现金支出/元	增长率/%
1980	113.1	216	83.8	132
1985	357.4	89.3	194.7	92.4
1990	676.7	136	374.7	129
1995	1 595.6	49.3	859.4	49.5
2000	2 381.6	35.8	1 284.7	36.6
2005	3 915.5	64.4	2 134.6	66.2
2006	4 301.9	9.9	2 415.5	13.2
2007	4 958.4	15.3	2 767.1	14.6

注：以上数据是根据历年《中国农村住户调查年鉴》（2002 年、2006 年、2008 年）整理得出

3.3.3   市场化的融资制度是农户融资需求得以满足的主要条件

在农村信用社对农户的融资中，一个较为普遍但却被忽视的现象是信贷配给的隐性存在，使得农户潜意识里认为从信用社获取贷款只是少数人的特权。这反映出农户对竞争性、市场性融资制度的需求。根据市场利率理论，利率应由借贷双方通过竞争确定。在农村金融市场上，贷方为垄断的农村信用合作社，故实际利率是所有借方之间竞争的结果，这类似于期货交易的公开竞价原则。在供给一定的情况下，需求的变动决定了利率水平的变动。这可由可贷资

金利率理论来解释。可贷资金利率理论认为，利率决定于可贷资金的供给与需求的均衡点，如图 3-2 所示。

图 3-2 中 S 为资金的供应线；D 为资金的现实需求曲线；r_e 为资金供求相等（Q_e）时的均衡利率。可以看出，可贷资金供应与需求中任何一个因素的变化都将导致利率的变动。在农户融资市场上，观察到的普遍现象是农户对借贷利率并不十分敏感，即农户关心的并不是资金的借贷成本，而是能否借到资金，这从侧面反映农户正规金融市场的

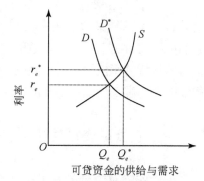

图 3-2　基于可贷资金供求的
利率决定与变动

融资利率是偏低的，即真正的市场出清利率高于 r_e。因此，如图 3-2 所示，在供给不变的情况下，农户对资金的真实需求曲线应为 D^*，相应的，其出清利率为 r_e^*。在实际运行中，若执行利率低于出清利率，则会由于供给不足而导致一部分农户无法取得贷款，这时资金供给方极易产生设租的动机，作为优化资金配置的利率信号将起误导作用。

根据以上分析可知，农户资金借贷的低利率弹性实际上反映了对竞争性信贷交易制度的需求，因此，国家放弃对农户贷款利率限制的规定，不是取消优惠信贷制度，恰恰相反，是公平信贷制度的最好落实。

3.4　农户融资制度供求非均衡的原因分析

从以上分析可见，中国农户融资制度的供给与需求无论在数量上还是在结构上都是不均衡的、错位的，非正式融资制度的市场份额大大超过了农村信用社等正式融资制度的市场份额，正式融资制度明显表现出供给不足的状态，这与农村金融发达的国家形成强烈的反差；同时，已有的正式融资制度还存在着使用成本过高或根本无法使用的情况，部分制度形同虚设，形成了正式制度供给不足与"过剩"同时存在的矛盾。

3.4.1　正式制度的设计不尽合理，导致供给方与需求方难以取得信贷交易的均衡解

正式融资制度对农户的特殊性没有给予足够的重视，往往倾向于将农户当做一个完整的企业来看待，信贷条件过于苛刻。以农村信用社农户小额信用贷

款这一金融产品来看，人民银行虽然通过窗口指导要求信用社向农户发放信用贷款，但信用社又通过约束机制和硬性规定强化信贷人员的风险责任，在没有激励机制的情况下，绝大多数信用社仅向农户提供抵押贷款或担保贷款，而无提供信用贷款的积极性。这一制度虽然有效地规避了信用风险，但却与农户缺乏抵押和担保的客观现实严重背离，农户与信用社之间存在交易的可能性大大降低。

3.4.2 正式融资制度不具普适性，变更的弹性低

虽然农户对资金的需求在某些方面表现出较强的相似性，但不同经济发展水平区域的农户、同一经济发展水平区域中不同的农户，其融资行为和融资环境仍具有一定的差异性，这些差异性表现在：第一，在融资数量上，经济发达地区的农户其融资需求量大于欠发达地区的农户；第二，在利率水平上，由于各地区资金回报率的差异以及可贷资金供求数量的差异，客观上形成了不同的市场出清利率水平；第三，农户资金的用途不同、还贷来源不同，其贷款的意愿期限亦不相同。以上需求差异性的存在并没有引致差异性供给制度的形成。从正式融资制度来看，全国遵循和严格执行的是高度统一的信贷政策：融资规模、融资利率、融资期限在全国基本没有区别，信贷制度的供给和执行缺乏必要的弹性。之所以如此，主要源于制度供给方——最高决策层和地方金融机构防范风险和节约制度供给成本的价值取向，而实现这一价值的成本即是制度供给的不足。

3.4.3 农户融资的意愿渠道与实际渠道存在较大程度的背离

友情借贷虽然一直是农户融资的主要渠道，但并不是农户融资的首选意愿渠道，该方式之所以成为农户事实上的首要融资方式是农户融资意愿被扭曲的结果，是一种与既有制度安排被迫适应的次优选择。友情借贷虽然大都没有显性的货币利息，但由于"面子成本"的存在，以及未来某种类似期权性质的承诺，都使得农户更加愿意求助于一次性公平交易的正式融资制度。

3.4.4 友情借贷的供给与需求存在着现实和潜在的非均衡

毋庸置疑，友情借贷的需求与供给在解决信息不对称、降低交易成本上都有着比较优势，供需双方容易达成交易，但这种借贷方式也存在着不可克服的缺点：第一，使债权方处于风险暴露的不利地位。债权方仅仅是出于道义援助和面情观念而借出资金，在市场经济和契约型社会观念日益为人们所认可的今

天，此种借贷方式不具有可持续性；第二，友情借贷的发生区域较小，而单个农户的资金供给有限，因此无法满足大额的资金需求。由此可以得出如下结论：友情借贷既不可能、也不适合成为解决农户资金需求的主要渠道，只能作为辅助性的融资形式存在。农户经济要得到进一步的发展，仍必须借助于正式的、资金规模庞大的匿名信贷市场。

3.4.5 非生产性正式融资制度的供给缺位

无论是农村信用社，还是农业银行和邮政储汇局，均仅对农户发放生产性贷款①，农户大额的非生产性消费无法得到满足。在这种情况下，农户要么压缩消费，要么以生产的名义申请贷款。这不仅减少了农户的福利，而且还向制度供给者传达了错误的需求信号，最终使得制度的供给与需求结构继续偏离，农户的非生产性信贷需求越难以得到满足。

本 章 小 结

1）中国农户融资需求的普遍特征是：农户对资金的需求量（尤其是对非生产性资金的需求）逐年上升，且主要通过非正式借贷满足；非正式借贷具有期限优势，但这一借贷方式逐渐具有契约型代的某些特征；农户对借贷利率的承受范围较广，利率弹性不大。

2）本书通过引入新的研究变量对农户融资需求的进一步实证研究表明：①农户与信用社之间的单边交易特征明显；②农户的意愿融资渠道与实际融资渠道之间存在较大程度的背离；③农户的生产规模与经济活动类型对农户的融资需求影响最大；④农户参与信用合作的期望值不高，有一定的被动性和盲从性。

3）农户融资需求的数量特征和渠道特征决定了农户对融资制度的需求指向：①农户对正式、非生产性借贷制度安排存在着迫切的需求；②市场化的融资制度最能体现现阶段农户对资金的需求。

4）农户融资制度的供需之间存在着明显的不平衡，主要原因是：①正式融资制度的设计不尽合理，导致农户与信用社之间缺乏交易机会；②正式融资制度不具备普适性，而友情借贷的供需之间亦存在不均衡；③农户融资的意愿渠道与实际渠道存在较大程度的背离；④非生产性正式融资制度的供给缺位。

---

① 农村信用社在近年开始向农户发放生源地助学贷款，但这一数额较小。

第4章
中国现行农户融资制度效率评价

本章在新制度经济学的制度效率框架内，构造了制度效率评价的理论模型，并进一步提出了评价我国农户融资制度效率的指标体系。在此基础上，本书对中国农户融资制度的效率分别进行了评价。

4.1 农户融资制度效率评价的指标体系设计

4.1.1 制度效率评价的理论模型

关于制度效率的定义与评价标准，如本书第2章所述，学者们并未达成一致意见，本书同意科斯等提出的成本—收益标准。同时，根据制度供需均衡的概念与条件，可知：当制度的供需处于不均衡状态时，此时制度无疑是缺乏效率的，或者说，制度有效率的必要条件是制度供需均衡，但制度供需均衡却不一定产生最大的效率。据此，并结合成本—收益标准，判断制度效率的标准可用以下模型表达：

$$\begin{cases} \Delta I_R = I_R - I_C \\ \Delta I_R = \Delta I_{R1} + \Delta I_{R2} \end{cases} \text{ s. t. } \begin{cases} \Delta I_{R1} = I_{R1} - I_{C1}, \Delta I_{R1} > 0 \\ \Delta I_{R2} = I_{R2} - I_{C2}, \Delta I_{R2} > 0 \\ I_S = I_D \end{cases}$$

式中，I_R 为制度的收益；I_C 为制度的成本；ΔI_R 为制度的净收益；I_{R1} 为制度供给者的收益；I_{C1} 为制度供给者的成本；ΔI_{R1} 为制度供给者的净收益；I_{R2} 为制度需求者的收益；I_{C2} 为制度需求者的成本；ΔI_{R2} 为制度需求者的净收益，I_S 为制度的供给，I_D 为制度的需求。以上公式还可还原为如下图形模型（图4-1和图4-2）。

通过成本与收益的对比使制度的效率概念比较直观，并提供了用计量模型对效率进行测度的可能性，但在实际操作中仍具有一定难度，主要表现在：有

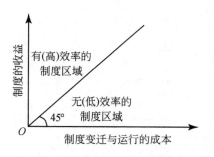

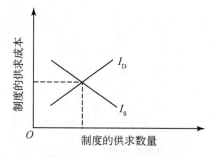

图 4-1　制度效率的分界线　　　　图 4-2　制度供求均衡与制度成本的关系

些制度的收益除了包括经济学意义上的收入（income）外，还包括社会学意义上的收益（benefit），因此往往不能直接用货币衡量。即使将社会学意义上的收益货币化，也会面临主观评价标准和尺度不一致的问题。其成本的计量也同样面临社会成本与经济成本的问题。因此，评价一个制度的效率高低也无法严格使用成本—收益模型，只能退而求次，在成本和收益中选择能直接量化的指标，然后再根据研究对象的不同而设定具体的评价指标体系。

4.1.2　农户融资制度效率评价的指标设计

4.1.2.1　对整个融资制度体系的效率评价指标设计

由于农户融资制度由一系列具体的制度组成，因此有必要对整个制度体系的效率进行评价。评价制度体系的效率可以简单地用制度均衡与制度效率之间的关系来证明，即当供给与需求互相适应时，该制度体系可能是有效率的，反之则无效率。根据该标准并结合前面的分析可知，中国农户融资的整个制度体系是缺乏效率的。

4.1.2.2　对单个融资制度的效率评价指标设计

对单个制度效率的评价必须从制度的目标出发，分别考察其可能量化的成本和收益。农户融资制度的目标可以分解为两个：中介目标和最终目标（图4-3）。中介目标即资金供给主体以低廉的交易成本为合格的资金需求主体提供融资服务，这一制度覆盖的客户越多，交易成本越低，则融资效率越高。最终目标是资金供给主体与农户形成良性互动，即农户通过资金的融入能满足消费和生产，实现生活和生产的可持续；资金供给主体能通过转让资金的使用权得到报酬，实现可持续发展。

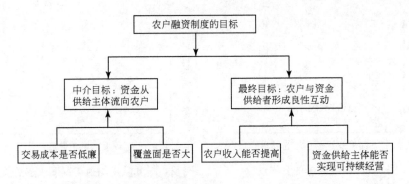

图 4-3　农户融资制度的目标及效率评价标准

在图 4-3 中，覆盖面是指农户在多大程度上使用了该制度以及使用该制度的农户数量，前者指制度覆盖的深度，即后者指制度覆盖的广度，测试制度的深度可以用农户的满足度来衡量，满足度低则制度的效率低。交易成本指农户与资金供给主体达成借贷契约、监督契约执行的成本，交易成本越低，则效率越高。资金供给主体的可持续性可以从其财务状况来考察，若财务指标恶化，则表明其经营是不可持续的，融资效率低下；农户收入能否提高反映的是贷款对农户消费和生产的贡献程度，该指标体现了资金的配置效率，如果该贡献率低于其他产业，则其配置是不合理的、低效的。

4.2　中国现行单个农户正式融资制度的效率评价

根据以上指标并考虑数据的可获得性，本书采用覆盖面、交易成本、可持续性三个指标对我国现行的单个农户融资制度进行总体评价，并结合具体案例进行实证分析。

农村信用社是现行农户正式融资的主要渠道，农业银行已基本脱离同单个农户的信贷联系，邮政储汇银行开办的农户小额质押贷款尚处在试点阶段，因此这里以农村信用社的农户小额信贷和联保贷款为例进行评价。

4.2.1　基于覆盖面的效率评价

1999 年，农村信用社开始在少数地区进行农户小额信用贷款试点，到2001 年 12 月，中国人民银行正式颁布《农村信用社农户小额信用贷款管理指导意见》，将农户小额信贷这一金融产品推广到全国。自此，农户开始有了专门的、正式的融资制度供给。从 2001 年至今，小额信用贷款的发放量呈逐年上升趋势，其中，2001年底，全国农村信用合作社共发放的小额农户贷款余额为454亿元，以后逐年上升，2002年至2006年11月的农户贷款余额分别为999.03亿元、1564.43亿元、2042.13亿元、2406.21亿元、2711亿元。与此相适应，开办农户小额信用贷款的信用社机构数与覆盖的农户数也迅速增加，具体情况如表4-1所示。

表4-1　农村信用社农户融资制度的覆盖面（2001~2006）

项　　目	2001年	2002年	2003年	2004年	2005年	2006年
农户小额信用贷款余额/亿元	335	745.7	1 111.86	1 389.36	1 578.54	1 710
农户联保贷款余额/亿元	119	253.33	452.57	652.77	827.67	1 001
开办农户小额信用贷款的机构数/家	32 312	30 710	32 225	—	—	—
开办农户联保贷款的机构数/家	19 249	16 571	18 553			
获得贷款的农户数/万户		5 986	6 216.85	6 900	7 045	7 072
获得贷款的农户数占有效需求的比例/%		61.29	64.06		60	57.6
获得贷款的农户数占总体农户的比例/%	34	26.74	28.39		32	31.2

注：2001年获得贷款的农户数、获得贷款的农户数占总体农户的比例由作者根据《中国金融年鉴》提供的相关资料计算而得。由于同一个农户可能既获得过小额信贷，又获得过联保贷款，因此该数据高于实际数据

资料来源：《中国金融年鉴》（2002~2006年）；2005年获得贷款的农户数来源于中国信息报；2006年农户小额信用贷款余额的数据来源于《第一财经日报》，2007-2-16第B02版；2006年获得贷款的农户数、获得贷款的农户数占有效需求的比例及占总体农户的比例数据来源于"金融界"网站

　　由表中数据可知，从覆盖面来看，在中国人民银行的强制推行下，农村信用社农户小额信贷的效率得到了一定提高，获得贷款的农户数占有效需求的比例达到了60%左右，获得贷款的农户数也呈逐年递增趋势。但值得注意的是，农村信用社提供的小额信贷在多大程度上到达了目标客户手中？现有统计资料无法证明。[①] 因此，该指标所反映的实际效率低于名义效率。

4.2.2　基于交易成本的效率评价

　　农户小额信用贷款的交易过程虽然简单，但总体交易费用却较高，这些费用包括：①签订信贷合约的费用。根据《农村信用合作社农户小额信用贷款

────────────

① 一些研究表明，农村信用社为了完成上级下达的小额贷款任务，违反小额信贷的原则二"垒大户"。这一现象表明，小额信贷制度的实际效率要低于统计数字反映的效率水平。

管理指导意见》的规定，农户获得小额信用贷款须经过如下三个环节①：第一，信用评定环节。农户向信用社提出信用评定申请，信用社组织信用评定小组（由理事长、主任、信贷员、部分监事会成员和农户代表组成）对农户进行信用评定，并建立农户贷款档案。农户贷款档案包括借款人姓名、身份证件号、住址、联系方式、从事的经营活动、收入状况、家庭实有资产状况、还款的历史记录以及村委会和信用社经办人员的意见等。第二，授信环节。信用社根据农户的信用评定等级对农户核定相应等级的信用贷款限额，发放贷款证（卡）。第三，贷款发放环节。农户在获得相应等级的贷款证后，便可持相关证件到信用社申请限额内的贷款。②监督信贷合约执行的费用。农户获得贷款后，信用社还必须支付贷款管理、贷款催收的费用。由于农户经营规模不大，单笔贷款额度很小，加上与信用社还有较大的空间距离，因此每笔贷款的监督成本十分高昂。农户小额信贷的业务流程图及交易费用如图4-4所示。

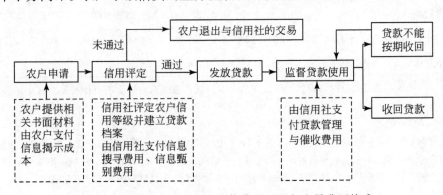

图 4-4　农村信用社农户小额信贷流程图与交易费用构成

　　以上仅从理论上对小额信贷的高交易成本作了分析，该结论的可靠性还有待于实证材料的支撑。从已有的实证研究来看，农户小额信贷的交易成本均高于与企业发生信贷交易的成本。周脉伏和徐进前（2004）的研究表明，江西省婺源县农户小额信贷的费用支出比其他信贷业务高 1～2 个百分点；刘峰、许永辉和何田对黑龙江省齐齐哈尔市昂昂溪区昂昂溪信用社农户联保贷款过程的调查表明，仅办理贷款过程中的签字次数就达 160 次，农户支付了高昂的时间成本，信用社也花费了大量的办公费用；湖北省随州市府河镇信用社小额农贷的交易费用支出率也比企业贷款的费用支出率高 0.72%（相关材料见本章案例）。

① 参见：《农村信用合作社农户小额信用贷款管理指导意见》，银发〔2001〕397 号。

4.2.3 基于可持续性的效率评价

到目前为止，对金融机构的可持续性还没有形成一套标准的指标评价体系，乔安娜·雷格伍得在其所著的《小额金融信贷手册：金融业和公司运作的透视与展望》一书中，提出了一套比较完整的评价小型信贷机构经营绩效的指标体系，该指标体系中的绝大部分反映了金融机构财务意义上的可持续性（表4-2）。中国农村信用社虽然不是专门的农户小额信贷机构，但以上指标对于评价农村信用社小额农贷的可持续性同样适用。由于受统计口径的限制以及在实际经营过程中很难分离出农户小额信贷与其他贷款业务的经营绩效，因此无法对全国的农村信用社小额农贷经营的可持续性作整体评价。本书结合已有的实证研究资料，粗略分析农户小额信贷制度的推行对农村信用社经营绩效的影响。

表4-2　农户正式融资制度效率评价指标

指标类型	定　义	具体指标
贷款资产质量	提供了有关盈利资产的百分比	欠款率、风险贷款、贷款损失率等
生产率与效率	提供了有关机构获得收益与其成本费用间的比率关系	每个信贷人员负责的平均现行贷款数量、平均贷款资产成本、单位货币借贷成本、每笔贷款成本
财务生存性	提供了机构利用其赚取的收益来抵付其成本的能力	财务差率、经营性自足、财务性自足
收益	提供与其资产平衡表相关的净收入	资产收益率、商业收益、财产收益率
杠杆率和资本充足状况	杠杆率指相对于其财产数量机构所借贷资金的数量；资本充足状况指相对于其资产机构拥有的资本数量	财产债务比率、资本与风险加权资产比率

资料来源：何广文和李莉莉，2006

自2001年农户小额信用贷款在全国推广以来，国内实践界和理论界对此种融资制度进行了大量而广泛的调研，取得了丰富的一手资料，部分典型调查如表4-3所示。这些资料反映了全国不同地区、不同时间农村信用社开展农户小额信贷的经营绩效，因此，通过对上述资料的分析与解读，可以从整体上把握和评价农村信用社经营农户小额信贷的可持续性。

表 4-3　农村信用社农户小额信贷经营绩效的实证研究

序号	调查时间与调查地点	研究成果及出处	主要结论
1	2004 年湖南省郴州、衡阳、湘潭、邵阳	课题组：①"三农发展与农户小额信用贷款研究"；②"农户小额信用贷款问题研究：衡阳个案"；③"农户小额信用贷款现实问题研究——对湘潭市小额农贷的调查与分析"；④"欠发达地区农户小额信用贷款基本特征、问题及政策选择——湖南省湘潭市实证分析"。以上文献载于《中国金融前沿问题研究（2005 年）》，徐联初主编，中国金融出版社，2005	通过实施农户小额信贷，样本信用社的不良贷款率均呈下降趋势，资产质量得到提高。其中，郴州市农村信用社 2003 年末不良贷款率下降 9.4%，信用社盈利面达 63.6%；衡阳市农村信用社 2003 年开始盈利，2004 年不良贷款下降 1.9 亿元；湘潭市农村信用社不良贷款率从 2000 年的 70.77% 下降到 2004 年的 38.48%，年年减亏；邵阳市农村信用社不良贷款率下降 32 个百分点，减亏近 1 亿元
2	2002 年 9 月，西北五省区	敖惠诚："完善农户小额信贷制度，为我国农村经济发展服务"，载于《中国金融》，2002（12）	农村信用社不良贷款比率比上年下降 1.67 个百分点，不良贷款占比比上年下降 10.86 个百分点
3	2003 年 7～8 月浙江省 LX 市、宁夏 PL 县	何广文、李莉莉："正规金融机构小额信贷运行机制及其绩效评价"，中国财政经济出版社，2005	相对于其他形式的贷款而言，农户小额信贷的不良率明显偏低，农村信用社资产质量得到了明显改善
4	2004 年湖北省荆门	中国人民银行荆门市中心支行课题组"完善与创新：支农信贷模式的现实选择——湖北荆门农户小额信贷实证研究"，载于《中国金融前沿问题研究（2005 年）》，徐联初主编，中国金融出版社，2005	全市逾期贷款所占比例较大，最高达 84.7%
5	2004 年江西省新余市	温智良："制度创新与环境优化：农户小额信贷帕累托改进"，载于《金融与经济》，2005（3）	2004 年末，新余市农村信用社小额信贷不良贷款比率为 21.3%

4.2.4　案例分析[①]

除上述实证研究外，湖北省随州市农户小额信用贷款的实际运行也为农户正式融资制度的效率状态提供了翔实的数据。

---

① 本案例根据中国人民银行武汉分行提供的内部资料整理而成。

案例：湖北省随州市曾都区府河镇农村信用社农户小额信贷制度效率案例

府河镇农村信用社基本情况。2002年1~10月，府河镇农村信用社月均存款余额为6389万元，其中，活期存款926万元，定期存款5463万元；月均贷款余额为3602万元（农户小额信贷2074万元，企业贷款1528万元）；月均资产总额为6350万元；1~10月，营业费用为88.14万元（含手续费支出）；职工总人数20，其中综合人员4人（包括正副主任、主管会计、炊事员各1人），专职储蓄人员8人，农户小额信贷专职信贷员5人，企业信贷员3人；2002年工资及福利费用总支出为329 324元，人均16 466元。

一、农户小额信贷与企业贷款的资金成本分析

（一）存贷款平均费用率

1）直接费用率。直接费用指直接用于存款或贷款，与其他业务工作开支费用联系不大的费用。①存款直接费用率。存款直接费用包括三项：储蓄人员工资及福利131 728元；储蓄代办员手续费80 748元；储蓄业务印刷费4605元。以上三项费用总计21.71万元，得到存款直接费用率为0.34%（21.71/6389）。②企业贷款直接费用率。企业贷款直接费用包括三项：企业信贷人员工资及福利49 398元（人均工资福利费×3人）；企业信贷业务印刷费3000元；企业信贷员差旅费4500元。以上三项费用总计5.69万元，得到企业贷款直接费用率为0.37%（5.69/1528）。③农户小额信贷直接费用率。农户小额贷款直接费用包括六项：小额信贷专职人员工资及福利82 330元（人均工资及福利费×5人）；信用站代办员贷款利息收入手续费120 871元；小额信贷业务印刷费7268元；业务招待费5632元；信贷员交通费1800元（5名信贷员每年的交通补贴为5×30元×12个月＝1800元）；信用社每月召开信用站人员会议费支出8400元（全镇35个信用站，35名工作人员，每月召开一次会议，平均每月每人会议费20元）。以上六项费用总计为22.63万元，得到农户小额信贷直接费用率为1.09%。

2）混合费用率。混合费用指在各项业务中不易区分的共同开支的费用。府河镇农村信用社混合费用率为：［营业费用（88.14）－存款直接费用总额（21.71）－企业贷款直接费用总额（5.69）－农户小额信贷费用总额（22.63）］／月均资产总额6350＝38.11/6350＝0.60%。

3）平均费用率：①存款平均费用率＝存款直接费用率0.34%＋混合费用率0.60%＝0.94%；②企业贷款平均费用率＝企业贷款直接费用率0.37%＋混合费用率0.60%＝0.97%；③农户小额信贷平均费用率＝农户小额信贷直接费用率1.09%＋0.60%＝1.69%。

（二）资金组织成本

1）存款平均付息率。根据人民银行的挂牌利率计算，府河镇农村信用社2002年存款应付利息总额为115.1万元（活期存款总额962万元×年利率0.72%＋定期存款总额5463万元×年利率1.98%），存款平均付息率为1.80%（年存款应付利息总额115.1万元/存款总额6389万元）。

2）存款成本率。存款成本率＝存款平均付息率1.80%＋存款平均费用率0.94%＝2.74%。

（三）存款准备金的倒挂利差

根据人民银行的规定，金融机构在人民银行的存款年利率是1.89%，府河镇农村信用社组织存款的成本为2.74%，存款利率倒挂0.85%，如果按存贷比80%计算，则每年倒贴利率为0.17%。

（四）贷款成本率

贷款成本由资金组织成本、利率倒挂和贷款发放费用三部分组成。①农户小额信贷的成本率。农户小额信贷的成本率＝组织资金成本率2.74%＋利率倒挂0.17%＋农户小额贷款平均费用率1.69%＝4.60%。②企业贷款成本率。企业贷款成本率＝资金组织成本2.74%＋利率倒挂0.17%＋企业贷款平均费用率0.97%＝3.88%。

二、农户小额信贷与企业贷款效益比较分析

（一）贷款收益率理论数据比较

1）农户小额度信贷贷款收益率。根据人民银行规定，农村信用社发

放贷款实行基准利率加浮动工资利率的定价方式，在基准利率基础上最高可上浮50%。人民银行规定金融机构一年期贷款利率为5.31%（2002年的利率），农村信用社发放贷款最高可上浮50%，农户小额信贷实行优惠利率，按30%上浮，得到小额信贷一年期最高贷款利率为6.903%，因此，可知农户小额信贷的收益率为2.30%（贷出利率6.903% - 成本4.60%）。

2）企业贷款收益率。人民银行规定金融机构6个月期限贷款利率为年息5.04%，上浮50%后，企业贷款利率为7.56%，因此，可知企业贷款收益率3.68%（贷出利率7.56% - 成本3.88%）。

由以上分析可知，农户小额信贷的贷款成本比企业信贷的贷款成本高0.72%（4.60% - 3.88%），而收益率又比企业贷款低1.38%（3.68% - 2.30%）。

（二）贷款收益率的实际运作效果

从理论上来讲，农户小额信贷的成本高于企业信贷，收益率低于企业信贷，但从曾都区的实际业务运作来看，农户小额信贷的风险小于企业信贷，对利息收入的贡献率反而高于企业信贷。到2002年10月底，曾都区各项贷款余额为104 113万元，农户小额信贷余额为38 297万元，占贷款总额的37%，其中不良贷款余额为8058万元，占21%。但需要指出的是，不良贷款余额中包括1998年底以前历年陈欠农户信用贷款5177万元，近5年发放的小额信贷余额为33 120万元，不良贷款为2281万元，占8.6%。企业贷款余额为23 259万元，占总贷款的22%。其中不良贷款为10 021万元，占43%，企业不良贷款率是农户小额信贷的2倍。2002年1~10月农户小额信贷利息收入为2186万元，对总利息收入（4806万元）的贡献率为45%，收息率为5.5%；企业贷款的利息收入为1009万元，对总利息收入（4806万元）的贡献率为21%，收息率为4.3%，比小额农贷低1.2个百分点。

三、农户小额信贷与企业信贷对农村信用社可持续性经营的贡献分析

曾都区农户小额信贷制度的推行使农村信用社与农户之间形成了良好的互动关系，对农村信用社资产质量与农户收入的提高的起到非常重要的作用（表4-4）。

表4-4　曾都区农村信用社的资产质量（1996~2002年）

项目	1996年	1997年	1998年	1999年	2000年	2001年	2002年
不良贷款占比/%	39.8	36.2	52.3	45.0	43.0	42.1	28.9
农户贷款余额/万元	23 982	25 453	27 297	32 685	31 179	36 579	63 016
信用社盈亏状况（+，-）	-881	-1814	-6912	-1525	-1995	-1255	162

从表4-4可以看出，曾都区农村信用社自1999年推行农户小额信贷以来，信用社的资产质量逐渐得到好转。①到2002年10月底，不良贷款比例下降到28.9%，比1998年下降13.4个百分点，平均每年下降3.3个百分点。②信用社的亏损逐年减少，2002年10月开始盈利。③随着小额农贷的增加，不良贷款比率逐渐下降。农户贷款占贷款的比例平均每年递增4.1%，不良贷款率平均每年下降3.3%，两者之比为1:0.8，即农户贷款占总贷款的比例每提高1个百分点，不良贷款占比下降0.8个百分点。④农户贷款余额增长率与平均每年亏损下降率存在一定的依存关系。从1999年开始，农户贷款余额平均每年递增23个百分点，亏损平均每年下降39个百分点，两者之比为1:1.7，即农户贷款余额每增加1个百分点，拉动农信社收益增长1.7个百分点。

小额农贷不仅使信用社的可持续经营得到了保障，而且使农民的收入也得到了显著提高。以该区英店镇农村信用社为例，2001~2002年，信用社累计投放农户贷款679万元，支持该镇6630户农民发展袋料香菇，2001年、2002年农户仅通过香菇产业就分别增收3167元和3619元。两年来，农民发展袋料香菇的总投资为1050万元，农信社贷款占总投资的65%，户平均投资1583元，户平均贷款1024元，发展袋料香菇的总收入为4500万元，户平均收入7236元，总投入与总收入的比为1:4.3，即每增加1元钱的投入，可为农民增收4.3元，按该贡献率计算，两年间农信社发放贷款为农民增收2920万元。

需要指出的是，以上案例虽然证实了农户小额信贷制度的较高效率，但该结论的存在还必须具备一定的条件。从基层信用社反馈的信息来看，农户小额信贷要取得较好的实施效果，首先必须确定一个最适规模，该规模的最下限就是保本发放量，上限是农户的最大资金需求量。实证分析表明，曾都区农村信用合作社发放的农户贷款满足以上条件。

从上述实证研究来看，农户小额信用贷款的经济绩效在各地的表现是参差不齐的，有的经营绩效显著，如湖南、西北五省区、浙江、宁夏、湖北等省份的一些地区，信用社的资产质量得到了明显提高；而也有一些信用社在实施该制度后，制度绩效并不明显，甚至出现了负效益，如湖北省荆门市辖区的有关农村信用社，以及江西省新余市的农村信用社。以上事实说明，农户小额信贷制度本身是一项有效率的制度，但要使该制度充分发挥其效率，必须具备特定的制度环境。从小额信贷的理论前提并结合已有实证研究的背景来看，要实现该制度的可持续性，必须具备以下配套制度：

1）相关风险规避制度的完善与配合。根据商业银行经营的"真实票据"理论，负债方在证明自己的还款能力时，可以出具代表还款来源的商业票据。农户的还款来源主要是农产品，而农产品的生产和销售还受自然风险和市场风险的影响，这使得农户赖以还款的"票据"具有不可预知的风险。因此，为了提高农户的还款能力，必须将未来的不确定事先确定下来，如农业保险的推行，农产品远期交易和期货交易制度的推行等。

2）降低交易成本，变农户贷款的零售业务为规模化经营。金融业是一个非常讲求规模经济的行业，在贷款农户较少的情况下，单个农户的小额借贷成本极其高昂。如湖北省随州市曾都区小额信贷的案例所示，农户小额信贷贷款成本比企业的贷款成本高 0.72%，而收益率又比企业贷款低 1.38%。在收益率不能提高的前提下，降低交易成本是提高信用社经营绩效的关键。因此，农村信用社必须实行规模化经营，降低农户贷款的边际成本。

3）优良的金融生态环境。金融生态环境是指适合于金融业生存发展的外部环境，包括政策环境、经济环境、法律环境、信用环境等。农户的信用意识与信用表现是影响农户还款意愿的主观因素，优良的信用环境是降低交易成本和提高资产质量的前提。

4.3 中国现行农户非正式融资制度的效率评价

农户间友情借贷和非政府组织专项农户小额融资是现行非正式融资制度的主体，但由于非政府组织的农户小额信贷只针对全国少数贫困地区，实施的时间并不长，因此本文仅对农户间友情借贷制度进行效率评价。

4.3.1 基于覆盖面和交易成本的效率评价

我国农户间友情借贷的高覆盖率为理论界和实践界所公认，这里只讨论友情借贷的交易成本。传统看法认为，与正规融资制度相比，由于农户间具有信息优势，农户间的借贷手续简便灵活，在借贷过程中不存在时间的限制，并且乡村特有的社会惩罚机制会对违约者实施严厉制裁，使违约的收益大大小于违约的成本，因此，该借贷制度的实施成本和监督成本是相当低廉的，交易成本很低，故而具有较高的效率。相当部分的实证研究也得出了以上结论，如中国人民银行山东聊城分行 2002 年对聊城的调研，李文靖 2005 年对宁夏盐池县、中宁县和同心县 15 个村 200 个农户的调查等。

但这一结论隐含的最基本前提却被忽视了，即农村社区人口的稳定，但现实并非如此。随着农户生存方式的多样化，农村社区正在慢慢向集镇社区、城市社区演进，人口的流动越来越频繁，建立在地缘基础之上的友情借贷的基础正在慢慢消失，农户间友情借贷的信息成本优势也正在慢慢消失。不仅如此，友情借贷的低交易成本这一当然结论已被部分农户真实的融资意愿所证伪，如笔者 2006 年在湖北省天门市的调查结果显示，大部分农户的第一融资意愿渠道是农村金融机构而非农户。

此外，由于农户间的借贷仅限于局部的小圈子的借贷，圈与圈之间没有任何联系往来，也不存在信任关系，因此也不存在规模经济。

4.3.2 基于可持续性的效率评价

农户间友情借贷的可持续性可以用还款率来表示，但由于农户间借贷很多都没有明显的期限，尤其是小额度的贷款，其期限都比较模糊，因此准确的还款率不可能得知。学者们对农户间友情借贷的还款情况做了若干实证研究工作，得出的结论不尽一致。例如，郭晓明（2007）2003 年 7 月对四川雅安等不同地理位置的 4 个地市、243 个农户的私人借贷调查表明，农户间私人借贷按期还款的比例为 86.8%，高于农村信用社的还款率；而温铁军（2007）2001 年对全国东、中、西 15 个省份私人借贷的调查结果却表明，农户间私人借贷延期归还的比例为 58.9%，借贷不还引发纠纷的比例为 16.1%；史清华和陈凯（2002）1996 年、2000 年对山西省太原等 11 个地市的农户民间借贷的调查发现，农户私人借贷拖欠率有上升的趋势，由 1996 年的 29.1% 上升到 2000 年的 49.26%，等等。以上结果说明，农户间私人借贷还款率的高低依赖于特定的经济与制度环境，如农户的信用度、农户投资的成功率、借贷的规范化程度等。

从以上分析可知，与正式融资制度相比，中国农户间的友情借贷存在着较高的效率，但要保证制度的高效率必须满足严格的条件，包括信息对称、社会惩罚机制能发挥重要作用、农户投资的高成功率等。但是从全国范围看，虽然农户间私人借贷十分普遍，但这一制度的效率正面临着逐渐衰减的趋势。众所周知，一项制度的产生是适应环境变化的结果，在制度诞生并运行之初，该制度对环境的适应尚处在摸索和试错阶段，随着时间的推移，制度会越来越适应环境，以至于达到最恰当的适应性，此时制度的稳定性也逐渐得到强化。但随着环境的进一步改变，特别是随着社会意识形态和经济环境的改变，相对稳定的制度对环境的适应性必将越来越差，最终导致消亡，如图 4-5 所示。我国农户间友情借贷有着悠久历史，显示出顽强的生命力，这是制度适应环境的结果。但进入 20 世纪 80 年代以来，随着市场经济理念的渗透，以及农户对市场经济理念的认可与追求，农村经济社会转型的步伐日益加快，农民的借贷观念正悄然发生变化，农村社会逐渐由关系型社会向契约型社会转型，友情借贷制度生存的环境发生了较大变化，农户间友情借贷制度的效率必将逐渐降低。

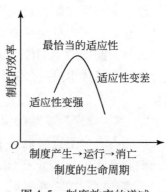

图 4-5 制度效率的递减

本 章 小 结

1）中国农户融资的整个制度体系缺乏效率。正式融资制度与非正式融资制度的供需比例失调，农村金融生态失衡。且正式融资制度的供给主体单一，农村信用社处于制度供给的垄断地位，缺乏竞争机制和激励机制。

2）农户正式融资制度的整体效率得到了逐步提高，但各地的差异性较大，与经济发展水平差异无关。从已有案例研究来看，差异性存在的主要原因在于交易成本和风险控制制度的差异，因此，农户正式融资制度效率的发挥与提升必须依赖于交易成本的降低和风险控制制度的建立与创新。由前面的分析可知，农户小额信贷高交易成本的存在使农户潜在的信贷需求得不到满足，很多地区农户的满足率偏低；风险控制制度的建立和完善则是保证可持续性经营的前提，因为该制度不仅可以实现农村信用社经营的可持续性，而且还可以间接降低交易成本。

3）农户非正式融资制度中，友情借贷在覆盖面和降低交易成本上具有优势，整体效率较高。但必须注意的是，由于农村经济与社会的转型，以及金融生态环境的变化，这一制度有效性的范围非常有限，其效率正在递减，这是经济发展到一定阶段后人格化交易向匿名交易转变的必然结果。因此，如何优化农村金融生态环境，充分利用已有的民间金融资源，使民间友情借贷更好地扮演草根金融的角色，发挥对正式融资制度拾遗补缺的作用，是当前和今后需要进一步研究的课题。

4）农户融资制度的效率存在帕累托改进的空间。无论是整个融资制度体系，还是单个融资制度，其效率都有待进一步提高，其中交易成本的降低和农业风险控制制度的建立是关键。从农户融资制度安排本身来看，交易成本的降低则是核心，因为低交易成本是农户与信用社达成交易的前提。交易成本降低对提高融资制度效率的传导机制是：交易成本降低→覆盖面提高→信贷资产质量提高→交易成本进一步降低……，形成低交易成本与高融资制度效率的良性循环。

5）解决农户贷款难的根本是对农户正式融资制度的帕累托改进。非正式融资虽然占农户融资渠道的主流，但这是农户融资意愿被迫扭曲的结果，而且这一融资方式的优势正在逐渐丧失。因此，从长远来看，随着农村经济的发展，正式融资制度终究将成为农户融资的主要渠道，因此，如何提升正式融资制度的效率，则成为解决农户贷款难的根本。

第 5 章
中国农户正式融资制度的帕累托改进

如前所述，制度效率低下意味着帕累托改进的必须和可能，相比较而言，中国农户正式融资制度的效率普遍低于非正式融资制度的效率，主要原因在于正式融资制度的交易成本过高以及风险控制制度的缺乏。由于篇幅所限，本书仅在现有产权安排下讨论交易成本因素。基于交易成本经济学和契约经济学的理论框架，并结合社会学、博弈论等的相关理论成果，本章再次证明了交易费用过高是影响农户融资制度效率的瓶颈这一命题，并在分析国内外两个基经典案例的基础上，提出了对中国农户正式融资制度进行帕累托改进的若干思路。

5.1 制度帕累托改进的含义

制度的帕累托改进是指在存在经济无效率的情况下，若行为主体进行制度的重新安排（或称资源的重新配置），使得某些人的效用水平在不影响他人的效用水平的前提下能得到提高，这种变迁（或重新配置）即为帕累托改进（Pareto improvement）。从较长的历史视角来看，制度变迁的过程就是一个帕累托改进的过程。

从短期来看，农户融资制度的帕累托改进会使资金从其他领域和渠道流向农村的正式金融组织，在一定程度上将减少其他融资制度的覆盖面，从而降低其效率，因而似乎仅仅是卡尔多改进。但从整个社会效率和长远来看，农户正式融资制度效率的提高必将引导资金流向回报率高的部门，使农户正式融资制度与其他融资制度展开充分的竞争，整个社会融资制度的净收益将达到最大化。

5.2 中国农户正式融资制度帕累托改进的瓶颈： 交易成本过高

前面的分析结果表明，中国农户正式融资制度的效率是比较低下的，主要原因在于交易成本过高。此处拟从契约经济学的分析框架对这一结论进一步证明。

5.2.1 假设条件与变量定义

在现有的利率政策下，农村信用社的贷款利率及其浮动区间是既定的，在实际执行过程中，一般上浮到最高限，因此，农户与信用社之间缺乏就利率进行谈判的可能，即贷款利率对借贷双方来说都是一个常数。唯一可变的是农村信用社与农户进行信贷交易的成本，其中由信用社支付的交易成本包括贷前信贷筛选成本、贷时签订合约的成本以及贷后监督合约执行的成本；由农户所支付的交易成本包括申请成本（说服信用社的成本）、提供相关证明材料的成本。

假设农户从信用社申请1个单位的生产性借款①，农户为此而支付的交易成本为 C_n，承担的贷款利率为 R_d，获得的收益为 I。从农户生产的平均收益率来看，$0 < I < 1$。信用社为发放该贷款所需要支付的交易成为 C_x，信用社吸收存款的利率为 R_c。由于信用社的服务对象不仅限于农户，资产形式也不仅限于贷款，因此，信用社还存在着其他的收益机会，假定信用社可以较为稳定地取得无风险净收益率 λ，即信用社发放1个单位贷款的机会成本为 λ；同理，农户也存在借进款项的机会成本，记为 γ。

5.2.2 模型构造与分析结论

由以上假设可知，农户贷款的需求函数与约束条件分别为

$$I > R_d + C_n \quad \text{s.t.} \begin{cases} I \geq \gamma \\ 0 < I < 1 \\ C_n > 0 \end{cases}$$

信用社的贷款供给函数与约束条件分别为

$$R_d > R_c + C_x \quad \text{s.t.} \begin{cases} R_d \geq \lambda \\ C_x > 0 \end{cases}$$

因此，农户与信用社之间进行正常信贷交易的条件即为

---

① 如果农户借款用途为非生产性的，也可得出类似结论。为了分析问题的方便，本书暂分析农户的生产性借款情况。

$$\begin{cases} I > R_d + C_n \\ R_d > R_c + C_x \end{cases} \quad \text{s. t.} \begin{cases} R_d \geq \lambda \\ I \geq \gamma \\ 0 < I < 1 \\ C_n > 0 \\ C_x > 0 \end{cases}$$

将上式化简，可得

$$I > R_c + C_x + C_n \quad \text{s. t.} \begin{cases} I \geq \gamma \\ R_d \geq \lambda \\ 0 < I < 1 \\ C_n < 1 - R_d \\ C_x < R_d - R_c \\ C_n > 0 \\ C_x > 0 \end{cases}$$

由于银行存款利率是常数，因此要使上式成立，必须满足以下条件之一：①在生产性贷款收益率不变的条件下，信用社和农户之间的交易成本必须尽可能降低；②在信用社和农户之间交易成本既定的前提下，农户生产性贷款的收益率必须尽可能提高。

众所周知，农户生产收益率的提高不仅受制于自身辛劳的程度，而且在很大程度上还受到外界因素的影响，如市场行情、自然灾害等。统计分析表明，农产品价格和自然灾害两方面的因素对我国农户收益率的提高与稳定已经造成了十分重要的影响。20 世纪 90 年代，中国农业的成灾面积占播种面积和受灾面积的比例分别超过 20% 和 50%，农业风险损失的范围和程度呈现加速扩大的趋势。但是，中国农业保险却呈现不断萎缩的态势（马素玲，2005），短期内农户生产收益率提高的空间不大。因此，要使农户和信用社之间存在交易的均衡解，必须从第一个条件入手，即降低信用社和农户之间的交易成本。

5.3　国内外降低农户融资制度交易成本的案例分析

孟加拉国的小额信贷制度是当今世界最成功的、服务于农村弱势群体的融资制度，但人们对孟加拉国小额信贷制度关注更多的是该制度的表象，如分期还款制度、小组联保制度、中心会议制度等。毋庸置疑，这些制度是保证小额信贷制度高效运行的重要条件。我国的许多小额信贷机构也模仿了该制度，但大部分项目并没有取得令人满意的效率。以上事实说明，孟加拉国小额信贷制度程式化的制度形式不能完全成为提高制度效率的终极解释。在国内，由著名经济学家茅于轼创办的山西省龙水头扶贫基金会则独树一帜，取得了极大的成功。纵观孟加拉国的农户小额信贷制度及山西省龙水头扶贫基金会，交易成本的降低是保证融资制度得以实施并达到可持续发展的最根本的因素。

案例一：孟加拉小额信贷融资模式

由孟加拉国 Yunus 教授于 1983 年创办的孟加拉乡村银行，被誉为当今世界规模最大、效率最高的融资制度，该制度专门瞄准被正规金融机构排斥在外的弱势贷款者。从 1983~1995 年，乡村银行的贷款涵盖了一半以上的村庄，贷款农民达 330 多万人，累计贷款 564 亿塔卡（折合美元 15.22 亿），总资产达 10 亿美元，在孟加拉国已跻身中等银行规模。1994 年，乡村银行开始分红，农民和政府的股份分别为 88% 和 12%，如今两者的占比分别为 94% 和 6%，成为真正意义的穷人的银行。到 2006 年，乡村银行的规模进一步扩大，其中贷款成员增加到 400 多万个，96% 为妇女，覆盖 46 620 个村庄，还款率高达 98.89%。该制度在孟加拉国运作成功后，其他国家纷纷仿效，在全世界掀起一股小额信贷的热潮，从亚洲到拉丁美洲、非洲、欧洲，甚至到现代农村金融体系发达的美国。截至 2001 年 1 月，乡村银行的信贷模式已覆盖 34 个国家、105 个组织机构，2001 年底，全世界有 5400 多万个家庭从小额贷款中受益，小额信贷制度在全世界产生了深远的影响。联合国大会指定 2005 年为国际小额信贷年。Yunus 教授因此被称为"穷人的银行家"，其信贷模式打破了多年来传统的银行信贷哲学。2006 年，Yunus 教授因此而荣获诺贝尔和平奖。

（1）乡村银行经典体系（GCS）——第一代乡村银行融资制度

1）乡村银行的组织系统。乡村银行的组织系统由两部分组成：自身组织机构和借款人组织机构。其中自身组织机构分为四级，即总行—分行—支行—营业所，总行 1 个，设在首都达卡；分行 12 个，作为总行的派出机构，设在各省或大区；支行 108 个，设在县、乡，是分行的派出机构；营业所设在乡村，是乡村银行的最基层机构，负责发放贷款和回收贷款，直接和农民打交道。

2）乡村银行的运行机制。包括每周还款制度、小组制度、中心制度、基金制度、还贷纪律和会员纪律等。值得一提的是，乡村银行认为，女性的信用普遍高于男性，因此贷款客户主要限定在女性。

3）乡村银行的贷款种类与利率。随着乡村银行的进一步发展，贷款种类逐渐增加，由以前的 1 种扩大到 1995 年的 8 种，不仅包括农民的生产贷款，也包括生活贷款，贷款利率最低为 8%，最高达 20%。

4）乡村银行的资金管理和工资管理。对资金和工资的管理是乡村银行内部管理的核心内容，这从侧面反映乡村银行成功的核心在于降低交易成本：①资金管理。乡村银行的资金管理基本上实行的是"统一管理，分灶吃饭"的原则，具体做法是：由总行向国家银行的国际机构贷款，然后分拨给营业所，资金供需主体各自承担自己的责任。例如，总行从国家银行按 6% 的年利率借进款项，以 12% 的利率贷给营业所，营业所再以 20% 的年利率贷给农民。这样一来，在一个贷款周期中，营业所有 8% 的利差收入，总行有 6% 的利差收入。②工资管理。乡村银行实行的是与城市银行相当、略高于政府工作人员的工资制度。

（2）乡村银行综合体制（GGS）——第二代乡村银行融资制度

1998 年，孟加拉国遭受了严重的水灾，乡村银行的贷款无法收回，内部运行成本上升。水灾过后的 2001 年，乡村银行开始引入一种新的体制——综合体制，即第二代乡村银行模式。与第一代乡村银行体制相比，第二代乡村银行体制的着力点在于降低乡村银行的内部交易成本，将大量繁琐、复杂的工作变得简单易行且规范化，表现在贷款方面存在着以下改进：

1）账户设置的改进。在传统体制中，对于每一种贷款，都要单独设立分类账、登记账、账单和账户，这使管理评估和记账系统异常复杂。而改进后的综合体制中，多种形式的贷款只分为两种：灵活贷款和基础贷款。设置灵活贷款的目的是使不规则还款者（拖欠者）规则地偿还逾期贷款、逾期利息和坏账；在基础贷款下，按期归还本息的借款人的所有类型的贷款（除住房贷款外）合并为一个贷款账户。

2）还款周期的改进。在传统体制中，每周还款制度是必须坚持执行的；在改进后的综合体制下，在基础贷款中，一个按时还款的借款人可借 3 个月至 3 年不等的贷款，而且逾期未还的借款者可以根据自己的实际情况重新安排自己的还款时间。

3）贷款额度的改进。在传统体制中，已批准的贷款一次性支取，增减贷款无严格的规定，而且在某类贷款全部偿还完之前，不能再获得此种贷款；在综合体制中，已批准的贷款根据偿还计划分期提取，增减贷款取决于贷款偿还的纪律性和准时性，如果在规定的时间内能按时归还利息，还可给予其他类型的贷款。

4）贷款审批程序的改进。在传统体制下，由支行经理批准贷款计划；在综合体制下，在贷款限额内由营业所经理批准基础贷款计划。

5）贷款保险基金的成立。在传统体制下，乡村银行秉承"父债子还"的原则，对于逾期不还的坏账，乡村银行还必须支付一定的监督成本，为了减少这一成本，乡村银行成立的贷款保险基金，坏账可以用该基金冲减。

除贷款方面存在以上五大改进外，乡村银行还积极进行技术创新，节约操作成本。在传统技术下，乡村银行（尤其是营业所）只能实行纸面上的操作，这使得单笔贷款的操作成本非常高。1999 年末，乡村银行的 239 个营业所首先实行了计算机化，建立了计算机管理系统，2000 年，在支行建立了 68 个信息管理中心，一个中心的营业所都从同一个中心获得服务，每个中心按统一种方式提供各种类型的贷款监督和记账工作，到 2004 年，93% 的分行的会计与信息管理都实现了计算机化，这使得员工能将更多的时间投入到贷款者身上。

注：本案例主要根据以下资料整理而成：杜晓山，刘文璞.2001. 小额信贷原理及运作. 上海：上海财经大学出版社；汤敏，姚先斌.1996. 孟加拉"乡村银行"的小额信贷扶贫模式. 改革，（4）：51-58，73；张勇.2003. 孟加拉小额信贷模式的最新发展. 中国农村经济，（6）：67-72；穆罕默德·尤努斯.2006. 穷人的银行家. 北京：三联书店.

从以上案例可以看出，乡村银行的融资制度在以下几个方面降低了交易成本：

1）事前信息收集成本。信息收集成本是签订信贷契约前必须支付的成本，包括借款人的家庭经济状况、信用状况、生存能力等。乡村银行认为，女性的信用普遍高于男性，与男性相比，女性更善于发现和寻找还款的来源，因此将客户限定于女性，减少了甄别信息真伪的成本。

2）事后监督成本。对贷款进行贷后检查是保证资金安全的必要手段，包括监督贷款人是否将资金用于其他用途、贷款人的经营效果如何、贷款人是否有故意赖账的动机等。如果乡村银行对每个客户都进行以上监督，则势必发生极大的交易成本，银行无利可图。为了避免高监督成本，乡村银行实行了特殊的连带制度，如小组联保制度、建立风险基金制度，将交易成本转移到负债方，使负债方在还款策略上达成最优的博弈均衡。负债方利用闲暇，通过每天的日常生活即可低成本地做到互相监督和督促。另外，乡村银行坚持的定期还款制度对负债方形成还款压力,使负债方违约的机会很小。

3)执行成本。低执行成本也是乡村银行降低交易成本的重要手段,这主要体现在第二代乡村银行贷款制度的改进上,即对贷款账户、还款周期、贷款额度、审批程序等制度的改进。另外,纸质的交易处理手段不仅需要花费高额的管理费用,而且浪费双方的时间。为了降低管理成本,第二代乡村银行适时进行了办公技术的升级,减少了边际交易费用。

由国内著名经济学家茅于轼在山西省创办的龙水头扶贫基金会则是国内较少的运行成功的非正式融资制度,该制度成功的原因与交易成本的降低也有十分密切的关系。

案例二:茅于轼创办的龙水头扶贫基金会

山西省吕梁市临县湍水头镇是国家级贫困乡镇,地处黄土高原,自然资源贫乏,生态环境恶劣。由于农民收入低下,农村正式信贷业务投放十分有限,农村金融萎缩现象十分明显,农民告贷无门。以湍水头镇农村信用社为例,从1990年代初到2001年,每年的各项贷款基本维持在350万元以内,其中2001年的不良贷款占比达95.7%。截至2005年6月底,该社各项存款余额为仅1015万元,各项贷款余额为636万元。

为改变农户恶劣的融资环境,1993年9月,我国著名经济学家茅于轼和亚洲开发银行经济发展研究中心经济学家汤敏在山西省临县组织发起了龙水头扶贫基金会,专门为无法获得正式信贷的农民提供小额度贷款。2003年,茅于轼在总结龙水头村扶贫基金会运作的基础上,又在该镇的湍水头村和小寨上村成立了两个扶贫基金会。到2005年6月底,三个基金会的基金规模达到130万元,其中付息基金占79%,无息基金仅为21%,基金会的还款率高达95%。龙水头扶贫基金会运作的主要特征如下:

1)简单的借贷手续。基金会为方便农民贷款,实行无抵押、无担保的信用借贷制度,申请人写个借条,当天申请,当天就可以获得借款。

2)透明运作,公开公平。主要表现在:公布扶贫基金会管理条例;公布信用借款户的十项要求及信用户、非信用户的确定和处理情况等;公布信用户、非信用户名单;公开借款账和扶贫基金发放情况;公开享受教育扶贫补助的教师人员名单。为特困户发放困难补助时,首先由扶贫基金会的管理人员公布困难补助的发放额度和发放办法,然后接受申请,并组织群众对申请人评议，最后通过投票选出扶贫对象，公开发放扶贫补助。

3）简单而严格的管理制度。基金会的日常事务由 2 名当地群众负责处理，通过与茅于轼的信件往来管理借贷业务，管理层级极其简单。另外，基金会规定了严格的贷款条件，比如治病借款必须出示医院证明，助学借款必须由两个以上管理人员调查核实。借款以家庭为单位，由夫妻共同签字。

4）责任均担的赔偿制度。当借款户因故无力偿还贷款时，先由借款户写出申请，再由管理人员审查，湍水头镇镇长审核，最后经茅于轼批准，才可免去借款本利的50%，其余50%由管理小组按比例赔付。通过这种运作，形成了管理人员利益与基金会利益的一致性，减少了放贷中的随意性。

5）高度诚信。扶贫基金会在开展经营活动的同时，还创办诚信节，营造诚实守信的信用环境，将基金会成立之日定为诚信节，开展诚信宣传。对贷款逾期不还的张榜公布。

注：本案例主要根据以下资料整理而成：晋并吕.2006. 山西省临县湍水头镇民办扶贫基金会小额农贷的实践与思考. 中国金融，（5）：30-32；商界传媒企业研究院. 2006. 中国实践：龙水头村的 13 年. 商界·中国商业评论，（12）：46-49；郭涛涛. 2006. 小额信贷的中国可能. 凤凰周刊，（31)；谢云山. 2005. 我国小额信贷组织的现状与出路——以山西省临县湍水头镇扶贫基金会为例. 中国金融，（24）：61-63.

从以上案例可知，龙水头扶贫基金会降低交易成本的主要表现是：

1）签订契约的成本低。当农户向正规金融机构申请贷款时，由于农户在金融机构缺乏信用记录，为防范风险，金融机构往往要求农户提供某种形式的担保或抵押，双方为此付出的交易成本都很高；且农户由于大都无法提供担保、抵押，因此，农户与金融机构之间达成交易的可能性极低。基金会通过提供简单的借款手续，大大降低了交易成本，节省了农户的时间，使农户与基金会存在交易的机会与可能。

2）培植农户信用，贷后监督成本低。对借款人不信任是监督成本发生的原因，基金会利用农户重视社会资本的心理，不仅努力培植农户的信用，而且通过日常借贷的透明运作，使农户之间形成互相监督与信任的机制，进而形成借款→守信用→再借款→守信用的良性循环。

3）管理成本低。与正规融资机构相比，基金会通过向茅于轼通信汇报借贷情况的方式，大大减少了管理费用；两名工作人员深入农户，其工资待遇大大低于正规金融机构员工的工资待遇；公开、公平的运作体制使农户乐于接受基金会的安排，避免了农户故意违约的机会主义倾向。

从以上两个案例可以看出，乡村银行的借贷制度安排虽然与龙水头基金会不完全一致，但两者都取得了极大的成功，主要原因在于两者都充分利用农户的社会信誉约束机制，将农户非正式融资制度中的社会信誉约束机制引入正式制度，强化了农户的自履约机制，极大地降低了交易成本，这一经验对我国农户正式融资制度的帕累托改进有着极大的借鉴意义。

5.4 中国农户正式融资制度帕累托改进的策略

5.4.1 提高交易频率

交易频率即交易的次数，交易的次数越多，交易的边际成本就越低，相应的交易平均成本也就越低。而要提高交易的频率，首先要保证农户与信用社之间存在交易的积极性，即一方面提高信用社的供给，另一方面刺激农户潜在的信贷需求。

5.4.1.1 改革信用社的贷款激励机制

诺思指出，"制度构造了人们在经济方面发生交换的激励结构"，"制度必须提供一种激励"。在现行信贷制度安排下，信用社普遍实行"谁发放、谁管理、谁回收"的贷款管理制度，对信贷员实施僵化的信贷绩效考核制度，信贷员的责任与利益不对等，缺乏发放贷款的积极性。因此，完善信贷考核制度，构造贷款激励机制成为信用社提高信贷交易的前提。为达到这一目的，可行的思路是：打破信贷员的"铁工资"制度，实行贷款业绩与工资报酬挂钩的效益工资制度。这不仅对信贷员实行了有效的约束，而且可以最大限度地激发信贷员发放贷款的积极性，保证信贷资金的安全。

5.4.1.2 激活农户潜在的信贷需求

要激活农户潜在的信贷需求，一是降低农户贷款的门槛，简化贷款手续。贷款手续过于繁杂是影响农户信贷需求的主要因素之一。根据中国银监会黑龙江监管局的调查，该省齐齐哈尔市昂昂溪区昂昂溪信用社在办理农户贷款时，一个5户联保小组在办理贷款过程中，仅在联保协议书、借款合同书、借据、现金付出传票上总盖章、签字次数多达 160 次①，不仅使信用社支付过高的办公费用，而且使农户面对复杂的手续望而却步。二是通过制度保障，让农户敢于借款。农业产出和销售的不确定性是影响农户借贷意愿的重要因素之一，当前，中国农业保险的覆盖面极低，农户尚不具备利用远期交易、期货交易等手段规避风险的意识和知识，农户的收入极不稳定，这使农户的生产决策陷入了"温饱有余，小康不足"的简单再生产陷阱。因此，大力宣传农业保险，让农户学会运用现代交易手段，平抑农户收入的现金流，是激活农户潜在信贷需求的有力保证。

5.4.2 建立农户的自动履约机制，降低监督成本

监督是交易双方的互不信任的产物，其根源在于信息的不对称。具体到农户贷款，这种不信任表现为信用社对农户是否按照事先达成的契约使用贷款以及是否能按期归还持怀疑态度，是一种单边的不信任。在这种情况下，如果信用社对每笔贷款都进行监督，则能降低这种不信任的程度，但势必发生极大的监督成本，因此信用社的逐一监督不可能，必须在农户方寻求答案。而如果农户能给予信用社一个可信的承诺，使信用社确信农户必然会选择自动履约，信用社省略或省略部分监督程序，则可以节约由信用社支付的监督成本。可信的承诺分以下两种情况。

5.4.2.1 单个农户对信用社的可信承诺

当单个农户与信用社之间发生借贷关系时，实质形成了农户与信用社之间的二人博弈，在农户不能提供任何抵押和担保的情况下，农户实际上是以自己的身份信用和声誉作为还款保证。农户身份信用的约束力量来自道德准则；在一个人口流动性极小、信息传递很快的农村社会，人们对自己的声誉赋值是极高的，在一般情况下，小额度款项违约所带来的收益与农户的良好声誉不可能等价交换。因此，作为理性经济人，农户必然会选择自动履约。这一简单博弈过程与结果可表示如下。

（1）信用社和农户一次博弈的均衡解与解的实现

假设信用社和农户之间仅进行一次博弈，则信用社要先决定是以身犯险信任农户还是不信任农户，如果信用社选择信任，则农户要决定是滥用信用

①　参见：刘峰，许永辉，何田 . 2006. 农户联保贷款的制度缺陷与行为扭曲：黑龙江个案 . 金融研究，（9）：171-178.

社的信任（即失信）还是不利用（即守信）。由于农户与信用社只进行一次交易，农户失信后获得最大化收益，因此最终会产生信用社不信任农户、信用社与农户之间不存在交易的均衡解，这是一种低效率的均衡，如图5-1所示。

图 5-1　农户与信用社的博弈矩阵（一）

　　然而，值得注意的是，以上博弈只考虑了农户从信用社获得的收益，而没有考虑农户由于失信所付出的代价——身份信用和声誉的损失。在农村社会，农户的身份信用和声誉有着极大的经济价值和社会价值，甚至是农户赖以安身立命的基本条件。因此，即便是农户与信用社之间仅进行一次博弈，在农户的借贷金额较小的情况下，考虑到农户违约的机会成本，农户仍然会选择守信，如图5-2所示。

<table>
<tr><td></td><td colspan="2" align="center">农户</td></tr>
<tr><td rowspan="2">信用社</td><td align="center">信任，守信</td><td align="center">信任，失信</td></tr>
<tr><td align="center">不信任，不借贷</td><td align="center">不信任，不借贷</td></tr>
</table>

考虑农户声誉的情形

图 5-2　农户与信用社的博弈矩阵（二）

　　（2）信用社和农户重复博弈的均衡解与解的实现

　　如果农户与信用社进行重复博弈时，则会出现高效率的均衡解，且解的实现条件要相对宽松。双方重复博弈的基本规则是：当信用社信任农户，但如果农户失信，则信用社永远不信任农户；反之，如果信用社信任农户，农户守信，信用社将继续信任农户。在这种情形下，必定会出现双方互相信任的局面并可继续维持下去。这种安排还可以从单方的信用社和农户扩展到一连串的信用社和农户：如果信用社和农户交易的经验为下一轮所有潜在的信用社所知晓，且如果信用社的信任被农户滥用，则所有的信用社都不会与该农户进行交易，反之则反是；同时，下一轮所有后来交易的农户都买下前面已经交易的农户的声誉。因此，农户和信用社之间的重复博弈会出现互相信任的结果，这是最有效率的均衡解。农户与信用社之间重复博弈的矩阵如图5-3所示。

农户

信任，守信	信任，失信
不信任，不借贷	不信任，不借贷

信用社

农户与信用社重复博弈的情形

图5-3　农户与信用社的博弈矩阵（三）

以上博弈结果说明，交易频率的提高不仅可以直接降低边际交易成本，而且通过重复博弈，农户和信用社之间还可以降低监督成本，实现最有效率的交易选择。

然而，在实际借贷中，虽然农户与信用社之间仅进行一次交易的可能性很小，农户与信用社之间的交易表现为重复博弈，农户与信用社互相信任是双方最优的选择，但农户故意违约的情形仍然不同程度地存在，这说明即便将农户的身份信用和声誉考虑在内，有效率的均衡解并不必定出现。原因在于农户失信的机会成本过低，进一步，信用社可能没有采取有效措施充分体现农户身份信用和声誉的价值，使得违约农户违约后损失的折现值小于农户违约所得。针对这种情况，信用社可以模仿我国龙水头基金会的做法，将违约者的名单公之于众，不仅使其他金融机构与之断绝信贷交易关系，而且利用乡村社会特有的社会惩罚机制，对违约农户实施私人惩罚，降低违约者获得的净收益，从而建立农户的自动履约信贷机制。

5.4.2.2　由农户与农户之间的可信承诺到农户群体（或称联保小组）对信用社的可信承诺

农户之间的信用属于身份信用，而农户与信用社之间的信用则属于契约信用，前者的约束力量来源于道德准则，后者的约束力量来源于法律的强制执行。国内外众多实证研究证明，农户之间的横向监督不仅成本低，而且对促成良好社会信用也起着非常重要的作用。因此，如果能将农户的身份信用和契约信用有机结合，则既能降低交易成本，同时还可以实现农户的自动履约。孟加拉国的小组联保贷款正是这两种信用的完美结合，我国一些成功的小组联保贷款项目也证明了农户理性合作的可能性。因此，由农户与农户之间的可信承诺到农户群体（或称联保小组）对信用社的可信承诺不仅是必须的，而且也是可行的，农户联保贷款仍然是有效降低交易成本的约束制度。

农户小组联保贷款制度将农户置于了一个双重还款博弈之中，即农户联保小组和信用社之间的博弈、农户联保小组内农户之间的博弈。根据博弈论的基本原理不难得出，在一般情况下，农户联保小组与信用社之间博弈的均衡结果为：农户联保小组还清全部款项、信用社愿意持续为联保小组提供贷款，从而形成联保小组与信用社之间"双赢"的格局，而联保小组内农户之间的博弈则相对较为复杂，此处仅对后者进行分析。

为了分析问题的方便，此处作如下假设：

1）一个联保小组内只有甲、乙两个农户，两个农户的还款策略（S）均有三种选择：①只替自己偿还（S_l）；②除为自己偿还外，还替对方偿还（S_m）；③既不愿为自己偿还，也不愿为对方偿还（S_n）。

2）两个农户均从信用社获得 X 个单位的贷款，到期应付利息为 I，甲乙两农户投资所获收益分别为 R_1 和 R_2。

3）只考虑第一期的还款情况。

4）两个农户共同遵守的规则是：若其中一个农户到期不偿还贷款，则应受到来自信用社和社会的惩罚（如罚息、信用社不再为其发放贷款、将其开除出联保小组、受到周围人群的鄙视而不愿让其加入新的小组等），且惩罚的力度是借款额的增函数 $F(X)$，$F(X) > I$；另一个农户若代为还款，则会赢得一定的社会名誉，且社会名誉是其代为还款额度的增函数，假定社会名誉的提升为他带来的收益为 $P(X)$，且该收益大于他为对方支付的利息，即 $P(X) > I$；若另一农户不代为偿还，则对自身本期的经济活动无任何影响（事实上若不代为偿还，该农户也将受到牵连，即无法获得下一期借款。但由于只考虑第一期的还款情况，因此可作此假定）。

5）农户贷款后进行投资的结果有两个：完全成功或完全失败，且投资成功方有能力为失败方还清款项。

由于农户互相知道对方的还款情况，因此该博弈是完全信息下的静态博弈。两农户的策略选择及结果可用以下博弈模型表示（表5-1）。

表5-1　甲乙两农户的博弈矩阵

农户乙 ＼ 农户甲	S_l	S_m	S_n
S_l	$(R_1 - I, R_2 - I)$	$(R_1 - I, R_2 - I)$	$(R_1 - I, R_2 - F(X))$
S_m	$(R_1 - I, R_2 - I)$	$(R_1 - I, R_2 - I)$	$(R_1 - 2I + P(X)), R_2 - F(X))$
S_n	$(R_1 - F(X), R_2 - I)$	$(R_1 - F(X), R_2 - 2I + P(X))$	$(R_1 - F(X), R_2 - F(X))$

由上表可知，农户共有 9 种不同的策略组合，6 种不同的支付向量。对农户双方支付向量最大且相等的策略组是 (S_l, S_l)、(S_l, S_m)、(S_m, S_l)、(S_m, S_m)，其次是 (S_m, S_n)、(S_n, S_m)，处在第三位的策略组是 (S_l, S_n)、(S_n, S_l)，对农户支付向量最小的是 (S_n, S_n)。以下分三种情况讨论两农户的均衡解。

1）双方投资均获得成功时的均衡解。在双方的投资得到有效回报后，此时双方必然会选择对自己福利最大的还款策略，该策略即为甲、乙两农户的纳什均衡解，即为 (S_l, S_l)。虽然策略组 (S_l, S_m)、(S_m, S_l)、(S_m, S_m) 具有相同的支付向量，但在两农户的投资均得到有效回报后，双方都没有必要选择替对方还款的策略。这种还款策略的经济学含义是：小组内各农户在有能力还款的情况下，必定会选择积极还款，信用社投放的本金和利息能安全收回。在此种策略下农户和信用社能达到完美的"双赢"结果。

2）一方投资成功，另一方投资失败情形下的均衡解。在这种情况下，农户有三种选择：一是遵照联保贷款协议的规定，成功方为失败方归还贷款，表现为策略组 (S_m, S_n)、(S_n, S_m)，此时农户双方的福利最大，同时对信用社也是最有利的，信用社仍能收回本金和利息；二是成功方选择"明哲保身"的策略，只愿替自己还款而不愿替对方还款，这将导致失败方和信用社的福利均受损，其中失败方农户的损失为 $F(X)$，信用社的损失为 I；三是受失败方违约的影响，投资成功方也仿效失败方违约，此时农户双方和信用社的福利损失最大，其中甲、乙两农户的损失均为 $F(X)$，信用社的损失为 $2I$。由此可以进一步得知如下结论：在一方投资失败的情形下，另一方的理性选择是主动为对方还款，农户在该策略下达到纳什均衡。

3）两个农户投资均失败的均衡解。若两个农户的投资均遭到失败，则农户不得不选择策略组 (S_n, S_n)，此时农户的支付向量最小，信用社遭受的损失也最大。

从以上结论不难看出，农户通过联保贷款制度组成一个利益共同体后，其还款意愿将更为积极，农户之间互助、互督的精神将会大大增强，由农户与农户之间的可信承诺到农户称联保小组对信用社的可信承诺会得到实现，信用社的信贷风险也将随之降低。在当前农村金融风险仍然大量存在并有所放大的情况下，联保贷款制度理应成为农户和信用社首选的贷款品种。

但是，中国已有的实践表明，该制度并没有被广大农户所接纳和理解，信用社对该项业务也缺乏应有的积极性。国内大多数实证研究表明，联保贷款制度尽管在一些地方运行还比较顺利，但从全国来看，其制度绩效并没有得到充分发挥，很多地方推行联保贷款制度后，还款率并没有得到显著提高。大多数农户宁愿选择常规的小额信贷而不愿加入联保小组，联保贷款普及率很低，在农户贷款中所占的比例偏小，如湖北省 2003 年发放的小额信贷中，联保贷款仅占 10% 左右。要使该制度成为农户的理性选择，必须创造一定的条件，让还款策略（S_m）成为农户在任何情况下的最优选择。要达到这一目的，可以从以下几个方面着手：第一，提高农户的还款能力。如推行农业保险，使农户的还款有最基本的保证；改同业联保为交叉联保，即不同产业、不同行业或不同区域的农户在自愿基础上组成联保小组，避免系统性风险。第二，对故意违约农户和守信农户予以合理奖惩。在上例中，若 $F(X) < I, P(X) < I$，则无论农户投资成功还是失败，均会选择违约，更不会选择为对方还款，因此，恰当的奖惩制度可以激励农户主动还款。第三，进一步培养农户的合作意识。合作意识是农户参与联保贷款的前提，农户是否有合作意识取决于思想观念、社会地位、文化素质等各个因素，从中国农户的实际来看，现阶段单纯依靠农民为主体自发组织的需求诱致型合作组织难以成功，需要政府的引导和介入，来调动农民参与合作组织的积极性，增强农户的合作意识。

5.4.3 建立健全个人信用征信制度，降低信息搜寻成本

个人信用征信就是通过一定的机制把分散在不同授信机构、司法机构、行政机构等的能反映个人偿债意愿的信息（信用记录）集中到一个或若干个数据库中，让授信机构在授信决策时能方便、快捷地获得完整、真实的信息，从而大大节约授信机构的信息搜寻费用。

个人征信制度的建立不仅简化了授信方对农户的重复甄别，而且能大大提高受信人（农户）的还款意愿，形成良好的自动履约机制。一方面，对于个人信用数据，所有授信方都可以反复使用，信息成本低廉，大大降低交易双方信息的不对称，成为农户和金融机构之间进行公平交易的保障；另一方面，个人征信制度还通过特有的外部效应，如受到社会的排斥、使失信者未来交易成本上升等，对人们形成刚性约束。具体而言，当农户的信用信息成为所有金融机构、企业等共享资源时，农户的行为受到了整个社会的监督而不是某个授信人的监督，农户从与单个金融机构（如农村信用合作社）的还款博弈变为与整个金融机构甚至整个社会的还款博弈，此时农户必然会与信用社走向合作博弈。

但是个人征信制度在中国刚刚起步，该制度的建立和完善是一个系统工程和长期工程，而且必须花费高昂的成本，这一成本由谁支付成为该制度如何实施的关键。此外，征信过程中的个人隐私保护、征信运作模式的选择、征信的法律规范等，都是需要进一步研究的课题。

本 章 小 结

如何降低交易成本是决定我国农户正式融资制度效率能否提高的关键。孟

加拉国的小额信贷制度和中国山西省龙水头扶贫基金的成功在某种意义上就是降低交易费用的成功。借鉴以上两种融资制度模式,并结合新制度经济学和契约经济学的相关理论成果,本书认为,提高农户与信用社的交易频率、利用农户的社会声誉建立农户的自动履约机制、建立个人信用征信制度是降低交易成本、提高农户融资制度效率的有效手段。

第6章
中国农户金融信用度的实证研究

要将农户纳入征信的范畴，建立专门针对农户的征信制度，首先必须对农户的金融信用度有一个较为准确的把握。影响农户金融信用度的因素包括信用意愿和信用能力。中国农户的金融信用度究竟如何？其信用水平的高低受哪些因素的影响？本章选取中国中部农业大省——湖北省为调研区域，获取了561个农户数据，运用 Logistic 模型测算了农户的金融信用度，并分析了其影响因素，最后得出了若干政策启示。

6.1　研究背景与问题的提出

长期以来，农户金融信用度的高低在学术界一直存在争论。一种观点认为，农户是很讲信用的，其信用度甚至高于富裕人群，这种观点以杜晓山等为代表（庹泓和杜晓山，2003），该论断在现实中亦可找到鲜活的证据，国内如经济学家茅于轼在山西省创办的龙水头扶贫基金会，国外如由孟加拉国发端的专门针对低收入阶层的小额信贷。而另一种观点则认为，农户属于低收入人群，这类人群在信贷活动中没有可供抵押的资产，游离于"抵押"这一制度约束之外，因此必然是不守信用的，如农村信用社大量不良贷款的形成，农村私人借贷中大量纠纷的客观存在，以及农民离开原来的社区后大量不讲信用现象的出现（温铁军，2001；王曙光，2008）。事实上，第一种观点中所指的信用是将农户的"资信"排除在外的信用度，既包括借贷期限终了时的还贷意愿，也包括还贷能力，即守信意愿与守信能力，但主要侧重于守信意愿；第二种观点主要是从农户的资信出发来演绎出农户的信用度的，即农户的信用能力。那么农户对正规金融机构的综合信用度（守信意愿与守信能力）究竟如何？国内这方面的研究文献并不多见，且这些有限的文献尚没有进一步探讨影响农户信用度的主要因素，也没有将农户的信用意愿与信用能力区分开来；实践中除了少数专门的小额信贷机构试点外，也缺乏普遍意义上的事实支撑[①]。

当前，在全面启动征信制度建设的大背景下，要将农户纳入征信的范畴，建立专门针对农户的征信制度，首先必须对农户的金融信用现状有一个较为准确的把握。进一步，了解农户征信意愿、提高农户征信意识，亦是不能回避的重要课题。只有这样，决策者才能理清政策制定的前提条件，廓清政策制定思路，进而制定出符合农村和农民实际的征信制度。鉴于此，本书的研究内容与目的是：通过实证材料，分析农户的金融信用度及其影响因素，为相关决策部门提供参考。

本章的贡献主要表现在：第一，专门针对在正规金融机构贷过款的农户，通过较大样本的农户调查，实际测算了农户的金融信用度，结论显示农户的金融信用度不容乐观。本章所测算的金融信用度是一个综合指标，这一工作不仅对学界争论的焦点提供了新的证据，而且将农户金融信用的分析进一步细化，为以后的同类研究提供了新的思路。第二，将影响农户金融信用的因素细分为两个（信用意愿和信用能力），并找出了影响农户金融信用意愿和信用能力的主要因素。研究发现，农户的信用意愿和信用能力均对信用度有着重要影响。这一结果对当前正在进行的征信制度设计无疑具有较大的启发意义。

基于以上研究目的，本章的其余部分安排如下：第 2 部分，文献评述，主要从信用评价方法、征信制度两方面进行述评；第 3 部分，交代本研究部分的调查方法与数据来源，介绍调查样本总体情况；第 4 部分，对农户的信用度进行实证分析与讨论，阐述其经济学意义；第 5 部分，针对分析结果提出简短的政策建议。

6.2 文献评述

6.2.1 国外关于信用评价与征信制度的研究

国外对于个人金融信用度的定量研究起步较早，至今已经推出了一些成熟的计量模型，并广泛运用于金融机构。20 世纪 30 年代，美国率先使用数字的评分系统来克服信用分析员在信贷决策中标准不一致的问题；第二次世界大战后，一些学者开始将信贷决策的自动化与统计学中的分类技术相结合，来开发在信贷决策中利用统计模型的好处；20 世纪 60 年代末银行卡的诞生，使信用评价的实用性进一步得到认可（托马斯等，2006）。20 世纪 70 年代以来，随着金融创新的不断深化，又涌现出了较多的信用评价模型。其中，传统的模型有专家系统模型与贷款评级分级模型、信用评分模型及其拓展后的非线性区别模型与神经网络分析系统；新模型有期限结构模型、死亡率模型、RAROC 模型、KMV 模型、Credit-VaR 模型、Risk$^+$ 模型等。从以上模型的演进可以看出，对借款人的信用评估由主观定性模型逐渐向定量模型不断发展，模型的精确性不断加强；模型的构建从缺乏理论基础到建立在坚实的金融理论基础之上并充分运用借款人的信息资料（马九杰，2001；约瑟·A. 罗培斯等，2002；龚朴和何旭彪，2005）。

征信制度的基础理论研究亦主要为西方国家的学者所主导，学者们对于征信的制度研究滞后于各国的实践。早期（主要是 1993 年以前）将"征信"上升到理论研究的文献十分鲜见（玛格里特，2004），仅仅围绕该问题进行了一些零散分析，典型的如图里奥·雅派利、乔治·帕迪亚等主要围绕征信过程中信贷市场上的信息共享问题作了若干研究，包括信息共享的条件、效用、种类等，但对于信息共享的种类和机制则无一致结论。另外，对征信的实证研究亦极其有限（玛格里特，2004），这些有限的研究主要集中于分析信用评分工具的预测能力，如钱德勒和帕克（1989）、钱德勒和约翰逊（1992）、卡尔贝格和尤戴尔（2002）的研究。这些研究证明：使用信用报告中的数据（尤其是正面信息）后，信用评分的预测能力大大增强。此外，一些学者（雅派利和帕格诺，2001；加林多和米勒，2001）就征信对整体经济的影响进行了实证研究，研究表明，信息共享与征信制度促成了较高水平的贷款和较低水平的违约率，私人和公共征信系统均能发挥相同的功能，但两者之间是互补还是替代关系尚无定论。

近期对征信制度的研究以世界银行 1999～2003 年的跨国（不包括中国）研究为代表，该研究补充并扩展了已有领域，系统研究了以下几个问题：第一，深入分析了世界 80 多个国家征信业的制度安排，特别是关于公共征信系统（PCR）的研究。研究发现，世界各地的公共征信系统在制度安排、收集数据的类型以及分配信用数据的典型政策方面，有共同的基本框架，但在某些方面也存在一些显著的差异（如信息的具体内容、发送与披露信息的规则等），这些差异进而使公共征信系统在金融部门中所起的作用亦不相同。此外，各国对征信系统数据的最低贷款额以及采集何种信息也存在很大差异。公共征信系统容易出现在债权额内权益相对保护程度不高以及法律体系来自于法国民法典的国家。第二，采用理论与实证相结合的方法，证明了征信数据在金融体系中的重要作用。研究发现，信用信息交换不仅能显著地提高放贷机构评估借款人质量的能力，具有显著的增值价值，而且通过确定借款人的信誉，解决了市场信赖的问题，这一结论既适用于发达国家，也适用于发展中国家。第三，分析了政府政策对征信的影响。通过对美国、澳大利亚等国的经验研究表明，只对负面信息征信的国家，以及部门征信局占主导地位、个人信用信息不共享的国家，个人信贷的可得性较差。在限制性征信信息的国家，借贷成本较高；在缺乏全面征信体系的国家，随着人均信贷供给量的增长，其价格曲线的倾斜度更大。至于限制信用历史的存储、限制全面征信所带来的负面效应还没有得到进一步的实证。较新的文献（Jentzsch，2006；2007）在研究内容上暂无实质突破，主要以单个国家为例分析了征信制度对经济的影响、征信的基本规则等。

6.2.2 国内对信用评判方法与征信制度的研究

中国是一个非征信国家，征信制度建设起步较晚，其中个人征信始于1995年，以上海资信公司的成立为标志。囿于征信数据的缺乏，对个人（尤其是农户）信用度的评判方法与评判制度的建立也落后于西方征信国家。如前所述，农户金融信用度处于何种水平尚未达成共识，农户征信意愿也鲜有实证研究文献，因此对征信的理论研究相对薄弱。目前，学者们已在以下两方面达成共识：一是征信制度缺失以及由此而引起了信贷市场交易效率的低下；二是农户征信制度的缺失对已成为制约农户融资的瓶颈。学界对信用评判方法与征信制度的研究如下。

1）个人信用评判模型研究。中国于20世纪80年代在商业银行开始使用判断式信用评分，至今已涌现了许多模型，但这些模型主要运用于企业和城市居民。就农户信用评价模型来看，理论界主张使用两种方法：层次分析法和模糊数学方法（徐芳和王恒山，2006；王树娟、霍学喜和何学松，2005），两种方法选取的指标大同小异，在一定程度上能判断农户的信用状况，但对农户的数据挖掘仍显不够，模型中没有充分体现农户的"信度"。更为重要的是，学者们虽然构造了一些农户信用评价模型，但将其开发成应用软件的几乎是空白。此外，理论界除了将信用评分当成一项技术来研究外，还将其上升到了制度层面。认为信用评分不仅是一项技术，其背后还体现了一定的制度效力，因为个人信用评分不仅影响到购买这种产品的特定个体的利益，而且还会影响到一大批不特定群体的权益，在信用评分是私人企业提供的前提下，完全可能是按照企业自身的利益原则而研发形成的。正因为如此，信用评分必须制定特定的规范约束，如对信用评价主体的资格限制、评分过程的法律规范等（龙西安，2004）。

2）征信模式的选择、运作与制度配置。石晓军（2007）对征信制度的设计进行了较为全面的研究，认为"功能"是征信体系的灵魂，并提出了"功能导向的国家征信体系规划方法"，进而指出了四种主流功能模式（惩戒型、惩戒监管型、促进型、监管促进型），不同的模式有不同的典型制度配置。至于征信制度的运作，具有代表性的观点是：由于中国的征信体系建设尚处于起步阶段，因此应选择政府推动和市场需求拉动两种力量共同作用的运作模式，即由政府或其代理机构建立统一的信息库，提供基本的征信产品，同时将数据提供给信用中介公司，再由中介公司开发成信用产品以满足各类授信机构的需求（张亦春，2004；国务院发展研究中心课题组，2006）。

3）征信体系的维系制度与个人隐私保护问题。对于前一问题，姚明龙（2005）从信用维护的动力源角度给予了较完整的回答，他将信用维护的动力源归纳为四个方面：强制关系、利益交换关系、文化价值观和信息的完备性。同时他又指出，信用能否维持最终取决于当事人的利益得失，进一步说，维持一个良好的信用必须满足很多条件，如延长行为主体的商业生命周期、增加守信者的收益、降低社会贴现率等。至于后一问题，学者们基于个人信息的私有产权观，主要从法律角度提出了若干解决思路，如对征信机构、信息统计者、信息使用者进行法律规制等（裴平，2002；金雪军，2004）。

6.3 研究方法与数据来源

本书采用实地调查研究法、数理统计法对农户的金融信用度进行研究，调查时间为 2008 年 7~8 月。由于要考察农户的实际金融信用水平，因此本书针对近三年（2005 年、2006 年、2007 年）仅在正规金融机构获得过贷款的农户进行了问卷调查①。调查地点为湖北省的襄樊市、宜昌市、荆门市、荆州市、黄冈市、随州市、十堰市，共获得有效样本 561 个，样本具体分布如表 6-1 所示。

表 6-1　调查样本分布

项　目	襄樊	宜昌	荆州	荆门	黄冈	随州	十堰
样本个数/个	101	87	73	84	73	69	74
样本总数/个	561						

考虑到农户不仅在信用社获得过贷款，还在农业银行等其他金融机构进行借贷，但根据经验数据，在信用社贷款的比例一般不低于70%，因此本次调查的样本选择方法是：在当地农村信用社的协助下，在信贷档案中随机选择在

---

①　之所以选择近三年贷过款的农户，原因是农户在正规金融机构获得贷款的比例极小，如果只选择一个年份进行调查，样本将非常有限。问卷调查内容主要为农户从业类型、借款次数与金额、借款归还情况、贷款的交易成本、农户拥有的抵押品等。

信用社贷过款的农户 338 个，这类农户占总调查样本的 60.24%，剩下的 223 个样本通过入户走访、随机偶遇获得。

本次调查涉及农户的基本信息包括年龄、文化程度、从业类型、收入（表6-2）。其中："年龄"层次分为青年、中年、老年；对"文化程度"的界定标准是，"小学"指小学毕业或肄业，即凡在小学受过 1 年或以上教育的都包括在内，其余类推；"主要从业类型"指家庭经营主业，亦即家庭主要收入来源；对于农户的年收入，由于这一数据难以准确统计，大部分农户也不愿意如实回答，因此将问卷设计为"家庭年收入在当地所属水平"，分"低、中、高"三个层次。从表 6-2 可知，中青年农民是本次调查的主要对象，占90%以上，这与农村的基本现实相符；农户受教育程度良好，具有初中及以上学历的占79.2%，文盲贷款户仅有 6 个；农户的从业类型以种养殖为主，其次是商业、运输业、家庭加工业及手工业，这说明贷款农户的资金用途比较广泛，这一结论与已有研究基本吻合；农户的收入状况基本呈正态分布，在当地收入处于中等水平的农户占67.7%，低收入户和高收入户所占比例基本相当。

表 6-2　被调查农户基本信息

年　龄			文化程度			主要从业类型			家庭年收入在当地所属水平		
年龄层次	个数	占比/%	文化程度	个数	占比/%	从业种类	户数	占比/%	收入状况	户数	占比/%
青年　≤ 39 岁	203	36.2	文盲	6	1.1	种养殖	226	40.3	低	98	17.5
中年　40 ~ 60 岁	329	58.6	小学	111	19.8	商业	124	22.1	中	380	67.7
老年　≥ 60 岁	29	5.2	初中	281	50.1	运输业	86	15.3	高	83	14.8
			高中及以上	163	29.1	家庭加工业及手工业	82	14.6			
						其他	43	7.7			

6.4　实 证 分 析

6.4.1　农户金融信用及其影响因素

信用是一个具有宽泛意义的概念，本书所指的农户金融信用指农户借贷后的偿还情况，包括偿还意愿和偿还能力。理论上，影响农户偿还意愿的主要因素包括：①农户对信用价值的认同度。一般来说，农户的文化程度越高，对信用价值赋值越大,亦即越守信用。②农户守(违)约后的奖惩力度。奖惩力度越大,农户的偿还意愿越强。③贷款的交易成本。农户贷款的交易成本包括申请一笔贷款所花费的时间、精力等,如果金融机构存在隐性的设租,则农户还要额外支付一笔"人情费"。如果农户每笔贷款的交易成本很高,则农户倾向于通过违约来获得资金的周转权利,即还款意愿不强,反之则反是。④交易次数。农户借贷的次数越多,亦即与金融机构重复博弈的次数越多,那么农户还款的积极性越大。⑤农户的从业类型。不同从业类型的农户由于所处的环境不同,社会经济交往的对象不同,对信用的认识亦可能存在差异,因此这一因素会影响偿还意愿。影响农户偿还能力的因素包括:①农户的经营能力和收入水平。这一因素与农户的还款能力成正比。②农户拥有的抵押品价值。这一因素与农户能获得的实际收入不同,反映了农户经营失败后的保险偿还能力。③农村宏观经济环境。在农户经营能力一定的情况下,这一因素直接影响农户的收入水平。如农村税收政策、贷款利率政策、农产品价格政策等。

影响农户金融信用的各因素及其预期作用方向如表6-3所示。

表6-3　影响农户金融信用的因素及预期作用方向

因变量	影响因素		预期作用方向
金融信用	偿还意愿	(1)农户对信用价值的认同度	+
		(2)金融机构对守(失)信的奖惩力度	+
		(3)农户与金融机构的交易成本	+
		(4)农户与金融机构的交易次数	+
		(5)农户的从业类型	不确定
	偿还能力	(1)农户的经营能力与收入水平	+
		(2)农户拥有的抵押品价值	+
		(3)农户所面临的宏观经济环境	+

"+"代表影响因素与因变量同向变化

6.4.2　农户金融信用度的实证分析

6.4.2.1　农户金融信用度调查的总体情况

本次调查统计了农户借款到期后的归还情况,561个样本农户中有13名农户的贷款还未到期,不存在是否按期归还的情况。借款到期的548个农户中,已全部按时还完的有281户,占51.3%,余下267个农户均存在程度不等的违约现象，其中有 65 个农户虽然已经还完，但没有按时；有 160 个农户还未还完，而 42 个农户表示还没开始还（具体数据如表 6-4 所示），这说明农户的信用度不容乐观。问及违约原因，119 个农户是没有收入。

表 6-4 农户借钱到期后的归还情况

还款情况	户数	比例/%
已按时还完	281	51.3
还完了，但没有按时	65	11.9
按时还了一部分，还有一部分没有还完	160	29.2
还没开始还	42	7.7

注：有 13 名农户的借款还未到期，故总户数为 548 户

无力偿还，占违约农户的 44.6%；有 120 个农户虽然有能力偿还，但由于资金周转不畅，选择了策略性的违约；余下 28 个农户的违约原因在于缺乏守信意识。农户违约的原因及其户数分布情况如表 6-5 所示。

表 6-5 农户违约原因

违约原因	户数	比例/%
没有收入，还不起	119	44.6
没有强约束力，能不还就不还	15	5.6
没有催，拖延一下问题不大	13	4.9
资金周转不过来，还了再借困难（麻烦）	120	44.9

影响农户金融信用的基本因素前已述及。由于本次调查样本都取自湖北省，调查中发现，金融机构对农户违约的惩罚措施基本一致，均采用罚息、拒绝下次贷款的方式进行惩戒，对按期还款的农户没有非常显性的奖励措施，因此"奖惩力度"这一变量暂不考虑；"宏观经济环境"是影响农户收入水平的一大因素，出于同样考虑，这一因素亦无须纳入模型。因此，农户文化程度、借贷交易成本、交易次数、从业类型是影响农户信用意愿的三大因素；而收入水平、抵押品价值则是影响农户信用能力的另外两大因素。本书将以上 6 个变量纳入分析模型。

6.4.2.2 影响农户金融信用的 Logistic 模型分析

根据调查结果，本书将农户金融信用度分为两个层次：守信、不守信。其中，"守信"是指贷款全部按期归还；"不守信"包括两种情况：一种是还完但没有按时或部分已按时部分还未还完，另一种是贷款到期后还没开始还的情

况。农户的交易成本细分为两个：一是农户申请一笔贷款需要跑的次数，二是农户申请一笔贷款所需要花费的额外费用。由于农户贷款数量不等，因此问卷设计中要求农户大致估计每借贷1000元所支付的人情费、误工费等费用。其他自变量的定义与赋值如表6-6所示。

表6-6 各变量的定义与赋值

变 量	变量定义	变量赋值
因变量	信用度（Y）	守信 =2，不守信 =1
	文化程度 X_1	文盲 =1，小学 =2，初中 =3，高中及以上 =4
	收入水平 X_2	低 =1，中 =2，高 =3
	从业类型 X_3	农业（种养业）=1，非农业（家庭加工业及手工业、运输业、商业等）=2
自变量	交易成本1（申请一笔贷款需要跑的次数）X_4	高（3次以上）=1，低（小于等于3次）=2
	交易成本2（申请一笔贷款所花费的额外费用）X_5	高（300元以上）=1，低（小于等于300元）=2
	抵押品价值 X_6	无抵押品（抵押品价值为零）=1 抵押品价值少于2万元 =2 抵押品价值高于2万元 =3
	借贷次数 X_7	1次 =1，2次 =2，3次 =3，3次以上 =4

本文采用 Logistic 模型进行回归分析。模型的基本表达式为

$$Y = \beta_0 + \beta_1 X_1 + \beta_2 X_2 + \beta_3 X_3 + \beta_4 X_4 + \beta_5 X_5 + \beta_6 X_6 + \beta_7 X_7$$

式中，Y 为因变量，代表农户的信用度；β 为待估参数；$X_1 \sim X_7$ 的含义见表 6-6。

经检验，X_4 与 X_5 存在共线性，故剔除 X_5。模型最后回归结果如表6-7所示。

表6-7 模型最后回归结果

Variable	Coefficient	Std. Error	z-Statistic	Prob.
X_1	−0. 247 291	0. 128 938	−1. 917 905	0. 0551 *
X_2	0. 265 561	0. 180 103	1. 474 494	0. 140 3
X_3	0. 138 251	0. 064 785	2. 133 992	0. 032 8 **
X_4	0. 282 466	0. 298 525	0. 946 206	0. 344 0

Variable	Coefficient	Std. Error	z-Statistic	Prob.
X_6	0.681 059	0.120 242	5.664 067	0 ***
X_7	−0.018 135	0.091 038	−0.199 204	0.842 1
C	−0.546 815	0.304 243	−1.797 296	0.072 3

*** 代表在 1% 的水平下显著；** 代表在 5% 的水平下显著；* 代表在 10% 的水平下显著

从表 6-7 可以看出，在可能影响农户信用度的诸因素中，抵押品价值的多寡对农户金融信用的影响最大，且抵押品的价值越多，农户的还款能力就越强；农户的从业类型与农户信用度亦密切相关，从事非农生产的农户其还款情况优于从事传统种养业的农户，其信用度从高到低依次是运输业、商业、家庭加工业及手工业、种养业；农户的文化程度与其还款意愿呈反方向变动，即文化程度越高，逾期不还的可能性就越大，这一结果与预期相反。农户在当地所处的收入水平、借贷的交易成本、交易次数与农户信用度的关系并不显著①。

6.5　结论与征信制度设计指向

6.5.1　抵押品的有无及多寡仍是衡量农户金融信用度的重要指标

这一结果表明：①为防范风险，金融机构在授信时要求提供抵押品虽与农民的实际不符，但从金融机构的角度看则具有科学性，是金融机构理性选择的结果，这种保守的信贷文化之所以无法在短期内改变乃是基于客观现实。这也很好地解释了为什么最高决策层倡导对农户发放真正的信用贷款政策一再落空的原因。②该结果对正在推行的征信制度建设具有一定的启发意义，即在对农户征信过程中，应该十分重视农户已有的信用能力，而抵押品的价值这一指标应占相当的比重。

6.5.2　不同从业类型农户的还款能力存在差异

不同从业类型农户的还款能力存在差异，从整体上看，从事非农生产经营

---

①　农户的收入水平与农户信用度的关系并不显著似乎与前文对农户违约原因的统计结果相矛盾，其实不然。因为农户虽然年终有较高的收入，但是农户的现金流只集中在某一段时间，因此农户由于缺乏收入而无法按时偿还贷款其实指的是贷款到期时收入不足的情况。

的农户其还款能力较强。之所以如此，可能的解释是：非农业的资金周转速度较快，平均收益率较高，且大部分能提供一定的抵押品，因此这部分人群的还款能力较强。而从事传统种养业的农户生产周期一般较长，受自然灾害的影响大，出现逾期的可能性要大一些。这同时意味着农户的从业类型不仅要纳入征信的诸多指标之中，而且不同从业类型的群体其信用赋值应有较大差异。

6.5.3 农户受教育程度与其信用水平呈反方向变动

回归结果表明，农户的文化程度越高，其违约的可能性反而越大，这一结果与预期相反。一种可能的解释是：农户对自身信用的珍视与其对信用了解的程度并无直接联系，农户选择守信与否与其品格有关，但通过让农户接受更长时间的教育并不一定能提升诚实守信的品格。文化程度低的农户相反却有较高的信用水平这一事实，可能由于这部分农户的流动性较小，交易半径的有限性使得他们时刻处于传统信德文化的监督之中，这时守信便成为农户的理性选择。相反，文化程度高的农户则由于其流动性加大，在某些情况下游离于乡村社会特有的失信惩戒机制之外，因而机会主义的动机较强。这一结论暗示，在传统信德文化正面临挑战的客观现实面前，征信制度的设计显得尤为紧迫，而将农户的流动性、农村可能滋生新的信用伦理文化纳入征信制度设计的范畴，实现信息的异地共享更是必然选择。

本 章 小 结

农户的金融信用度不容乐观，抵押品、从业类型、户主受教育程度是影响其信用水平的主要因素。从 561 个调查样本来看，农户的金融信用度并不令人十分乐观。

1）抵押品的有无及多寡仍是衡量农户金融信用度的重要指标。这表明在对农户征信过程中，金融机构应该十分重视农户已有的信用能力，而抵押品的价值这一指标应占相当的比重。

2）不同从业类型农户的还款能力存在差异。从整体上看，从事非农生产经营的农户其还款能力较强，这可能与农业的生产周期及其脆弱性有关。

3）农户受教育程度与其信用水平呈反方向变动。可能的解释是：农户选择守信与否与其品格有关，但通过让农户接受更长时间的教育并不一定能提升诚实守信的品格。文化程度低的农户相反却有较高的信用水平这一事实，可能由于这部分农户的流动性较小，交易半径的有限性使得他们时刻处于传统信德文化的监督之中，这时守信便成为农户的理性选择。相反，文化程度高的农户则由于其流动性加大，在某些情况下游离于乡村社会特有的失信惩戒机制之外，因而机会主义的动机较强。这一结论暗示，在传统信德文化正面临挑战的客观现实面前，征信制度的设计显得尤为紧迫，而将农户的流动性、农村可能滋生新的信用伦理文化纳入征信制度设计的范畴，实现信息的异地共享更是必然选择。

第7章
农村信用社农户征信制度效率的
DEA 模型评价

农村信用社农户征信制度实施以来，其效率水平呈现出什么变化趋势？只有回答了这一问题，决策者才能理清政策制定的前提条件，廓清政策制定思路，进而制定出符合农村和农民实际的征信制度。基于这一认识，本章利用湖北省 54 个信用社的相关数据，运用数据包络分析法（DEA），从技术效率、纯技术效率、规模效率三个指标对两组样本信用社的征信制度效率进行了实际测评，并提出了若干政策建议。

7.1 问题的提出

中国是一个非征信国家，征信制度的建立较晚，真正意义上的征信仅有 10 余年的历史，个人（主要是城镇居民）征信则始于 2005 年，而以单个农户为征信对象的历史更短。1999 年至今，借助农户小额信贷在全国的推动，农户征信开始被提上议事日程，农户在信用社开始有了自己的信用记录，农户的借贷信息开始被正式利用，该信息价值也逐渐被体现，但这还不是真正意义上的征信。真正意义上的征信在农村全面展开是近三四年的事，由于实施时间较短，全国各地对农户征信的反响尚未形成一致意见（李俊丽和许玉晓，2007；常红军，2007），理论界和实践界普遍关心的问题是农户征信工作的难度和效果（任亚军，2007）。作为中部的农业大省和农民大省，湖北的农户征信与全国绝大多数省份一样，主要是借助信用社来进行的。据湖北省信用联社 2008 年的调研，自 2006 年开始正式进行农户征信以来，全省农村信用社的征信成果已初步显现，但信用社之间尚存在较大差异。那么各信用社的征信效率究竟如何？如何提高这一制度的执行效果？这是以后进行更加具体的征信制度设计首先必须回答的问题。由于各信用社的规模大小不同，征信投入不一，因此这一问题不能用简单的财务指标来说明和验证。基于这一原因，本书拟用数据包络分析法（DEA 模型）对湖北省农村信用社农户征信制度的效率予以测评，以期对相关政策的制定提供若干证据和思路。

本章的主要贡献在于：首次利用 DEA 模型对湖北省 54 个样本信用社征信制度效率进行了实际测评，并对结果进行了横向和纵向比较。本书将所得样本划分为两组，并从技术效率、纯技术效率和规模效率三个方面分别予以评价农户征信制度效率，初步推测其效率高低的原因。本书所得结论不仅使全省 54 个信用社的征信效率具有可比性，而且对实际决策部门制定信贷政策、引导各信用社根据自身情况进一步进行征信制度建设具有较大的应用价值，对其他同类研究亦具有一定的参考意义。当然，限于资料及篇幅限制，本书尚未对影响各信用社征信效率的原因进一步实证分析，这是后续研究的方向。

本章其余部分安排如下：第 2 部分，对征信制度效率的国内外相关文献进行简要评述；第 3 部分，对 DEA 模型简要介绍并说明本文选用该模型的原因，设计效率评价指标；第 4 部分，交待数据来源及处理方法；第 5 部分，进行实证分析，得出结论；第 6 部分是本章的基本结论、政策含义与不足之处。

7.2 文献回顾

国外没有直接研究征信制度效率的文献，即便是征信发达的国家，类似的研究也非常稀缺（米勒，2004）。与征信制度效率相关的研究主要是从以下两大方面进行：一是将征信制度分为公共、私营两种模式分别考察其在信贷市场中的作用。研究结果表明：无论是哪一种征信制度安排，均对矫正借贷双方信息不对称、缓解逆向选择和道德风险、降低借贷双方的交易成本、增加信贷交易量都发挥了重要作用（米勒，2004）。二是对征信数据在金融体系中的作用分国别进行了一系列的实证研究，得出了三个基本结论：征信制度可以促进金融和商业交易的达成；有助于银行监管者准确评估监管对象的信用风险状况；用于经济分析。具有代表性的文献如凯文·考恩和霍斯·德·格雷戈里奥利用智利私营征信公司的数据，检验了征信产品——信用报告对预测违约率的积极影响；亚尔·G. 卡尔博格和乔治·F. 尤戴尔利用美国邓白氏公司提供的数据进一步证明，征信过程中同时利用商业交易数据的预测能力要远远大于只利用财务报表数据的预测能力；迈克尔·法尔肯海姆和安德鲁·鲍威尔利用阿根廷中央银行公共征信系统中的数据，估测了该国商业银行的资本金和拨备要求，结果表明，阿根廷商业银行资本金的平均水平一般都高于中央银行制度的最严厉标准，这说明征信制度对商业银行而言可以作为一种有效的监管手段；此外，艾伦·N. 伯奇、莱奥罗·F. 克拉珀、玛格里特·米勒和乔治尤·F. 戴尔利用阿根廷中央银行公共征信系统中的数据，对企业规模与其往来银行类型之间的相关性进行了经济分析，证明了征信产品中信用报告对经济分析的作用。

由于中国的征信制度起步较晚，因此相关研究文献亦十分有限，远未形成完整的研究体系。学者们主要从征信的微观功能出发对这一制度的运行效果进行了零散探微，并指出了该制度运行过程中遇到的困难。较新的文献如张勇（2008）、许松涛等（2008）主要论述了个人征信制度在基层的运行效果，总体结论是：征信这一工作在基层被制度化后，正在成为影响信贷文化、信贷习惯的一个非常重要的因素，但由于征信在基层毕竟是一个新生事物，因此还面临着很多障碍，如信息的数量与质量、硬件设施的限制等。从宏观层面对征信制度进行研究的文献更加缺乏，有代表性的文献如王一兵（2005）以国内某企业数据为例，指出中国银行信贷登记系统的信用信息对授信决策、金融监管、宏观调控等具有很大的使用价值；石晓军（2008）基于国际经验和世界银行的调查数据，证明了公共征信体系能有效地服务于资本监管，这一结论与王一兵利用国内数据得出的观点相呼应。

从国内外研究内容可知，学者们对于征信制度的研究偏重于考察该制度的运行效果，而对于制度的实施成本注意不够。鉴于此，本书将征信制度的成本（投入）和收益（产出）结合起来，以新制度经济学为理论指导，运用数理模型，对征信制度的效率进行初步测评。

7.3 DEA 模型简介与评价指标设计

7.3.1 DEA 模型简介及指标说明

诺斯的制度效率理论认为，制度效率实际上是制度成本与制度收益的对比。农户征信制度成本即征信的投入，而收益则是征信的产出。由于征信制度的成本和收益都不止一个，是一个多投入多产出的问题，而 DEA 模型是解决这类问题的有效方法，因此本书采用该模型对农户征信制度的效率予以测评。DEA 分析方法是运筹学家 A. Charnes 和 W. W. Cooper 等于 1978 年提出的，是以相对效率概念为基础而发展起来的一种有效性评价的新方法。1985 年又与 B. Celany 等人合作，提出了专门用于技术有效性判别的 C^2GC^2 模型，该模型不仅可以正确地估计出有效生产边界，而且可对每个生产单元是否技术有效进行判断，并可以在此基础上计算其技术效率的大小。DEA 方法与其他统计方法在估计技术效率方面的优势主要表现在：在评价技术效率的同时，间接地给出了边界生产函数的表达形式，这就避开了在选择边界生产函数的具体形式和变量时，所遇到函数模型选择方面的问题及对随机变量分布假设选择的问题，并且在多投入和多产出时，能够以实物的形式来估计边界生产函数，从而避开价格体系不合理等非技术因素作用对边界生产函数的影响。这样，在此基础上所讨论的技术效率包容了投入、产出在水平方面和结构方面的技术效率（毛世平，1998）。常用的 DEA 模型主要有假设 DMU 生产规模报酬不变的 CCR 模型和假设 DMU 生产规模报酬可变的 BCC 模型。同时，DEA 分析法又可分为投入导向的 DEA 方法（即在一定产出水平下，衡量企业尽可能减少要素投入的能力）和产出导向的 DEA 方法（即在一定要素投入下，衡量企业尽可能增加产出的能力）。本书采用投入导向的 CCR 模型，具体如下：

$$
\begin{cases}
\min\left[\theta - \varepsilon(e^T s^- + e^T s^+)\right] \\
\text{s. t. } \sum_{j=1}^{n} \lambda_j x_j + s^- = \theta x_0 \\
\sum_{j=1}^{n} \lambda_j y_j - s^+ = y_0 \\
\lambda_j \geq 0, j = 1, \cdots, n; \quad s^- \geq 0, s^+ \geq 0
\end{cases}
\tag{7-1}
$$

式（7-1）中，x_0、y_0 为当前被评价单位的投入、产出指标值；λ_j 为各单位组合系数；ε 为非阿基米得无穷小量，实际应用中常取 ε 为极小的正数，如 10^{-6}；e^T 为单位行向量；在实际应用中，θ、s^-、s^+ 常用做效益评价的主要指标，θ 为效率评价指数，s^-、s^+ 为松弛变量。

通过线性规划式（7-1）计算出来 θ 值是决策单元 DMU 总体有效性的绩效值，隐含着 DMU 规模报酬是固定的假设，但这一假设相当严格，有许多因素都可能导致某个 DMU 不能在这种假设下运行。因此，在固定规模报酬（CRS）的基础上，Banker 等（1984）提出了 CCR 模型的改进方案，即 BCC 模型。改进方案中考虑了可变规模报酬（VRS）的情况，通过在 CCR 模型中增加一个凸性假设 $\sum_{i=1}^{n} \lambda_i = 1$，即可得到 VRS 模式下的 BCC 模型，即

$$
\begin{cases}
\min\left[\theta - \varepsilon(e^T s^- + e^T s^+)\right] \\
\text{s. t. } \sum_{j=1}^{n} \lambda_j x_j + s^- = \theta x_0 \\
\sum_{j=1}^{n} \lambda_j y_j - s^+ = y_0 \\
\sum_{i=1}^{n} \lambda_i = 1 \\
\lambda_j \geq 0, j = 1, \cdots, n \\
s^- \geq 0, s^+ \geq 0
\end{cases}
\tag{7-2}
$$

该模型计算得到的效率是纯技术效率（简称 PTE）。利用 CCR 和 BCC 模型可以分别计算出各地区的技术效率（TE）和纯技术效率（PTE），两者相除即可得出各地区的规模效率（SE），即 SE = TE/PTE。根据这些指标，我们就可以对各地区农户征信制度效率作出总体评价。

7.3.2 征信投入和产出的指标设计

投入产出指标的选择是 DEA 分析中最为重要的一个内容，指标选择不同，得出的结论也会不同。国外对金融机构投入、产出指标的选择主要有生产法、中介法、资产法、用户成本法、价值附加值法等。考虑到征信机构的中介职能是其最重要的职能，本书采用中介法和生产法来选取投入产出指标。征信机构负责收集农户的个人信息必然要投入人力、财力和物力，针对农村信用社在农村开展的征信，本书选取的投入为征信人员调查费用投入、网络建设费用投入和征信人员数投入，征信机构最终要达到的目的是扩大信用评级被授信的农户数、增加按时还款的农户数和减少农户贷款所花费的时间，因此本书将其作为征信的产出，具体如表 7-1 所示。

表 7-1　投入产出指标设计

指标名称	投　　入			产　　出		
	征信人员数	征信人员工资总额	征信网络建设费	按时还款农户数	发放贷款证农户数	贷到一笔款花费的时间

7.4　数据来源及处理

湖北省共有 95 家农村信用联社，2006 年开始在全省全面进行征信制度建设，本书对 95 家信用联社均进行了问卷调查①。由于有些信用社在 2006 年几乎没有征信投入，因此剔除这些样本后，共获得 54 个有效评价单元。由于湖北省各信用联社征信建设信息化程度不一样，为了更合理地对各个地区农户征信制度效率进行比较，本书依据每个信贷员 2006 年平均征信网络费用的多少，进一步将 54 个样本划分为两组：第一组为征信投入多的地区。根据调查获得的有效样本数，本书以信贷员人均征信费用 900 元为分界线，大于等于 900 元的划在第一组，共 28 个；第二组为征信投入相对较少的地区，即信贷员人均

---

① 问卷涉及的内容为湖北省农村信用社 2006～2008 年征信的货币化投入与产出，具体指标如表 7-2 所示。

征信费用少于900元的信用社，共26个。

根据应用DEA方法的一般经验，被评价的生产单元数不少于评价指标数的两倍，这样才能使DEA方法得到更有效的使用，本书选取的评价指标共6个，因此数据满足这一要求。调查具体内容及数据说明如表7-2所示。

表7-2　湖北省农村信用社征信投入与产出（2006～2008年）

征信投入			征信产出		
信贷人员数/个	信贷人员工资总额/元	征信网络建设费/元	按时还款农户数/个	发放贷款证农户数/个	贷到一笔款花费的时间/小时
专门负责农户借贷的信贷人员数	信用社每年发给信贷员的工资及福利	购置计算机、网络建设及网络管理人员工资	每年贷款到期后能按时还款的农户数	信用社发放给农户的贷款证	申请、审批、获得贷款的时间（具体处理见下文）

需要指出的是，对于"贷到一笔款花费的时间"这一指标，农户每笔贷款花费的时间是越少越好，因此本书必须对其进行正向化处理后再参与计算。因调查样本县市每笔贷款均小于3小时，因此用3减去实际的数值，将所得到的差代入模型计算。

7.5　实证分析

如前所述，技术效率可以分解为纯技术效率和规模效率，本文将农户征信制度进行同样分解。运用Deap2.1软件对调查数据进行分析，结果如下。

7.5.1　农户征信制度技术效率

由固定规模报酬下CCR模型计算的技术效率是技术与规模的综合效率，表示农户征信在最大产出下的最小要素投入的成本，可以由此衡量在投入导向下农户征信是否有投入要素的浪费。从表7-3可知，第一组样本中，28个县（市）农户征信制度技术效率呈逐年下降趋势，2006年平均技术效率值为0.718，到2008年已下降至0.707，而且处于技术效率前沿面的县（市）数亦呈现下降趋势，从11个下降到5个；三年均能同时实现技术有效的县市仅咸丰县、远安县、武当山、南漳县、阳新县、五峰县。第二组样本中，26个县（市）平均技术效率亦不高，三年中处于效率前沿面的县市只有秭归县、大悟县、利川县、浠水县。结合湖北省农户征信建设的实际，可以粗略地分析导致技术效率不高的原因。湖北省信用联社开展的农户征信体系的建设从 2006 年开始，正处于征信的起步阶段，前期投入费用比较大，再加上农村信息化程度落后，部分地区偏远，信息收集困难，必然带来征信效率的不高。

表 7-3 2006~2008 年两类地区信用社农户征信制度技术效率

第一组	2006 年	2007 年	2008 年	第二组	2006 年	2007 年	2008 年
竹溪县	0.505	0.426	0.567	石首市	0.607	0.590	0.516
咸丰县	1.000	1.000	1.000	大冶市	0.542	0.667	0.488
嘉鱼县	0.483	0.392	0.443	谷城县	0.663	0.642	0.644
丹江口	0.953	0.811	0.771	仙桃市	0.388	0.948	1.000
当阳市	0.819	0.592	0.647	通山县	0.294	0.731	0.853
宣恩县	0.980	0.748	0.812	枣阳市	0.335	0.412	0.378
郧县	1.000	0.979	0.963	洪湖市	0.538	0.692	0.605
通城县	0.427	0.484	0.452	枝江市	0.537	0.541	0.694
赤壁市	0.316	0.328	0.370	恩施市	0.526	0.560	0.736
崇阳县	0.314	0.300	0.296	秭归县	1.000	1.000	1.000
潜江市	0.293	0.457	0.343	团风县	0.893	1.000	1.000
兴山县	1.000	0.984	0.793	安陆市	1.000	0.982	1.000
应城市	0.458	0.466	0.455	大悟县	1.000	1.000	1.000
宜城市	0.348	1.000	0.760	公安县	0.543	0.484	0.495
广水市	0.692	0.692	0.666	沙洋市	0.848	0.653	0.547
远安县	1.000	1.000	1.000	钟祥市	0.358	0.171	0.158
竹山县	0.731	0.731	0.676	京山县	0.372	0.460	0.483
老河口	1.000	1.000	0.734	黄梅县	0.575	0.669	0.802
武当山	1.000	1.000	1.000	长阳县	0.960	0.681	0.518
松滋市	0.580	0.580	0.825	利川市	1.000	1.000	1.000
监利县	0.648	0.648	0.917	宜都市	1.000	0.634	0.580
保康县	0.862	0.862	0.596	红安县	0.639	0.591	0.550
南漳县	1.000	1.000	1.000	蕲春县	0.713	0.622	0.641
阳新县	1.000	1.000	1.000	浠水县	1.000	1.000	1.000
随州市	0.296	0.296	0.270	武穴市	1.000	1.000	0.772
五峰县	1.000	1.000	1.000	麻城市	0.543	0.484	0.495
房县	0.601	0.601	0.550				
郧西县	0.692	0.692	0.666				
28 个县（市）平均	0.718	0.730	0.707	26 个县（市）平均	0.705	0.712	0.710
标准差	0.270	0.251	0.238	标准差	0.250	0.227	0.235
有效率的县市	9	8	6	有效率的县市	7	6	6

7.5.2 农户征信制度纯技术效率

由可变规模报酬下 BCC 模型计算出的纯技术效率表示在同一规模的最大产出下最小的要素投入成本，该指标可以衡量在投入导向下农户征信的技术无效率到底有多少是由于纯粹技术无效率所造成的。纯技术效率侧重于反映相关制度运行的效率和管理水平。由表 7-4 可以看出，第一组样本中，28 个县（市）农户征信制度的平均纯技术效率呈上升趋势，说明其管理水平是逐渐提高的。各年实现纯技术效率有效的县（市）均在半数以上，但三年内均能保持有效的是咸丰、潜江、远安、竹山、武当山、松滋、监利、南漳、阳新、五峰、郧西 11 个县（市），仅占总体的 39.3%，这同时也表明各地区纯技术效率并不稳定，变动较大。第二组样本中，26 个县（市）的纯技术效率平均值呈现下降趋势，说明其管理水平是不断下降的。三年均在效率前沿面的只有秭归县、团凤县、安陆市、大悟县、利川市、浠水县，仅占总体的 23.1%。

表 7-4　2006～2008 年两类地区信用社农户征信制度纯技术效率

第一组	2006 年	2007 年	2008 年	第二组	2006 年	2007 年	2008 年
竹溪县	0.523	0.638	0.756	石首市	0.613	0.628	0.528
咸丰县	1.000	1.000	1.000	大冶市	0.610	0.707	0.501
嘉鱼县	0.553	0.426	0.492	谷城县	0.676	0.676	0.648
丹江口	1.000	1.000	0.802	仙桃市	0.490	0.951	1.000
当阳市	0.829	1.000	0.915	通山县	0.331	0.838	0.997
宣恩县	1.000	0.841	1.000	枣阳市	0.434	0.413	0.380
郧县	1.000	1.000	0.968	洪湖市	0.607	0.744	0.619
通城县	0.447	0.522	0.559	枝江市	0.537	0.581	0.739
赤壁市	0.337	0.334	0.387	恩施市	1.000	0.566	0.790
崇阳县	0.314	0.328	0.375	秭归县	1.000	1.000	1.000
潜江市	1.000	1.000	1.000	团凤县	1.000	1.000	1.000
兴山县	1.000	1.000	0.854	安陆市	1.000	1.000	1.000
应城市	0.465	0.489	0.682	大悟县	1.000	1.000	1.000
宜城市	0.489	1.000	1.000	公安县	0.591	0.579	0.571
广水市	0.771	0.925	1.000	沙洋市	0.945	0.761	0.679
远安县	1.000	1.000	1.000	钟祥市	0.396	0.389	0.358
竹山县	1.000	1.000	1.000	京山县	0.512	0.560	0.557
老河口	0.923	1.000	0.776	黄梅县	0.582	0.677	0.808
武当山	1.000	1.000	1.000	长阳县	0.984	0.708	0.527

第一组	2006 年	2007 年	2008 年	第二组	2006 年	2007 年	2008 年
松滋市	1.000	1.000	1.000	利川市	1.000	1.000	1.000
监利县	1.000	1.000	1.000	宜都市	1.000	0.658	0.581
保康县	0.626	0.862	0.629	红安县	1.000	0.996	0.825
南漳县	1.000	1.000	1.000	蕲春县	0.797	0.923	0.818
阳新县	1.000	1.000	1.000	浠水县	1.000	1.000	1.000
随州市	1.000	1.000	0.503	武穴市	1.000	1.000	0.882
五峰县	1.000	1.000	1.000	麻城市	1.000	0.855	1.000
房县	1.000	0.648	0.615				
郧西县	1.000	1.000	1.000				
28 个县（市）平均	0.831	0.858	0.833	26 个县（市）平均	0.773	0.777	0.762
标准差	0.245	0.232	0.215	标准差	0.241	0.198	0.217
有效率的县（市）	17	18	14	有效率的县（市）	11	7	8

7.5.3　农户征信制度规模效率

　　规模效率表示农户征信投入资源在最大产出下技术效率生产边界的投入量与最优规模下的投入量的比值，可以由此衡量在投入导向下农户征信投入资源是否处于最优规模。由表7-5可知，两组样本中，各县（市）农户征信的总体规模效率比较稳定，每年平均规模效率相对纯技术效率比较高，这说明2006～2008年两类地区农户征信制度技术效率不高是由管理效率的不高引起的。规模报酬递减的信用社个数逐渐增多，到2008年，有53.6%的县（市）处于规模报酬递减区域，这说明经过几年的建设，征信投入的规模已经超过了现有的技术条件下的最优规模。第二组样本中，每年有超过50%的县（市）处于规模报酬递增区域，这说明加大这些地区的征信投入能取得更大的规模收益。

表 7-5　2006～2008 年两类地区信用社农户征信制度规模效率

第一组	2006 年		2007 年		2008 年		第二组	2006 年		2007 年		2008 年	
	规模效率	规模报酬	规模效率	规模报酬	规模效率	规模报酬		规模效率	规模报酬	规模效率	规模报酬	规模效率	规模报酬
竹溪县	0.966	drs	0.824	drs	0.750	drs	石首市	0.990	irs	0.940	irs	0.977	irs
咸丰县	1.000	—	1.000	—	1.000	—	大冶市	0.890	irs	0.943	irs	0.975	irs
嘉鱼县	0.873	drs	0.922	irs	0.900	irs	谷城县	0.981	irs	0.949	drs	0.994	irs

第一组	2006 年		2007 年		2008 年		第二组	2006 年		2007 年		2008 年	
	规模效率	规模报酬	规模效率	规模报酬	规模效率	规模报酬		规模效率	规模报酬	规模效率	规模报酬	规模效率	规模报酬
丹江口	0.953	drs	0.811	drs	0.960	drs	仙桃市	0.793	drs	0.997	drs	1.000	—
当阳市	0.988	drs	0.592	drs	0.707	drs	通山县	0.890	irs	0.872	irs	0.856	irs
宣恩县	0.980	drs	0.889	drs	0.812	drs	枣阳市	0.771	drs	1.000	—	0.995	drs
郧县	1.000	—	0.979	drs	0.995	drs	洪湖市	0.887	irs	0.930	irs	0.978	irs
通城县	0.953	irs	0.927	irs	0.808	irs	枝江市	0.999	irs	0.931	irs	0.939	irs
赤壁市	0.936	irs	0.982	irs	0.956	irs	恩施市	0.526	drs	0.990	irs	0.931	irs
崇阳县	1.000	—	0.915	irs	0.788	irs	秭归县	1.000	—	1.000	—	1.000	—
潜江市	0.293	drs	0.457	drs	0.343	drs	团风县	0.893	irs	1.000	—	1.000	—
兴山县	1.000	—	0.984	drs	0.929	drs	安陆市	1.000	—	0.982	drs	1.000	—
应城市	0.985	drs	0.953	drs	0.667	drs	大悟县	1.000	—	1.000	—	1.000	—
宜城市	0.711	irs	1.000	—	0.76	irs	公安县	0.919	irs	0.835	irs	0.868	irs
广水市	0.717	drs	0.748	drs	0.666	drs	沙洋市	0.897	irs	0.858	irs	0.806	irs
远安县	1.000	—	1.000	—	1.000	—	钟祥市	0.903	irs	0.438	irs	0.441	irs
竹山县	0.993	drs	0.731	drs	0.676	drs	京山县	0.728	irs	0.822	irs	0.867	irs
老河口	0.891	irs	1.000	—	0.945	irs	黄梅县	0.987	drs	0.989	drs	0.992	drs
武当山	1.000	—	1.000	—	1.000	—	长阳县	0.976	irs	0.963	irs	0.982	irs
松滋市	0.609	drs	0.580	drs	0.825	drs	利川市	1.000	—	1.000	—	1.000	—
监利县	0.398	drs	0.648	drs	0.917	drs	宜都市	1.000	—	0.964	drs	0.999	drs
保康县	0.910	irs	1.000	—	0.948	irs	红安县	0.639	irs	0.594	irs	0.667	irs
南漳县	1.000	—	1.000	—	1.000	—	蕲春县	0.894	irs	0.674	irs	0.783	irs
阳新县	1.000	—	1.000	—	1.000	—	浠水县	1.000	—	1.000	—	1.000	—
随州市	0.287	drs	0.296	drs	0.536	drs	武穴市	1.000	—	1.000	—	0.875	irs
五峰县	1.000	—	1.000	—	1.000	—	麻城市	1.000	—	0.913	irs	1.000	—
房县	1.000	—	0.927	drs	0.894	drs							
郧西县	0.988	drs	0.968	drs	0.892	drs							
28 个县（市）平均规模效率	0.873		0.862		0.846		26 个县（市）平均规模效率	0.906		0.907		0.920	
规模报酬递增个数	5		4		7		规模报酬递增个数	14		15		15	

第一组	2006 年		2007 年		2008 年		第二组	2006 年		2007 年		2008 年	
	规模效率	规模报酬	规模效率	规模报酬	规模效率	规模报酬		规模效率	规模报酬	规模效率	规模报酬	规模效率	规模报酬
规模报酬递减个数	13		15		15		规模报酬递减个数	4		4		3	
规模报酬不变个数	10		9		6		规模报酬不变个数	8		7		8	
标准差	0.218		0.189		0.163		标准差	0.124		0.140		0.130	

7.6 结论与讨论

7.6.1 基本结论与政策启示

从技术效率上看，两组地区资源配置效率都不容乐观，总体效率偏低，而且呈下降趋势；各地区效率存在一定差异。从表征管理的纯技术效率来看，第一组地区在管理上有效率的县（市）个数明显多于第二组地区；从规模效率来看，第一组地区处于规模收益递减的县（市）逐渐增多，第二组地区处于规模收益递增的个数较多，2006 年、2007 年、2008 年三年分别为 14 个、15 个、15 个。2006 年和 2008 年，第一组地区平均的规模效率要高于纯技术效率，但差异不明显；第二组地区三年的规模效率均明显高于纯技术效率，这说明管理效率不高是引起总体效率不高的原因。

以上结论暗含着如下政策启示：①从农村征信制度建设的长期来看，加大农户征信建设的投入是必要的，但绝不是资金的简单投入，必须有一套完整的机制来提高资金利用效率。从对农户规模效率的分析可知，对两组地区规模收益递增的地区，应加大投入，处于规模收益递减的地区应适当的减少投入，加强管理。因此，各信用社应根据自身实际情况，灵活选择不同的投入要素。②针对管理效率不高引起总体资源配置效率不高的原因，本书建议目前农户征信体系建设在由人民银行牵头的基础上，当地政府要积极配合，协调好各职能部门，同时在思想上要高度重视征信体系的建设，在条件允许的情况要尽快使其他金融机构、工、检、法都参与到这个体系中来，全方位地收集农户的信息，充分利用现有的资源。

7.6.2 讨论

本书认为，征信制度投入与产出的指标设计并不是唯一的，尤其在征信制度建设之初，投入指标的选择和量化给本研究带来了一定的难度。和全国一样，湖北省各县（市）信用社征信制度建设并不是由一个财务上独立于信用社的机构来进行，其大量的工作依托信用社的人力、物力、财力的投入，而这些投入中哪些是完全用于征信的，无法进行精确的划分，研究中无法剔除用做其他的投入，因此所得结论只能是对该制度效率的一个初步测算。

本 章 小 结

1）农户征信制度的技术效率较低。由固定规模报酬下 CCR 模型计算的技术效率是技术与规模的综合效率，表示农户征信在最大产出下的最小要素投入的成本，可以由此衡量在投入导向下农户征信是否有投入要素的浪费。DEA模型的研究结果表明：在所调查的两组样本中，第一组信用社的征信技术效率呈下降趋势，处于技术效率前沿面的县（市）数亦呈现下降趋势；第二组信用社平均征信技术效率比第一组稍低，处于技术效率前沿面的县（市）数亦少于第一组。可能的原因是湖北省农村信用社处于征信的起步阶段，前期投入费用比较大，再加上农村信息化程度落后，部分地区偏远，信息收集困难，因此导致其征信效率较低。

2）农户征信制度纯技术效率呈现出一定的波动性和差异性。由可变规模报酬下 BCC 模型计算出的纯技术效率表示在同一规模的最大产出下最小的要素投入成本，该指标可以衡量在投入导向下农户征信的技术无效率到底有多少是由纯粹技术无效率所造成的。纯技术效率侧重于反映相关制度运行的效率和管理水平。实证结果表明：第一组样本信用社征信制度的平均纯技术效率呈上升趋势，说明其管理水平是逐渐提高的，但地区纯技术效率并不稳定，变动较大；第二组样本信用社的纯技术效率平均值呈现下降趋势，说明其管理水平是不断下降的。

3）农户征信制度规模效率比较稳定，每年平均规模效率相对纯技术效率比较高。规模效率表示农户征信投入资源在最大产出下技术效率生产边界的投入量与最优规模下的投入量的比值，可以由此衡量在投入导向下农户征信投入资源是否处于最优规模。实证结果表明：两组样本中，各县（市）农户征信的总体规模效率比较稳定，每年平均规模效率相对纯技术效率比较高，这说明农户征信制度技术效率不高是由管理效率的不高引起的。第一组样本中，规模报酬递减的信用社个数逐渐增多的事实说明，经过几年的建设，征信投入的规模已经超过了现有的技术条件下的最优规模。第二组样本中，每年有超过50%的县（市）处于规模报酬递增区域，这说明加大这些地区的征信投入能取得更大的规模收益。

4）提高农户征信的管理效率是提升征信制度总体效率的关键。从本章计算的技术效率、纯技术效率、规模效率三个结果来看，管理效率不高是引起总体效率不高的主要原因，因此，对处于规模收益递减的地区应适当地减少投入，加强管理；地方政府要积极配合，协调好各职能部门，同时在思想上要高度重视征信体系的建设，在条件允许的情况要尽快使其他金融机构、公、检、法都参与到这个体系中来，全方位地收集农户的信息，充分利用现有的资源，提升总体征信制度效率。

第 8 章
农户征信与信息共享的理论与实证研究

信息共享是征信制度的重要组成部分之一。农户信用信息的产权应该如何界定？其共享的理论条件是什么？金融机构对征信的认知与信息共享的意愿如何？这是征信制度设计必须首先回答的问题，现有文献尚没有对此进行深入细致的实证研究。本章以产权理论为指导，以福利理论和效用函数为基本的分析框架，回答了农户信用信息的产权界定问题，并建立了信息共享的理论模型。此外，本章以中部农业大省——湖北省为调研区域，对 336 家农村信用社的征信与信息共享意愿进行了实证分析，并提出了若干政策建议。

8.1 农户信用信息的产权界定

8.1.1 产权原理回顾

关于产权的概念在理论界至今尚未达成统一的认识。人们经常在产权、所有权、经营权等概念上发生分歧，并创造出许多新概念。在罗马法中，财产权利即产权，就是指财产的所有权。科斯在《企业的性质》一文中提到，产权是对使用权的选择权，这种选择权具有排他性，这是现代西方产权理论形成的标志。马克思从"财产"或"所有制关系"来理解产权或产权关系，强调人与人之间建立在物的基础上的经济权利关系，认为产权只有在一定的人与人之间的关系中才会存在。阿尔钦认为，产权是一个社会所强制实施的选择一种经济物品的权利。德姆塞次认为，产权是指帮助一个人形成他与其他人进行交易的合理预期。张五常则认为（1989），私有产权包括私有的使用权、私有的收入享受权、自由的转让权。菲吕博顿的产权定义更接近于产权的本质（科斯 R 和阿尔钦 A，1991），他认为产权不是指人与物之间的关系，而是指由于物的存在及关于它们的使用所引起的人们之间相互认可的行为关系，产权安排确定了每个人相对于物时的行为规范，每个人都必须遵守与其他人之间的相互关系，或承担不遵守这种关系的成本。

综上所述，产权具有如下的特征：第一，产权是客观存在的财产权利；第二，产权不是一个而是一组权利，包括使用权、收益权和处分权，而且这些权利是可以分开的；第三，产权具有排他性，但产权的行使并非无限制；第四，产权可以在不同主体之间进行交换；第五，产权关系由法律确定，并受到法律的严格保护；第六，产权不仅仅是人与物的关系，而且体现了人与人之间的关系。基于此，我们在理解产权时，不仅仅从静态意义上把握产权，从财产的归属意义上理解产权，而且，更重要的是从动态意义上、从经济运行过程中对财产的支配、转让和收益获得等方面理解产权。

8.1.2 中国农户信用信息产权安排的现状

目前，农户的各种信息散落在政府部门、银行（包括农村信用社）、征信机构手中，他们拥有信息的所有、使用、收益、处分等权利。在知识经济社会，信用信息是一种稀缺的资源，拥有信息数量的多寡和质量决定着部门地位高低和权威的大小。因此，政府、公检法、税务、工商、海关以及各金融机构内部都设置有自己的信息库，由此造成大量数据系统的重复建设和信息的人为分割，信息使用效率也不高。在这样一种信用信息产权的混沌状态下，各方为攫取更多的信息租金，滥用个人信息、侵害居民隐私权的事情也就很容易发生了。

但中央银行作为全国征信系统的领导者和监管者，已经拥有了信用信息高度的所有权与支配权，各银行、征信机构的信用信息库都必须先进入央行数据库，需要使用时再从数据库调出。这一做法在中国建立征信制度的初级阶段还是可行的，在一定程度上实现了信用信息的共享，保证了社会征信制度框架的顺利进行，但还需尽快明确信用信息的产权归属、公开内容、范围，建立起信息共享与隐私权保护等制度，这是保证信用信息产品生产、分配、交换、消费有序进行的制度基础，是发挥各方面积极性、实现真正可持续性共享的基本条件。

8.1.3 农户信用信息的产权界定

8.1.3.1 产权界定的原则

在社会的信用交易活动中，由于信息不对称、道德风险等问题，导致信用交易成本过高已是不争的事实。为此农户信用信息的公开利用既符合农户的利益，也符合授信方的利益。而信用信息产权的明确能保障各方的利益，促成谈判费用的降低与交易的达成。实际上，产权的界定可以看做是一种通过谈判来建立起一组有关资源配置及资源配置结果分配的"社会契约"的过程，只要有关建立产权的谈判成本及产权的建立和运作成本小于产权的建立所带来的资源配置改善的收益，并且这种收益能够合理地分配于有关谈判各方，产权的建立就自然而然地作为谈判的结果而出现。因此作为有价值的无形财产的信用信息，其产权是赋予农户、征信机构还是政府，应取决于产权配置的效率。

8.1.3.2 产权主体的确定

产权界定中的各主体实际上是基本一致的，都包括农户、征信机构、政府部门等内容。这里有必要谈一下征信机构。目前中国实行的是公私并举的社会征信体制，即通过政府（中央银行）的引导，先建立政府各部门和金融系统参与的社会征信体系的框架，尔后鼓励私营资本的进入，建立起市场化运作的征信制度。

这三个主体中，农户应该作为信用信息的供给者和拥有者。无论是在信用信息的产权界定上，还是在社会征信体制中，农户都占据着最核心的位置。而政府和征信机构的角色是信用信息的需求方和实际占有者，它们可以在一定的授权范围内，搜集、使用、处分农户的信用信息。最后，它们都是信用信息共享的受益者，都有共享信用信息的积极性。

8.1.3.3 界定过程

信用信息最常见的表达是指企业和消费者个人在其社会活动中所产生的与信用行为有关的记录，以及有关评价其信用价值的各项信息。在学术界，黄凌、李岚以及《个人信用信息基础数据库管理暂行办法》均对信用信息作出过诠释，结合这些意见，笔者认为农户信用信息包括个人基本信息、个人财产信息、个人信用活动信息、个人社会活动信息四部分内容。其中，基本信息是指自然人身份识别信息、职业和居住地址等信息；财产信息是指个人所拥有的有形或无形的财产信息，包括房地产、有价证券、知识产权等；信用活动信息包括个人参与的买卖、投资、储蓄、借贷等信用交易；社会活动信息包括个人参与纳税、社会公益、社团组织活动以及个人违法乱纪行为的信息，这些是广义的信用信息。狭义信用信息是指个人的信用交易信息、履约和违约史等。

在信用信息的产权界定上，相关研究还很有限。结合广义上对农户信用信息的认识，我们注意到：个人基本信息和财产信息涉及更多的是个人的隐私，具有人生依附性、专属性的特征，并且在实际生活中个人基本信息与财产信息的外部性作用范围有限，往往只是作用在发生交易的双方。为此，结合我国《宪法》、《民法通则》中"国家鼓励和保护私有财产"的精神，将以上信息界定为私有产权是合理的。承认上述两种信息的产权为私有的同时，国家也要注意做到保护农户的隐私权益不受侵犯。只有这样，个人才会有公开、交换、使用信息的积极性，信息资源的配置效率才能提高，社会福利水平才能得到改善。

个人信用交易信息与社会活动信息的搜集和使用，国家往往要先为之进行大规模的投入，而且相关信息的使用更具有社会公共服务的色彩，外部效应也更大。为此，这两类信用信息归属公共物品更为可取，但是公共产权的运行往往是低效的，极易引起管理主体的缺位和免费搭便车的现象，因此明确这两类信息的国家最终所有和支配权至关重要，最终执行者应该是代表国家的央行及其分支机构。在信用信息的使用上，企业和个人也只能在合理的授权范围内进行。虽然赋予了这两种信息公有产权性质，但并没有排除信息主体正常地查询、更新、异议、署名等权利，当然前提是相关个人也应履行诚实告知、合理使用等义务。

8.1.4 信用信息产权界定的启示

从宏观上看，国家《征信管理条例》要尽快出台，明确央行在社会征信体系中的领导地位，同时要求政府其他部门要履行积极参与个人信用信息数据库建设的义务，在各方面之间建立起良好的利益协调机制；鼓励私营资本进入征信领域，分享它们掌握的个人信用信息，明确规定征信过程中信用信息征集的内容和使用范围，以及破坏规定的后果；在信用信息所有权缺位、无人管理的情况下，可以规定央行代表政府执行最后的所有者和处分者权利。同时可以考虑将信用信息纳入到知识产权法的保护范围，加快信用信息的商品化，保障信用信息所有者的权利不受侵犯。具体措施如下：

1) 农户作为信用信息的所有者，应明确规定其享有的权利范围，具体包括：自己使用和许可他人使用其信用信息，这是作为信息所有者最重要的权利；允许农户信用信息产权的依法转让；署名权，这是农户的专属权，不适宜转让等；允许农户拥有对信息的更正与异议权，以及权益受到侵害时的上诉权。同时要求农户履行诚实守信义务，保证信息提供的真实性、及时性、可靠性，允许信用信息合法地对外公开。

2) 中央银行要承担起责任，做好各部门之间的组织、协调工作，维持应有的权威；央行要贯彻好国家的政策，积极扶持私营征信部门的发展；大力发挥宣传的作用，对公民进行信用教育，强化公民的产权意识。政府部门要积极配合央行工作，通力合作，加大信用信息的开放力度，明晰信用信息的产权归属，提高信用信息共享的效率。

3）征信机构要和银行统一认识，积极执行国家的征信行业政策。加大投入，明确自己的权力和义务，努力改善信用服务水平，禁止侵害农户对信用信息的权益，为社会信用体系的建设营造一个良性发展的局面。

8.2 基于福利理论的农户信用信息共享实现条件

近年来农村信用市场交易条件恶化，资金供给不足是个严峻的事实，这严重制约了农村经济的发展，造成城乡差距逐渐扩大。长远来说，这不利于社会的稳定，既不公平也无效率，与党中央和谐社会的理念背道而驰。为此营造良好的农村信用环境，建立健全农村征信制度体系势在必行。农村征信制度体系建立关键先要解决农户信用信息共享的问题，而共享的难点就在于解决共享过程当中的激励问题。

8.2.1 信用信息共享的文献回顾

目前，中国征信行业发展滞后、市场规模偏小，经营效率不高，究其原因是多方面的；但是，较低的信用信息共享程度已经成为制约中国征信行业发展的主要障碍。目前国内外学者在信用信息共享方面所做的研究，大致集中在以下几方面：

1）信息共享的效用。对此国内外已经基本认同：信息共享能减少信息的不对称，带来交易成本的降低和市场效率的提高。Pagano 和 Japapelli 第一次给出了信息共享的严格体系，对征信如信用局也有论述。帕蒂利亚和帕格诺（1997）的研究中提到不信息共享带来的道德风险和逆向选择问题。雅派利和帕格诺（2002）的研究表明，信用信息共享与较高水平的贷款和较低的违约率相关。龙西安（2003）的研究也认为，信用信息的共享能弱化信息不对称的影响，起到降低交易成本，提高市场运行效率的作用。翟相娟（2008）认为信用信息是征信的基础，而规范的信用信息共享机制的建立才能有助于开放、透明、公平的社会信用体系的建立，进而降低信息搜索成本，缩短信息征集时间。

2）信息如何共享。帕蒂利亚和帕格诺的研究得出，共享时只有对正面和负面信息合理搭配，才有助于形成对受信者合理的约束，我国学者李幼平和刘仲英（2004）也在其论文中提到类似的观点。

3）信用信息共享过程中各主体权益的保护，比如私人信息的保护、信用信息相关的财产权益保护等。World bank（2004）、Mcliesh 和 Shleifer（2007）一致认为，信用信息所有者权益的保护程度与信用信息共享呈正相关性。这一点也引起了中国学者的关注：王建明（2004）提到目前我国公共信息分散化、条块分割严重，需要加快共享机制的立法，同时国家给予必要的政策和资金支持。李朝晖（2008）研究中谈到了个人金融信息共享与隐私权的保护的紧迫性，并从完善金融机构的守秘义务、增加金融机构违约责任、规定个人金融信息共享范围、方式提出了宝贵的建议。

4）信息的产权界定。市场经济环境下，信用信息作为一种稀缺资源，是一种有价的商品形式，为此明晰其产权就显得很重要。龙西安（2003）、张淑彩（2006）等人的研究表明，在信用经济条件下只有在界定信用信息的产权条件下，信用信息的共享才能成为可能。龙西安（2003）的研究尤其肯定了信用信息的私有产权性质，然后强调法律应对该项个人财产权进行保护。

5）产权是共享的关键一环，但各主体之间为什么有共享信用信息的需求呢？这实际是激励的问题。徐艺文（2006）在其研究中提到一个原则，授信方只有在共享收益大于共享带来的损失的前提下才存在着信息共享的积极性。张周（2003）在其博士论文也阐述了类似的观点。接下来在回顾湖北省农户信用信息共享情况的基础上，将从理论上探讨农户信用信息共享的实现条件，然后提出实现农户信用信息共享的政策建议。

8.2.2 湖北省农户信用信息共享情况

8.2.2.1 湖北省农户信用信息共享现状

湖北省个人信用信息系统于 2006 年正式开通，个人与金融机构的业务往来记录都以个人信用档案的形式存储在数据库中，个人信用档案成为银行放贷的必查项，信用不佳的客户今后贷款时，金融机构会提高贷款利率或减少贷款的额度。各商业银行定期向央行武汉分行上报数据，央行据此对数据库按月更新，该数据库只如实记录，并不进行任何评价，各商行根据央行提供的记录对申贷者进行资信评价，以决定是否放贷以及放贷额度。至 2008 年底，湖北省各银行性金融机构的个人信用信息已进入央行个人信用信息数据库，并已实现全国联网，该库收录近 700 万人的信用档案，且在全省央行的 13 分支机构开启了查询终端。目前该系统建设初见规模，银行间信息共享也初见成效，但也存在隐忧：湖北省征信由于起步较晚，行业规模偏小，信用信息市场信誉尚未形成，也没有专门针对农户开展征信服务的机构，目前农村信用社进行的农户信贷审查环节，离真正的征信还很远。现央行个人信用信息系统已纳入约7亿的个人信息量，其中城市居民个人的信用数据占据绝大部分，农村居民的信用数据收集面临既少又分散的尴尬局面。可以说，目前要实现湖北农户信用信息的共享难度还很大。

8.2.2.2　湖北省农户信用信息共享难以实现的原因

（1）制度供给不足

1）具有统一指导性的法律法规还未颁布。由于缺乏统一的指导性法律法规的支持，湖北省信用信息开放程度低，信用信息条块分割严重，征信机构难以获得准确的信用信息。尤其是大量的政府部门的信用信息与"国家安全"、"公共安全"等纠缠在一起，信用专业机构难以获得可以公开开放以及能够通过正规方式和渠道获得的信用信息。

2）政策体系的不完备，行业主管部门缺位。目前，社会征信行业的主管部门还比较模糊，中国人民银行、商务部、司法、工商等部门在相应的范围内制定了信用信息共享的政策文件，这些政策的出台，一定程度上推动了信用信息的开放与共享，但是从宏观管理角度看，这些政策相对分散，尚未结成一个完善的整体。从实际情况来看，信用信息开放更多的是限于一般号召，各主体缺乏积极性。

（2）信息租金广泛存在，系统重复建设率高

按照布坎南等人的观点，参与到社会经济当中的政府也是理性的"经济人"，存在投机行为。在信息社会里信息资源是稀缺且重要的，信息拥有上的数量和质量决定了各部门地位和部门收入分配。谁拥有优势的信息资源，谁就更具有话语权，至于政府的各个权力部门，尤其如此。政府部门为了攫取更多的信息租金，往往出现不经济的投资和重复建设。同时，政府各部门的责、权、利还没找到合适的平衡点时，往往会加强对信息公开的管制，造成大量的信息资源闲置、低水平利用。

（3）信用信息产权不分，所有人权益难以保障

农户信用信息大量分散在政府各部门，部门成为"天然的所有人"，然而信用信息被征集时，个人往往都没有获得相应知情权，事后涉及个人信息的使用上，哪怕是信息的本人也需要得到当局的准允并支付一定的费用。而且，关于居民个人信息中的隐私权利也未得到合理的保护。

8.2.2.3　农户信用信息共享实现条件的理论分析

信用信息共享的实现条件如何？徐艺文（2006）给予了一个重要提示，

授信方只在共享收益大于共享成本的前提下才存在着信息共享的积极性。本书引入福利、效用水平的概念，从理论上得出信用信息共享带来了各主体福利改善的结论。

（1）福利理论与效用函数

完备的信用信息产品市场可以对初始资源禀赋进行合理的安排，保证市场交易的顺畅，它们互惠互利，各取所需。在这一个近似完全竞争的市场环境下，带来了信用信息资源的优化配置，是一个提高各主体整体福利的帕累托改进，这时政府要做的就是如何规范和引导各主体的行为。这就是福利经济学的内容，也是共享激励实现的理论基础。

在引入模型之前，还有几点要说明：首先，需要认同农户信用信息一种稀缺的商品，而且表现形式多样化；其次，信息共享的主体实际上是无限的，而我们的研究当中，农户、政府机构、商业银行是我们关注的重点；最后，各主体信息共享前支出的成本或者说损失算作了沉没成本，我们不予考虑。

（2）MOP 模型的引入与应用

在实际生活中，人们会遇到让多个目标在给定区域上尽可能最优的问题，由于各个目标间存在相互博弈，且单独满足任意一个目标都无法使总目标达到最优，因此须在这些目标之间进行折中。这种多于一个目标在给定区域上的最优化问题一般就称为多目标最优化（MOP）。

国家层面上的目标在于追求社会整体福利最优的状态。因此我们不难得出这实际上是一个多目标竞合问题，其中农户目标是追求收益的最大化，政府机构目标在于提高执政效率、维护国家公共利益，而商业银行考虑的则是业务经营效益最大化。基于此，我们建立如下理论模型。

假定 1：一个完备的农户信用信息交易市场里有农户、政府机构、商业性银行等多方主体。

假定 2：农户、政府机构、商业性银行等主体之间各自的信息拥有量为 I_1、I_2、I_3、I_4…并假设 I_1、I_2、I_3、I_4…相互独立且互不重复。I 是信息总量，显然地 $I = I_1 + I_2 + I_3 + I_4 + \cdots$。

假定 3：信用信息的消费或者交易主体有 n 个，信用信息产品 m 种。

假定 4：$x_j = (x_{j1}, x_{j2}, x_{j3}, \cdots, x_{jm})' \in E^m$，是第 j 个主体对 m 种信息产品的消费量，$J = 1, 2, 3, 4, \cdots, n$。

令 $u_j(x^j)$ 是第 j 主体的效用函数，$j = 1, 2, 3, \cdots, n$。这里假设效用函数 $u_j(x^j)$ 满足：① $u_j(x^j)$ 是连续函数，并且具有连续的一阶和二阶偏导；② $u_j(x^j)$ 是严格凹函数；③ $u_j(x^j)$ 是严格的单调递增函数，即 $\dfrac{\partial u(x)}{\partial x} > 0$。

假定 5：a_m 为各消费者消费的信用信息产品比率，其中有 $a_1 + a_2 + a_3 + \cdots + a_m = 1$

$$(VP)\begin{cases} \max U\left\{\prod_{i=1}^{m} x_1^{\alpha_1} x_2^{\alpha_2} \cdots x_m^{\alpha_m}\right\} = U(X) \\ \text{s. t.} \sum_{j=1}^{n} x_i^j \leqslant I, i = 1,2,\cdots,m \\ x^j \geqslant 0, j = 1,\cdots,n \end{cases}$$

令 $R = \left\{(x^1, x^2, \cdots, x^n) \mid \sum_{j=1}^{n} x_i^j \leqslant I, i = 1,2,\cdots,m, x^j \geqslant 0, j = 1,2,\cdots,n\right\}$，是可行集。由于信用信息的充分共享会营造一个完备竞争的信用信息产品市场，在这样的市场环境下，资源的配置最优，社会的整体福利水平也是最高的，为此：继续假设 $X' \in R$，则不存在 $X \in R$，使得 $U(x') < U(x)$，此时称 $X' = (x'^1, x'^2, \cdots, x'^n)$ 是（VP）的有效解。将 MOP 帕累托解的全体集合记作 R^*。帕累托有效解的存在说明农户信用信息的共享是帕累托有效的，信息共享后社会福利会增加。

8.2.2.4　对策建议

（1）尽快为信息共享提供法律和制度保障

首先，必须明确信用信息的产权归属问题，立法上必须承认信息产权的可分割性、人身性、财产性，并保护归属私有的部分。其次，要加紧制定政府信息公开办法。再次，必须加紧制定征信行业的技术标准，便于提高其社会信用服务水平；通过完善立法，明确对公众隐私、商业秘密和国家安全的信息等的保护。在这方面可以借鉴美国《政府信息公开法》、《信息自由法》、《隐私权法》的一些主要做法，已经实行的《湖北省个人信用信息采集与应用管理办法（试行）》也要加紧完善。最后信用教育也应该引起政府的重视。

（2）建立各部门间信息共享和协调机制，打破信息部门封锁，遏制信用信息寻租现象的发生

可以考虑由央行武汉分行牵头，省级银行系统各单位参与，成立湖北省社会个人与企业信用信息管理指导（领导）小组，负责确定区域内信用管理体系建设中的组织协调与资金筹措工作，加强与省委、省政府各职能部门在个人信用信息方面的共享和协调，使社会信用体系更加全面和完整，强化省个人信用信息数据平台的建设，规范政府部门信息公开行为，这有利于改善信用信息部门分割的局面。此外，要鼓励政府各部门、信用监管机构不参与征信市场竞争，同时规范政府相关职能机构的投资行为，从规范征信服务、明确信用信息

产品的内容、鼓励综合征信服务等角度来制定对征信企业的管理办法，从源头上打击信息寻租行为。

（3）坚持公共运营与市场化两条腿走路

通过建立完善的农户信用信息的共享机制来促进信用信息资源优化配置时，不能简单地认为建立了公共征信或者私营征信某种模式就能解决信用信息共享的一切问题，尤其是要为公共征信系统把好脉、定好位，切不可用其来替代社会信用体系的制度建设，同时公营体制也不得干涉社会信用服务企业、组织和部门工作的开展。目前看来，在发挥公共征信系统引导作用的同时，要积极培育和鼓励市场化运作的征信企业的发展，尤其是引导、鼓励以采集湖北省发达农村地区信用信息和服务于这些地区性市场的征信公司发展，多快好省地提高农村征信服务水平、扩大市场容量、提升市场信誉度。

（4）加快制定征信行业技术标准

为加快信用信息共享的实现以及信用信息采集和处理效率的提高，政府有关部门可牵头，由相关行业协会出面协调各大征信公司共同制定征信行业的相关技术标准。这不但有利于征信行业的技术进步，还提高了其征信效率与信用服务水平。

8.3 农村信用社征信与信息共享的经验研究
——基于湖北省 336 家农村信用社的调查

8.3.1 研究背景与问题的提出

失信是中国当前信用制度建设中广为关注的话题，由失信所造成的经济损失早已是一个不争的事实。据商务部《中国外贸企业信用体系白皮书》发布的信息表明：2002 年，中国企业因为信用缺失而导致的直接和间接的经济损失高达 5855 亿元，相当于当年全国财政收入的 37%；中国每年因逃废债务造成的直接损失约为 1800 亿元，因合同欺诈造成的损失约为 55 亿元，因产品质量低劣或制假售假造成的各种损失约为 2000 亿元（中国人民银行征信管理局，2004）。因三角债和现金交易增加的财务费用约为 2000 亿元，大大提高了交易成本。据测算，在中国，因失信造成的经济损失已占到 GDP 的 6%～10%（徐伟，2008）。在所有失信行为中，金融市场上的借贷失信是监管当局面临的一大技术难题，也是金融机构自诞生以来力求解决的一个制度难题。

关于金融市场上债务人失信的问题，一些国家已经积累了若干解决的办法，其中对债务人进行征信是金融市场发达国家的普遍做法。国际经验表明，征信可以矫正信贷市场信息不对称所导致的道德风险与逆向选择，从而引导债务人守信，改善信用环境。

中国的征信制度建设起步较晚，农村征信滞后于城市征信。2006年前后，中国在农村开始普遍展开征信建设。作为农村金融的主力军，农村信用社理所当然在征信中处于核心和主导地位。自此，以在农村信用社的借贷活动为依托，农户开始有了自己的个人信用记录。作为信用社的一个独享资产，农户信用记录对信用社的信贷决策起到了一定的作用。目前，从总体上看，全国各地的农村信用合作社虽然已经开始征信，但在具体操作上则各自为战，如农户信用信息的收集没有统一标准，信息收集比较零散，更没有形成信用信息的共享制度。这不可避免地导致如下结果：一方面，农户由于缺乏完整的信用记录，导致农户与信用社之间不对等的单边交易依然十分普遍，即农户与信用社之间仍然停留在存款转账等交易上，农户作为借款人身份的地位并不明显，农村信贷交易量偏少且交易成本高，信用社在农户信贷中发挥的作用渐微；另一方面，在信用社信息基本呈分割封闭状态的情况下，每家信用社对每一个新的借款人都必须重新收集其信用记录，造成时间成本和资金成本的巨大浪费。

以上现象的存在不免引出如下问题：第一，作为一个备受关注和处于改革阶段的农村金融主体，信用社对征信的认知程度到底怎样？第二，农村信用社之间信息共享的意愿如何？第三，征信制度的推行对改善信贷资产质量、降低交易成本等作用是否开始显现？现有文献尚没有对此进行深入细致的实证研究。本书围绕以上三个问题进行了问卷设计，对湖北省20余个县（市、区）的镇（乡）农村信用社（联社）的主任、信贷员进行了调查，共获取了336份有效问卷，进行了统计分析，初步回答了以上三个问题。本书所得出的初步结论对农村征信制度的进一步完善有着一定的政策指导意义。

8.3.2 相关研究文献简述

8.3.2.1 国外研究状况

征信的实践与理论研究最早始于国外，目前的前沿研究仍为国外学者所主导，其实证研究也主要集中于征信发达国家，如美国、加拿大、德国、法国等，相应的理论研究也是建立在金融市场发达的基础之上。目前，征信发达的金融机构早已跨越了提高征信认知水平的问题，已经比较成熟地建立了适合本国国情的征信制度。大量实证研究表明，这些国家都偏好利用征信工具来辅助信贷决策，且一些非征信国家也逐渐表现出对征信的信任与依赖。如学者们对拉美国家银行的研究表明，在抵押贷款和征信报告的选择上，拉美大部分银行希望获得征信报告，而不是抵押品。可能的原因是：抵押担保在很多国家难以执行，即便在美国，银行也不希望到法庭上要求强制执行抵押贷款。而且抵押贷款仅表示现在愿意承担此风险，并不能显示以前的信用表现，也不能保证该抵押品没有被用来作为其他贷款的担保。而征信报告则弥补了以上缺陷：通过征信报告，可以看到贷款人的信用历史，并根据以往的信用记录推断未来的守信程度，从而筛选出高信誉客户（中国人民银行征信管理局，2004）。

信息共享是提高征信效果的关键。关于信息共享的类别，Macro Pagano 等人一致认为，只共享正面信息或负面信息都不是最优的，正、负面信息合理搭配的安排兼顾了正、负激励，因而是最优的；关于信息共享的效应，Jappelli 等（2001）的研究发现，信息共享与较高水平的贷款和较低水平的违约率相关；但信息共享的制度安排因征信制度的不同而存在差异，强制性信息共享与自愿信息共享并存，但总体来看，公共征信系统一般实行强制性信息共享，而私营征信的信息来源则采用商业化运作的手段。

对于征信是否以及在多大程度上降低了交易成本等问题，国外学者也进行了若干实证研究。研究表明，信用报告降低了选择的贷款成本，让他们更准确地预测个人贷款违约；公共信贷登记可以激励借款人偿还贷款（Brown and Zehnder, 2007）。以下个案研究显示：加拿大银行使用征信系统和信贷信息后，使发放贷款的周期从 18 天减少到 3 天；荷兰银行征信后，坏账比率大大降低，并增加了信贷规模；一家美国银行在引入信用评级系统体制后，小企业贷款的平均处理成本从 250 美元减少到 100 美元（中国人民银行征信管理局，2004）。

随着征信制度在各国的普遍建立，近年来越来越多的经验证据支持上述结论，如 Barron 和 Staten（2003）、Kallberg 和 Udell（2003）、Powell 等（2004）；Luoto 等（2007）的研究。较新的文献如 Jappelli 和 Pagano（2009）对东欧及前苏联转型国家的研究表明，信息共享提高了贷款的可得性，降低了企业的贷款成本，这在企业不透明及法律环境薄弱的国家尤为明显。

尽管征信带来了信贷领域的制度变革，创造了"信誉抵押品"并使金融机构越来越偏好这一无形资产，但随着征信向纵深处发展，征信过程中信息共享与隐私权的保护两者之间如何协调、取舍越来越受到学者们的关注，主要原因在于：第一，敏感信息是否会在非授权的第三方之间传播，从而侵犯个人隐私；第二，信息被同业分享后"信息租"是否会净流失。因此，征信立法又是学者们进一步探索的新课题。

8.3.2.2 国内研究状况

国内学者对征信的理论研究并不多见。近年来，一些学者主要对信用信息共享的形成机制进行了研究。张荣刚和梁琦（2006）通过信用信息共享抉择模型分析了中国银行间信用信息共享与合作动力机制，认为如果信息共享强化对借款人的约束给银行带来的正效用大于市场竞争加剧对银行的负效用，则借贷双方可以达成均衡解。也就是说，只要参与各方效用最大化实现了博弈均衡，则共享是可行的。但共享机制是自动内生还是由外部强制安排？贺学会和尹晨（2005）、张寒阳和蒋恒波（2008）认为，现阶段我国银行间内生出一套信用信息共享机制较难实现，应选择公共征信体系，实行强制性的信息共享机制。但由于法律制度的缺陷、信息垄断利益与成本的存在等原因，必然会导致信用信息的供给不足，信用信息共享的"上下分离模式"可以有效克服这一问题；且由于信用信息共享服务具有一定程度的网络型产业特点和自然垄断性质，因此政府的支持是必不可少的（顾锋和刘骁，2007）。戴家才（2007）通过对上海、大连、山东 173 家企业的研究表明，当征信体系的有效性每上升100%时，可降低交易成本 58.9%。

从国内实践来看，征信制度建设已在国内逐步推进，信用信息共享机制已在部分领域和部分地区初步建立，信息共享范围逐步扩大，由中国人民银行牵头组建的企业和个人信用信息数据库已投入运行。但总体看来，由于掌握信息资源的各部门之间存在利益博弈，并以此获取"信息租"，且各部门亦不愿承担信息共享的成本，以及法制建设滞后，因此该机制处于初创阶段（张丽红，2006）。而农村信用社信息共享的机制远未建立。

8.3.3 研究设计与数据来源

本书针对要回答的三个问题进行了问卷设计，问卷共三个部分，第一部分，信用社贷款发放依据及对征信的认知；第二部分，信用信息共享与第三方征信意愿；第三部分，征信取得的初步效果与信息保护。

本次调查时间为 2009 年 7~9 月，调查地点为湖北省。调查方法是：随机选出 21 个县（市、区），再对该县（市、区）有贷款权限的乡（镇）信用社进行调查，每家信用社只回答一份问卷，且由该信用社的信贷员或主任作答，调查获得 324 个有效样本。另外，为了进一步获取样本及增强对信用社征信的感性认识，本课题组在武汉周边区（县）亦做了零星调查，其中，武昌区（3份）、新洲区（3份）、蔡甸区（2份）、黄陂区（2份）、东西湖区（2份），获得 12 个有效样本。因此此次调查共取得 336 个有效样本。[①] 样本基本情况与地区分布分别如表 8-1 和表 8-2 所示。

表 8-1　调查样本的基本情况

	样本数量/家	比例/%	样本数量/家	比例/%	样本数量/家	比例/%
资产规模	5000 万及以下		5000 万~1 亿		1 亿以上	
	116	34.5	111	33	109	32.5
贷款规模	3000 万以下		3000 万~1 亿		1 亿以上	
	144	42.9	165	49.1	27	8
人员规模	10 人及以下		10~20 人		20 人以上	
	104	31	198	58.9	34	10.1

表 8-2　调查样本的地区分布

地　区	巴东县	黄石市	大冶市	东宝区	掇刀区	恩施市	鹤峰县	建始县	京山县	来凤县	仙桃市
样本数量/家	12	17	14	15	22	14	12	12	15	9	22
地　区	利川市	潜江市	沙洋县	咸丰县	咸宁市	宣恩县	阳新县	公安县	宜昌市	天门市	其他
样本数量/家	12	21	13	12	19	12	20	16	16	19	12

8.3.4　湖北省农村信用社征信与信息共享的经验分析

　　湖北省农村信用社征信制度的建立始于 2006 年，与全国大多数地区一样，征信尚处于初创阶段。以下从贷款发放与征信认知、信用信息共享意愿与征信初步效果等方面进行实证分析。

8.3.4.1　贷款发放与征信认知

（1）信用社发放农户贷款的基本情况

　　为了了解信用社服务农户的广度，问卷针对信用社 3 年来对所辖服务区域内农户贷款的累计比例进行了调查。所调查的 336 个样本中，有 148 家信用社面向农户发放贷款的比例为 40%~70%，57 家信用社发放农户贷款的比例在 70% 以上，两者占全部样本的比例为 61%，面向农户发放贷款的比例在 10% 以下的有 40 家信用社。以上数据说明农村信用社农户贷款的覆盖率依然偏低，农户作为借款人身份的地位有待进一步提高，具体数据如表 8-3 所示。

---

①　本问卷主要涉及的内容包括农户贷款情况与征信认知、信用社信息共享意愿、征信效果与信息保护等。

表 8-3　信用社发放农户贷款比例

问题：最近3年来信用社发放农户贷款的累计比例为多少？	信用社家数/个	占全部样本的比例/%
10% 以下	40	11.9
10% ~40%	91	27.1
40% ~70%	148	44.0
70% 以上	57	17.0

（2）贷款决策主要考虑的因素

为了考察信贷员对农户信用信息的重视和利用程度，本问卷设计了"您所在的信用社在向农户发放贷款时主要考虑的是什么？"这一问题，299 家信用社选择"农户以往的信誉表现"，占全部样本的 88.99%。如表 8-4 所示，"熟人关系"、"抵押品"这两个因素已逐渐淡出信贷员的视野，取而代之的是更能体现借贷市场效率的信誉资产，这一发现与以往文献不同。以往的相关研究（熊学萍等，2007）显示，信用社在向农户发放贷款时，"熟人关系"和"抵押品"是能否取得贷款的重要因素。这种变化间接说明了农村信用社深化改革后其信贷理念和信贷行为得到了提升与转变。

表 8-4　信用社发放贷款的主要考虑因素

问题：发放贷款时主要考虑的因素是什么？	信用社家数/个	占全部样本的比例/%
熟人关系	5	1.5
农户提供的抵押品	28	8.3
农户以往的信誉表现	299	88.99
同时考虑抵押品和信誉	4	1.2

本次调查除考察"农户的信誉表现"影响信贷决策的程度外，还对信贷员在实际工作中判别农户信用水平的难度进行了调查。本次调查设计了以下问题："在发放贷款的过程中，您是否觉得很难判断农户的信用水平？"229 家信用社认为，有些农户的信用水平很好判断，而有些农户的信用水平则难以评判，明确回答"是"或"否"的农户分别只有 67 家和 40 家。这一结果说明，信贷员虽有掌握农户信息的相对优势，但绝大多数信用社在农户信息的整理、加工及利用上亟待提高与改进，信息的开发、利用水平较低，在一定程度上影响了信贷员通过评估农户的"信誉抵押品"来发放贷款的意愿，而且，难以判断其信用水平的农户极有可能被排除在信贷市场之外。具体数据如表 8-5 所示。

表 8-5　信贷员判断农户信用水平的难度

问题：您是否觉得很难判断农户 的信用水平？	信用社家数/个	占全部样本的比例/%
是	67	19.9
否	40	11.9
有的很好判断，有的不一定	229	68.2

（3）信用社征信认知与实践

对征信的认知程度是影响征信制度实施效果的重要因素之一，问卷围绕这一问题进行了调查。在被调查的 336 家信用社中，305 个被调查者表示他们知道征信，占全部样本的 91.3%，只有 29 个被访者尚不了解征信；235 个被调查者知道信息已接入数据库，占全部样本的 69.9%，101 个尚不清楚，占30.1%。为了对比征信前后信用社对信息收集利用的情况，本次问卷设计了如下问题："您觉得征信以来您所在的信用社对农户的借贷等相关信息收集和重视程度相比，有什么变化？"，有 314 家信用社认为"信息的搜集比以往正式些了，并逐步开始重视了"，仅有 22 家信用社认为本信用社在信息的收集和利用方面"基本上还是老样子"。在信息搜集的种类上，主要搜集农户的基本信息、财产信息和信用活动信息，对于社会活动信息及其他信息的搜集很少，具体情况如表 8-6 所示。

表 8-6　信用社信息搜集种类

	选择该选项的 信用社家数/个	占全部样本的 比例/%
基本信息（姓名、年龄、性别、居住地址、文化程度等）	336	100
财产信息（房产、存款、固定资产、有价证券等）	302	89.9
信用活动信息（借贷、买卖、赊销等）	291	86.7
社会活动信息（违法乱纪、社会公益、社会团体、宗教信仰等）	204	60.7
其他信息	76	22.6

8.3.4.2　信用信息共享意愿

（1）信用信息共享意愿及其原因

各国实践表明，信息共享是维系征信制度健康有效运行的必要制度安排。然而，信息作为一项信用社的独有资产，在征信的起步阶段，由于各信用社担心失去客户，该制度极有可能受到排斥。在我国农村信用社尚未实行信息共享的情况下，有必要了解信用社信息共享的意愿。本次调查设计的问题如下：

"您愿意本信用社农户的信用信息被上级部门征集后在同行业内共享吗?"调查结果显示,有295家信用社表示愿意共享,主要原因在于信息共享可以给双方带来好处;有41家信用社则明确表示不愿与外界共享客户信息,主要原因在于担心信息公开后,其他信用社参与竞争,客户会流失(表8-7)。在信息共享的种类中,有244家(82.71%)信用社表示愿意共享正、负面信息,25家(8.48%)信用社只愿意共享正面信息,15家(5.08%)信用社只愿意共享负面信息,11家(3.73%)信用社则对信息共享的种类未置可否。总体来看,信用社信息共享意愿比较令人乐观。

表8-7　信用社信息共享意愿与原因

问题1	选项	信用社家数	问题2	选　项	信用社家数
是否愿意信息共享	愿意	295	愿意共享的原因	信息共享可以给双方带来好处	259
				上级部门的要求	26
				其他原因	10
	不愿意	41	不愿意共享的原因	担心客户流失	32
				要投入相当的成本,麻烦	5
				其他原因	4

(2)信用社对征信产品的购买与支付意愿

本次问卷对信用社征信产品的购买与支付意愿进行了调查。结果显示:愿意购买征信产品的信用社为160家,占被调查总数的47.6%,略低于不愿意购买的信用社家数(表8-8),而支付的意愿价格都比较低,105家信用社对一份征信报告的支付价格是10元,只有9家信用社愿意支付20元以上的价格,另外46家信用社的支付意愿价格为10~20元。以支付价格这一单个指标来看,说明信用社对第三方提供信用报告的认可度并不高。

表8-8　信用社对征信产品的购买与支付意愿

问题1	选项	信用社家数	问题2	选　项	信用社家数
是否愿意购买专业征信机构提供的征信产品	愿意	160	愿意支付的价格	10元以下	105
				10~20元	46
				20元以上	9
	不愿意	173	不愿意的原因	不相信别的机构做得比信用社好	113
				担心信贷员会失业	40
				其他原因	20

注:对"是否愿意购买征信产品"一问,有3个被调查者未明确回答,认为购买征信产品是国家统一规定,不是愿不愿意的问题,所以总样本数为333个。关于支付价格的设计,本书参考了世界银行1999年12月对巴西银行支付征信费用的研究,具体情况参阅米勒(2004)的文献

8.3.4.3 征信效果与农户隐私权的保护

由于湖北省农村信用社征信工作已开展 3 年，因此本次问卷对征信效果进行了尝试性调查，对贷款回收率、资金投向、贷款总量等与征信前进行了初步对比。结果显示：210 家信用社认为征信后资金回收率提高了，188 家信用社认为征信后贷款资金的投向更合理了，149 家信用社认为对农户发放的贷款增加了，148 家信用社认为征信后信用社贷款决策权增加了，110 家信用社认为贷款的监督成本减少了，至于贷款的发放成本、信用社与农户签订协议的成本，绝大多数信用社没有明显变化。有 39 家信用社认为，以上所指的各项指标均没有发生明显变化，具体情况如表 8-9 所示。

表 8-9 征信效果

问题：开展征信建设以来，哪些情况因为征信而变好了（可多选）？	信用社家数/个	占全部样本的比例/%
贷款回收率提高了	210	62.5
贷款资金的投向更合理了	188	55.95
对农户发放的贷款增加了	149	44.35
信用社贷款决策权增加了	148	44.05
贷款的监督成本减少了	110	32.74
对农户的贷款利率降低了	87	25.89
与农户签订贷款的成本减少了	80	23.81
贷款的发放成本降低了	76	22.62
以上各项都没有发生明显变化	39	11.61

此外，本次问卷对农户信息隐私权的保护措施也做了初步调查，229 家信用社表示目前尚没有针对农户信用信息共享与隐私权的保护制定规章制度，只有 107 家信用社在隐私权的保护方面形成了正式的文字文件。因此，如何在有效利用农户信息的同时保护借款人的权利是亟需通过制度建设来进一步完善的问题。

8.3.5 基本结论与进一步研究的问题

8.3.5.1 基本结论与讨论

1）信用社与农户之间的联系仍以单边交易为主，农户作为借款人身份的地位有待进一步提高；经过 2～3 年的征信宣传教育与实践，信用社对征信的认知程度已比较令人满意，信用社在实际工作中正逐渐实施规范意义上的征信制度。但由于征信制度刚刚起步，信用社信息搜集的深度和广度并不高，且农户信息亦没有正式的法律规章制度保护，因此，①如何协调其他信息提供方（如公、检、法）与信用社的合作利益，以激励相关机构向信用社提供农户信息；②如何激励农户向信用社积极提供自己的正面信息，通过"信用积分"为自己创造"信誉抵押品"，等等，这是当前征信过程中亟待解决的制度设计问题。

2）信用社同业之间共享正、负面信息的意愿十分强烈，但对于专业的第三方征信机构则比较排斥和不信任。国际经验表明，只共享借款人的负面信息是信息共享的初级阶段，而正、负面信息都共享则是信息共享的高级阶段。对336家信用社调查的结果说明信用社已经开始重视信息的价值，信息共享意愿的起点较高。而信用社普遍对第三方征信机构的不信任说明，传统的行业垄断经营方式和金融信贷文化对征信既包容又排斥，因此在征信的起步阶段，信息的商品化交易方式不能采取"突变"的方式实现，而只能采取渐进式的渗透方式。随着国外征信机构在国内金融市场的典范运作，农村信用社有望逐渐接受分工更为细致的第三方信用信息服务方式。

8.3.5.2　尚需进一步研究的问题

由于中国农村信用社征信制度处于草创和摸索阶段，相关制度尚不健全，加上受征信年限较短、征信效果尚未完全显现的限制，因此无法建立数理模型对相关变量之间的关系进行定量分析，仅对征信制度建设中普遍关注的几个基本问题进行了初步调研，总结了湖北省农村信用社的征信概况，为决策部门进一步完善征信政策提供事实依据。当然，随着征信制度的进一步运行，征信中各利益主体的矛盾与冲突、征信对信贷效果的影响等问题逐渐显现后，可以对以上问题进行更深入的理论与实证研究。

本 章 小 结

1）农户信用信息的产权界定对征信管理有着非常重要的现实指导意义。农户信用信息的产权归属是农户，其具体的权利范围包括：自己使用和许可他人使用其信用信息，这是作为信息所有者最重要的权利；允许农户信用信息产权的依法转让；署名权；异议权等；而政府和征信机构则是信用信息的需求方和实际占有者，它们可以在一定的授权范围内，搜集、使用、处分农户的信用信息；农户、征信机构等都是信用信息共享的受益者，都有共享信用信息的积极性。中央银行要承担起责任，做好各部门之间的组织、协调工作，维持应有的权威；中央银行要贯彻好国家的政策，积极扶持私营征信部门的发展；大力发挥宣传的作用，对公民进行信用教育，强化公民的产权意识。

2）信用信息共享必然会引致各主体福利的改善。本书认为，农户目标是追求收益的最大化，政府机构目标在于提高执政效率、维护国家公共利益，而商业银行考虑的则是业务经营效益最大化。基于此，本章以福利理论与效用函数为理论指导，引入了多目标最优化（MOP）模型。模型证明：由于信用信息的充分共享会营造一个完备竞争的信用信息产品市场，在这样的市场环境下，资源的配置最优，社会的整体福利水平也是最高的，农户信用信息的共享是帕累托有效的，信息共享后社会福利会增加。以上结论启示：尽快为信息共享提供法律、制度保障；建立各部门间信息共享和协调机制，打破信息部门封锁，遏制信用信息寻租现象的发生；坚持公共运营与市场化两条腿走路；加快制定征信行业技术标准。

3）农村信用社征信已经取得了一定的成果，但相关制度保障尚需健全。第一，农村信用社对征信的认知程度较高，已经具备了一定的征信基础，征信实践也已迈出了关键的一步。第二，农村信用社同业之间共享正、负面信息的意愿十分强烈，但是比较排斥和不信任专业的第三方征信机构。这说明，传统的行业垄断经营方式和金融信贷文化对征信既包容又排斥，因此在征信的起步阶段，信息的商品化交易方式不能采取"突变"的方式实现，而只能采取渐进式的渗透方式。随着国外征信机构在国内金融市场的典范运作，农村信用社有望逐渐接受分工更为细致的第三方信用信息服务方式。第三，征信效果尚未充分显现，征信过程中隐私权的保护制度还不健全。因此，如何在有效利用农户信息的同时保护借款人的权利是亟需通过制度建设来进一步完善的问题。

第9章
国外征信制度借鉴与中国
农户征信制度的设计

一国征信制度的选择受哪些因素的影响？中国应该选择怎样的农户征信制度？国外的私营和公共征信模式为我们提供了成功的案例，中国在实践中也形成了几种典型模式。本章在新制度经济学的分析框架内，运用文献研究法、归纳演绎法，研究分析国外不同征信模式的选择与发展，总结了征信发达国家成功的制度内核，并结合中国农户征信制度实施中存在的问题，尝试性指出了中国农户征信制度设计必须遵循的基本原则。

9.1   世界各国不同征信模式的选择与发展

世界上几乎所有的发达国家和绝大部分发展中国家，包括大部分中等收入国家，都建立了征信制度。即使是世界上最贫穷的国家，也逐步将建立征信制度作为金融部门发展的基本要素之一（玛格里特·米勒，2004）。因此，研究各国征信体系的制度安排，总结其基本制度内核和成功经验，对中国征信体系的建设和完善具有较大的借鉴意义。

9.1.1   公共征信模式与私营征信模式

世界各国征信体系的发展有两种模式，即"公共征信"模式和"私营征信"模式。所谓公共征信模式，是指依据国家和政府的力量组建并由相应职能部门负责运行管理的征信制度，"是一个旨在向商业银行、中央银行及其他银行监管当局提供有关公司及个人对整个银行体系的负债情况信息的信息系统"①；所谓私营征信模式，即市场主导型模式，指信用体系中的信用征信系

---

① 前欧洲经济共同体成员国中央银行行长委员会的银行监管分委员会的报告"欧共体国家的中央征信机构（Centrial Credit Registers in the Community Countries）"。

统和评级系统由独立于政府之外的征信机构开发完成，征信机构的管理和运作按市场化方式进行（李清池和郭雳，2008）。这两种模式在征信机构组成、信息来源、信息内容、信息披露规则、业务范围等方面都有明显的区别。

1）消费者信息的采集不同。私营征信公司收集的信息更广泛，包括个人财务数据、税收信息、个人基本信息（如婚姻、就业信息）等，而公共征信系统更可能收集有关抵押品价值的数据。

2）商业信用信息的收集不同。由于两者存在目标上的差异（公共征信系统的主要目标之一是向银行监管者提供信贷资产风险的信息），因此所收集的核心数据差异更大。公共征信系统更多倾向于收集公司用于获得贷款的抵押品的有关数据，而私营公司则更可能收集有关该企业的更具体的数据。

3）数据的散发不同。私营征信公司数据散发的覆盖面更大。

4）数据的准确性和消费者权益的保护等不同。其中，公共征信公司的数据是根据法律或法规要求必须提供的，因此政府有要求修正错误或弥补缺失数据的法律基础。私营征信公司依靠报送机构自愿地评审和修正有误差的数据，但也有少数公司表示通过暂停经常出现数据问题的机构查询征信公司的数据来实施惩罚。私营征信公司在消费者权益保护方面优于公共征信系统。

选择公共征信模式的国家主要以欧洲国家为代表，如德国、法国、意大利以及一些拉美国家。这种模式的主要特点是：一般由政府出资建立数据库系统，由中央银行监管其业务活动，不以营利为目的，其信息主要来源于金融机构，相应的，服务对象也仅限于金融机构。选择私营征信模式的国家主要有美国、英国、加拿大等国。这种模式的主要特点是征信机构一般由民间投资，独立于政府与大型金融机构之外，其信息来源比较广泛，为法律允许范围内的所有市场主体提供市场化的信用调查服务（中国人民银行征信管理局，2004；玛格里特·米勒，2004）。

世界银行1999年、2001年对全球公共征信和私营征信进行了较为全面的调查，其中对公共征信系统的调查获得77个国家的有效数据，对私营征信系统的调查获得76个有效数据。调查结果显示，公共征信系统和私营征信系统均有显著的扩张，其中，41个国家和地区有公共征信公司，17个公共征信公司是1989年建立的，且公共征信制度正在向亚洲、东欧和非洲扩散。私营征信公司也表现出年轻化的特点，39家私营征信公司于1989年开业（玛格里特·米勒，2004）。

9.1.2 世界各国征信制度安排的新趋势与面临的新问题[①]

随着征信体系在越来越多的国家建立和发展，世界各国的征信业呈现出以下新的发展趋势：

1) 建立征信体系的国家越来越多。如今，许多国家已经认识到征信体系所发挥的重要作用，开始建立起本国的征信体系。根据世界银行 2000 年所做的一项调查，在 20 世纪 60 年代以前，只有 5 个国家由中央银行等部门建立了信贷登记机构，40 年后已经有 68 个国家由中央银行等部门建立了信贷登记机构。同样在 20 世纪 60 年代以前，只有 7 个国家建立了市场化的征信机构，40 年后已经有 50 个国家建立了市场化的征信机构。

2) 征信机构越来越重视正面信息的价值。被征信方的信息包括正面信息和负面信息两个方面，在征信发展的初始阶段，征信机构以采集负面信息为主。现在，随着征信技术与信用评价模型的日益精准化，许多征信机构不但采集负面信息，也开始逐步采集正面信息，以便全面评估企业和个人的信用状况。此外，征信机构还利用自身拥有的数据库，推出了越来越多的产品和服务，除了传统的信用报告查询外，征信机构还开发出信用评分、市场服务、欺诈监测等一系列增值服务。

3) 征信机构开始整合。以美国为例，20 世纪初，美国最多时有 2000 多家地方性的征信机构。经过长期的市场竞争，现在占领市场的只是少数几家全国性的征信机构。一些大型征信机构还跨国发展，通过兼并收购、参股等形式进入新兴市场经济国家。

4) 征信服务逐渐扩展到非传统领域。征信机构除向商业银行等金融机构提供服务外，还逐渐向电信、保险等机构提供服务。这是因为客户享受先打电话后付费的服务也是一种信用交易，将这部分信息纳入征信范围，可以记录那些与银行没有借贷关系的人的信用信息，帮助这些人建立信用记录，拥有"经济身份证"。同时，研究表明，在某些国家，客户拖欠通信费用、保险欺诈等风险与客户的消费信贷风险之间存在一定的关联，征信机构所收集的反映个人信用状况的数据也能够更好地帮助商业银行、电信部门、保险机构等更好地识别和控制风险。

5) 外资征信机构正在或已经进入部分国家。早在 19 世纪 50 年代，美国的征信机构就开始在与美国进行大规模贸易的国家建立分支机构，如加拿大、

[①] 本部分写作参考了百姓征信知识问答编委会的《百姓征信知识问答》和 Robert M. Hunt 的文献。

墨西哥和英国。到 1901 年，邓白氏公司已经在加拿大、伦敦、格拉斯哥、巴黎、墨尔本、悉尼、墨西哥城等国家或城市设立了办事处（玛格里特·米勒，2004）。1998 年金融危机后，众多亚洲地区的公司为了证明自己的信誉，对征信的需求日益增长，这在很大程度上推动的征信公司向海外扩张。邓白氏公司、ABC 公司、TCM 公司等均在我国设立了分支机构，我国台湾省的中华征信所、香港城市顾问有限公司，也在内地设立了分支机构。2004 年，美国的三大征信机构之一——益百利在中国上海建立了首家办事处。这些外资征信机构经过数年的发展，已在我国征信市场占据了较大的份额（李曙光，2006）。

6）征信不仅仅是一国的"内政"，而且正在成为"国际金融框架"的一个必不可少的部分。随着经济全球化的迅猛发展和个人权利保护共识的逐步形成，征信已经成为国际贸易和投资的基本条件。在国际市场上，只有征信国家的企业才可以从发达国家的征信机构中合法取得信用信息，特别是个人信用信息。例如，欧盟的《个人数据保护纲领》要求只有被认可为征信水平同等的国家，才能允许与之合法地交换征信数据。《新巴塞尔协议》（2001 年）已经包括了评级公司对企业借款人的财务信息。此外，征信的国际立法已成为国际法体系中不可缺少的重要组成部分，如 OECD 制定的《个人数据的隐私保护和跨国界流动的指导原则》（1980 年）、欧洲委员会签署和发布的《个人自动文档保护公约》（1981 年）、联合国签署的《个人数据库自动化档案指导原则》（1990 年）、欧洲理事会的各成员国签署的《欧洲系列条约第 108 号条约：有关个人数据自动化处理之个人保护公约》（1981 年）、欧洲议会和欧盟制定通过的《关于涉及个人数据处理的个人保护以及此类数据自由流动的指令》（1995 年）、欧洲议会和欧盟理事会通过的《关于与欧共体和组织的个人数据处理相关的个人保护以及关于此种数据自由流动的规章》（2000 年）、欧洲议会和理事会通过的《关于电子通信领域个人数据处理和隐私保护的指令》（2002 年）。这些公约虽然内容不同，但都旨在建立一套各国共同遵守的国际性准则，使各国能在此基础上制定本国相关的法规。从各国的立法情况来看，大部分国家都遵守了相应的国际公约。

但是，值得指出的是，世界征信业在得到快速发展的同时，也面临着一些新的挑战：

1）信息公开与金融隐私权保护的矛盾日益突出。隐私是一个根植于特定文化、历史与政治背景的概念。所谓金融隐私权，是指个人对其金融信息所享有的不受他人非法侵扰、知悉、收集、利用和公开的权利（李清池和郭雳，2008）。征信意味着信用交易的扩大，在这个过程中，必然涉及消费者个人金融隐私问题，如何在信息公开的同时保护消费者的合法隐私权利，这是发展中国家和发达国家共同面临的两难选择。信息公开可能给消费者造成的负面影响有：信用信息的非法使用给消费者个人的日常生活造成困扰；信用信息中敏感性、歧视性信息的传播损害消费者的个人经济能力（如种族、性别、疾病等信息）等。与之相对应的是，不完全的信息公开却有可能扭曲被征信方的信用程度，从而影响金融机构的信贷决策和征信功能的发挥。

2) 信息共享的意愿、信息共享成本与收益的权衡。理论模型和实证结果显示，一定程度的信息共享必将改善双方的福利，增加收益。但随着借贷市场竞争的加剧，现实结果与理论模型有所偏离：在信息共享意愿问题上，一些国家的金融机构已经和正在出现选择性的信息共享，很多国家的金融机构之间只愿意共享负面信息，这种倾向在以私营征信为主的国家尤为明显。例如，在美国，信息共享仍然是自愿的，且银行对信息共享的成本与收益十分敏感。

3) 消费者信息安全面临严峻的考验。由于盗用身份等技术风险日显突出，征信带来的负面影响日益被关注，使得征信机构面临声誉和客户的挑战，从而对信用市场和监管体系提出了新的课题。身份盗用是使用消费者私人信息时发生的欺诈行为，但消费者经常很晚才获知，且消费者事后纠正信用报告有时候要反复多次，这给消费者带来了巨大的损失。据联邦贸易委员会的调查，在美国，大约有 1000 万的消费者是受害者，占美国成年人人口的 5%，商业损失达 480 亿美元，消费者损失达 50 亿美元，处理后果的时间累计达 3 亿小时（Twohig，2004），而市场解决方案不足以保护消费者。因此，在保护消费者利益和信息安全方面是当前面临的一大技术难题。

9.2　征信发达国家征信制度的内核

新制度经济学认为，一个完整的制度应包括制度的主体和客体、制度的载体和相应的规制。按照以上分析范式，征信制度应该包括如下三个方面：第一，征信活动的主体和客体。主体即征信业务活动中参与交易的双方或多方，如政府、个人、企业、银行等其他金融机构。客体即制度中交易的对象或标的物，如信用报告等信用产品。第二，征信制度的载体。包括各类征信机构。第三，保持征信活动正常、有效进行和延续的业务规制，这是征信制度的核心，一般以法律条文的形式出现。以下从这三个方面介绍美国和欧洲的征信制度。

9.2.1　美国的征信制度——私营征信的代表

美国是典型的私营征信非常成熟的国家。经过 160 多年的发展，征信业已经成为金融体系的一个非常重要的组成部分，既有完善的信用管理体系，又有基于市场化运作的征信产品的供给者与需求者，征信产品及征信制度的供给与需求市场发达。以下从制度的三个维度介评美国的征信制度（陈文玲，2003a，2003b；Peggy L. Twohig，2004）。

9.2.1.1 征信活动的主体和客体

征信活动的主体即参与征信的双方或多方，征信制度的客体即交易的标的物——信息及信用产品。前已述及，美国的征信是市场主导下的私营征信，因此征信活动的主体是各类征信公司及授信方和受信方，各类征信机构与授信主体和消费者紧密联系，形成了良好的互动机制。以个人征信为例，美国最大的三家消费者信用评估机构，建立了几乎涵盖所有美国成年人的信用信息数据库，授信主体在接受消费者受信申请时，先从征信公司获取消费者的信用报告，作为授信决策依据。授信后，消费者以后的还款情况，又被及时反馈到征信公司。通过信用报告这一征信客体，形成了评信、授信、受信之间的良性互动。

9.2.1.2 征信制度的载体

征信制度的载体即市场化运作的各类征信公司。美国的征信公司经过100多年的竞争与发展，目前形成了分工比较明确的三类征信公司：资本市场上的信用评估机构、商业市场上的信用评估机构和消费者信用评估机构（信用局）。资本市场上的信用评估机构主要对国家、银行、证券公司、基金、债券及上市大企业的信用进行评级；商业市场上的信用评估机构主要对各类大中小企业进行信用调查评级；而消费者信用评估机构主要是收集消费者个人的信用记录，合法地制作消费者个人信用报告，并向法律规定的合格使用者有偿传播信用报告。限于本书研究目的及篇幅限制，这里仅对美国的消费者信用评估机构作一简单介绍。

目前美国有三大消费者评估信用机构，分别是全联公司（Trans Union）、Equifax 公司和益百利公司（Experian）。这些评估机构提供的信用报告主要包括如下内容：①消费者信用交易的记录，即记录消费者借款和还款的情况，既包括正面信息也包括负面信息；②公共信用记录，即政府公开档案类的负面信息，如刑事处罚记录、欠税记录、交通违章记录等；③就业信息记录，即消费者的职业状况、收入水平、工作变动情况等；④人口统计信息记录，即消费者的基本个人信息，包括年龄、家庭成员、家庭住址、社会安全号等；⑤信用局查询记录，即信用局向所有使用者提供信用报告的记录。

以上信息主要通过三个渠道获取：一是从银行、信用卡公司、公用事业公司和零售商等渠道了解消费者的付款记录；二是同雇主接触，了解消费者职业变化情况；三是从政府的公开政务信息中获取消费者的特定信息。

9.2.1.3 征信业务规制

（1）法律规制

美国信用管理的立法主要集中在 20 世纪 60～80 年代，目前已经形成了较完善的征信法律规制和法律框架。主要有《公平信用报告法》、《公平信用机会法》、《公平债务催收作业法》、《公平信用结账法》、《诚实租借法》、《信用卡发行法》、《公平信用和贷记卡揭露法》等，以上法律集中针对征信过程和授信业务。在征信过程方面，着重针对信用信息公开、负面信息修复与个人隐私权的保护等问题；在授信业务方面，则突出体现了平等授信、维护消费者权益和市场公平竞争的原则。除以上全国性的法律外，各州还有许多配套的法规，对信用体系的维护起补充作用。

《公平信用报告法》为信用法律体系的核心。该法集中体现了美国征信效率优先的原则，信息采集采取自愿报告的方式，即由市场决定哪些信息应向信用局提交——对信息的报告没有特别要求，对信用报告的信息少有限制，以市场需求为导向。如果采集并使用了消费者的信息来评估其信贷的合格性，则适用公平信用报告法案。该法律的基本原则是：①保密性，即获得信用报告必须有"可允许目的"。《公平信用报告法》规定，一般情况下不需要消费者同意。②准确性，准确性是信用局和信息提供者的职责，并且消费者有权了解信用报告和有权对不实负面信息提出申诉。

（2）奖惩分明的信用维护制度

在美国，消费者的信用度是通过信用评分来评价的，一般从 300～950 分不等，信用得分越高，授信方对消费者给予的信贷条件越优惠，反之则授信待遇低，甚至无法获得授信。这一制度对消费者产生了强大的约束力，激励消费者自觉维护、提高自己的信用水平，进一步促进了征信制度的健康发展。

（3）效率优先的信息采集制度

在信息采集与隐私权的保护方面，美国更主张信息公开，更注重征信效率。美国国会"减少并保护政府秘密委员会"认为，只有减少了政府秘密的数量，才能有效保护真正的政府秘密（陈文玲，2003）。美国的信息公开有以下特点：一是通过立法保证信息公开，使得大大小小的征信机构在法律框架下，依法获取消费者信息。二是有偿开放政府基础数据。除免费向公众公开的数据外，对于不向外公开的特定数据，政府采取收费的方式向征信公司提供，如工商注册、税收、统计、商务活动、FDA 提供的药品与食品等方面的数据资料。三是在不违背法律的前提下，完全开放政府信息以外的其他信息，如公用事业、行业组织、劳资、雇主、房管、信用卡等信息。事实证明，对消费者信息的广泛采集大大提高了信贷与交易效率，金融机构作出信贷决策所需的时间是以小时或分钟来计算，前美国联邦贸易委员会主席认为，"因为有了信用报告体系，才能够有这样快速信用服务的奇迹"。不仅如此，信用交易成本也因此而降低，美国抵押贷款的利率比欧洲低 2%（徐宪平，2006）。

9.2.2 欧洲的征信制度——公共征信的代表

德国、法国、意大利、西班牙是世界上最早建立公共征信系统的国家，一些发展中国家国家往往是在借鉴这些国家征信经验的基础上建立本国的公共征信系统的。这里主要介绍欧洲公共征信的共性制度（陈文玲，2003a；玛格里特·米勒，2004；李清池和郭雾，2008；徐淑芳，2009）。

9.2.2.1 征信活动的主体和客体

与私营征信形成鲜明对比的是，中央银行是公共征信的非常重要的主体之一，另外，各类授信和受信机构也是参与公共征信的主体，如银行、财务公司、保险公司等。而征信的客体与私营征信一样，是各类过滤后的信息及经过加工后的信用报告等信用产品。

9.2.2.2 征信制度的载体与征信业务规制

公共征信是依据国家和政府的力量组建并由相应职能部门负责运行管理的征信制度，一般由中央银行垄断建立全国统一的信用信息数据库（信用登记系统），除履行征信职能外，这一信用登记系统还为中央银行实施监管提供重要参考。该制度的主要特征如下。

（1）强制性和全体参加

这是公共征信和私营征信的关键差别。在欧洲的大部分国家，处于中央银行监管之下的所有金融机构必须强制性参加公共征信系统，不仅如此，一些国家除银行外，一些非银行金融机构也必须加入到该系统中来，如奥地利、法国、葡萄牙、西班牙等国的参加机构扩展到财务公司，其中葡萄牙还扩展到信用卡公司，德国的参加机构扩展到保险公司，法国的参加机构还扩展到租赁与保理公司。

（2）信息获取采用固定频率并可随时索取的方式

德国、法国、意大利、奥地利、比利时、葡萄牙、西班牙等国的参加机构均采用固定频率并可随时索取的方式获得信息，但信息来源相对较窄。参加机构之间的信息共享是强制性的。信息共享是提高还是降低了信贷效率？理论界尚存在一定争论。信息共享会减少信贷市场上的信息不对称，从而改善社会福利，这一结论在帕迪利亚和帕格诺（1997）的模型中已得到证实。但他们随后的研究表明，信息共享亦可能降低效率，关键在于信息共享的类型及信息共享机制的最优设计。

（3）个人隐私优先的信息采集与使用制度

受不同的社会、政治、文化、历史等多方面的影响，世界各国对"隐私"的价值有不同的感受与理解，因此也就形成了对隐私保护的不同要求。欧洲人认为，个人隐私是一项基本权利，因此大部分国家都有严格的隐私保护法律，如欧洲议会 1995 年通过了《欧盟数据保护法》，该法令旨在为欧盟各国制定一个关于隐私保护和数据库运营的基本框架；欧盟 1995 年制定、1998 年实施的《隐私法令》对公共和私营数据库的运营规定了严格的标准。与此相适应，欧洲大部分国家的征信系统也非常注重征信参加机构及单个消费者的隐私。比如，参加机构提供的数据仅以加总的形式公布，只提供给为信贷审批的其他信贷机构，消费者个人有权检查并更新其在公共征信系统的档案等。在信用数据的使用方面，许多国家对公共信用登记系统的数据有较严格的使用限制，仅对监管当局提供有关大的借款人或银行风险暴露的详细信息，其他则不予提供。

9.2.3　征信发达国家的征信制度内核与启示

美国、欧洲及众多征信国家的经验事实表明，公共征信与私营征信并不是相互替代的，而是相互补充的，且私营征信与公共征信对信贷市场的绩效亦无明显差异。并且，各国之间的征信制度安排即便存在差异，但亦存在一定的规律。

9.2.3.1　经济发达不是征信发达的必要条件，而征信发达则是经济发达的充分条件之一

世界银行（2002）对全球征信调查的统计结果表明，凡是经济发达的国家，其信用和征信制度必然比较完善和发达的，如美国、英国等若干欧洲国家，这些国家的经济发展与征信发展已经形成了良好的互动：一方面，经济的发展对征信提出了更高的要求；另一方面，发达的征信制度又反过来促进了经济的健康、高效运行，征信业的发达已成为经济顺利运行的必要条件。而在一

些发展中国家，征信制度也处于迅速的发展和完善阶段，如智利、阿根廷等国。这说明即便在发展中国家，征信制度不仅是有需求的，而且也是有供给能力的，随着征信供需层次的逐步提高，征信必将与经济形成互为促进的关系。

9.2.3.2　好的制度生态系统是征信制度赖以生存的必备条件

征信制度牵涉到一系列制度环境，征信制度的健康运行与相关制度环境状况密切相关，如宏观经济环境、法律环境等，每一制度各司其职又互相影响和促进，交互形成一个良好的制度生态系统。以法律环境为例，美国和欧洲征信国家都建立了完善的征信法律规制和法律框架，各征信主体和客体在法律的监管和保护下各司其职，从而最大限度地避免纠纷，提高征信效率。

9.2.3.3　征信制度的产生和发展有着一定的演进规律

征信发达国家的制度不是一撮而就的，而是遵循着一定的演进规律：由非正式渐变为正式制度，或者在政府强制安排下突变为正式制度。渐进式的变迁一般为：初始阶段，由民间自发形成，自我管理，在收益大于成本的示范效应下，国家通过权威将其正式化、合法化、制度化；突变式的往往是经济市场化程度较低的国家，由于没有经过试错阶段，因此在制度运行的初始阶段其交易成本往往较高。无论是渐变式的还是突变式的征信制度演进，都有成功的典范，前者如美国、英国，后者如智利等一些拉美国家，但经验事实表明，渐进式的征信制度更具生命力和稳固性，政府出面维护的成本更低。

9.2.3.4　征信制度的设计要密切考虑既有的金融文化基础

金融文化是人类在金融或投资活动中的价值观，主要通过人们在金融活动中的行为展示出来，这种文化具有一定的地域性、传承性等特征（赵锡军，2005）。与法律相比，金融文化是一种成本更低的维护征信制度运行的非正式制度，因为金融文化将外在的法律制度内化为一个具体心理结构中的认知和尺度，并自觉地运用这些尺度进行自我约束和监控，与法律规制交互影响，共同维护正式的金融制度。欧洲国家和美国普遍有着良好的金融文化——恪守信用，征信法律的颁布使得这种"天然"的行为得到进一步强化。再如征信法律中的隐私保护，欧洲国家和美国由于受不同宗教信仰的影响，形成了对隐私的不同态度，征信法律的设计顺应了这一现实，使得人们在遵守法律的同时，也兼顾了固有的金融文化。

9.3　征信制度选择的文献回顾与中国农户征信面临的问题

9.3.1　征信制度选择的文献回顾

9.3.1.1　国外关于征信制度选择的文献简述

关于公共征信制度的选择问题，雅派利和帕格诺（2001）的研究提供了较为权威的证据，并得出了一些有价值的结论。他们对非洲、欧洲的43个国家或地区的研究表明[①]，民法典法律体系与公共征信之间存在一定的关系：①在债权人权益相对保护程度不高且尊重法律的程度相对较低的国家，倾向于建立公共征信系统；②在法律体系来自于法国民法典传统的国家，也容易出现公共征信系统；③没有建立私营征信系统的国家，也容易出现公共征信系统。他们的研究结果显示，在有公共征信系统的国家，仅有30%有私营征信机构，而没有公共征信系统的国家中，有65%的国家有私营征信局。而且，回归估计表明，出现公共征信系统的概率与事先存在私营征信是显著负相关的。回归系数表明事先存在私营征信使建立公共征信系统的概率降低了40%。

适合私营征信机构生存的国家（或地区）一般具有什么特征？对此问题学者们没有给予明确回答。事实上，雅派利和帕格诺的研究从另外一个侧面间接回答了这一问题，即在债权人权益相对保护程度高且高度尊重法律的国家及暂时没有建立公正征信的国家，容易出现私营征信系统。美国征信业的发展历程表明（Robert M. Hunt, 2005; Mark J. Furletti, 2002），私营征信机构更多地是由市场自发产生、由需求推动发展而产生和发展的。

9.3.1.2　国内学者关于我国征信制度模式选择的若干观点

一国征信制度的选择受哪些因素的影响？中国应该选择怎样的征信制度？以上问题的回答，对正处于征信制度建设中的中国具有特别重要的意义。国内学者对以上问题的研究并不多见，比较有代表性的文献集中于2000年以后，这些文献以介评国外征信发达国家的征信制度为主，如陈文玲（2003a，2003b）、任新洲（2004）、郭熙保和徐淑芳（2005）、徐宪平（2006）、石晓军

[①] 这43个国家或地区分别是：阿根廷、澳大利亚、奥地利、比利时、巴西、加拿大、智利、哥伦比亚、丹麦、埃及、芬兰、法国、德国、希腊、中国香港、印度、爱尔兰、以色列、意大利、日本、肯尼亚、墨西哥、荷兰、新西兰、尼日利亚、挪威、秘鲁、菲律宾、葡萄牙、新加坡、南非、韩国、西班牙、斯里兰卡、瑞典、瑞士、中国台湾、泰国、土耳其、英国、乌拉圭、美国、津巴布韦。

（2007，2008）等。归纳起来，主要有以下几种观点：

1）信用交易方式是征信制度的催化剂。这一特点在美国的征信业发展中得到集中体现。美国征信的发端是典型的"需求推动型"，经过100多年的发展，具有"路径依赖"的制度特征，即当初私营征信机构的大量产生、发展、竞争，形成了目前三家私营公司鼎立、众多中小征信机构合作并存的局面。众所周知，美国是以信用交易为主的国家，并且个人消费信贷相当普及。19世纪下半叶，随着人口流动性的增大及交易范围的扩大，贷款人和借款人之间的信息不对称程度开始加深，为防范风险，零售商需要掌握消费者更全面的信息，征信机构应运而生。征信机构产生后，进一步促进了信用交易，使得这一交易方式能够延续并发展至今；反过来，信用交易的发展对征信提供了更大的发展空间，两者形成了互相促进的良性互动关系。

2）金融发展水平和融资方式影响征信制度的选择。一般而言，金融发展水平较低的国家，其金融监管、私营征信往往较为落后，征信业发展缓慢。这些国家的政府为了推动本国金融体系的发展，往往会选择强制性建立本国公共征信制度的方案，拉美大部分国家的实践便是典型的例子。另外，在以间接融资为主的国家，由于银行体系在整个金融体系中具有绝对优势，与公共征信的特征不谋而合，因此也倾向于选择公共征信系统，如德国、法国、意大利、奥地利、葡萄牙等欧洲一些国家（郭熙保和徐淑芳，2005；石晓军，2008）。

3）征信制度的选择和设计应该首先考虑其功能，然后在此基础上匹配合适的征信制度。石晓军（2007）在Merton等人提出的"功能—结构"思想的基础之上，进一步提出了以功能为主线的征信体系模式分类的理论，将征信分为惩戒型、惩戒监管型、促进型、监管促进型四种主流模式，不同的模式对应于不同的制度设计。惩戒型和惩戒监管型一般对应于公共征信制度，或以公共征信制度为主导；促进型则适用于单一的私营征信制度，如英美等国；促进监管型的典型结构形式是公共征信与私营征信并存，分别承担促进和监管的职能，如阿根廷和智利等国。发展中国家，包括中国在内，更应注重征信的监管功能，亦即应发展公共征信系统。此外，征信制度不是固定不变的，而是动态地与一国宏观经济、银行与金融体系以及法律制度相适应；一国征信制度的建设需要宽松、稳定的法律环境（石晓军，2007，2008）。

4）"公共模式"和"民营模式"的争论。[①] 尽管党的十六届三中全会报告中明确提出按照"完善法规、特许经营、商业运作、专业服务的方向，加

---

① 党的十六届三中全会明确指出，按照商业运作、特许经营、专业服务的方向建立信用服务体系；但具体到我国征信业应选择何种模式，暂无一致观点。

快建设企业和个人信用服务体系"，但具体到中国征信业应选择什么发展模式，目前仍存在广泛的争论（任兴洲，2004）。争论的焦点集中于"公"、"私"之争。主张选择公共征信模式的学者认为，政府推动具有成本低、有基础、保证信息安全的优势；而主张选择民营模式的理由是，中国已有大量的民营资本，实行民营模式可防止信息垄断、满足社会各方的征信需求等。国务院发展研究中心任新洲（2004）认为，考虑到中国的国情，企业征信应选择市场化的"民营模式"，而个人征信则在短期内两种模式并存。中国目前之所以选择强制性建立公共征信机构，原因在于中国内生性的私营征信受到诸多体制和经济约束而不能充分发展，从而形成了多层次的征信体系。然而，从动态演化角度看，中国征信业未来发展的政策和必然选择是培育商业性征信发展的市场环境，让私营征信充分发展并逐渐让公共征信淡出（何运信，2009）。

杜金富等（2004）认为，在国外征信机构竞争激烈、市场力量作用相对较慢的背景下，中国征信机构的建设不能纯粹靠市场来自发形成，因此应该由政府出面积极推动，实行特许经营模式。这既可以吸收公共征信和私营征信的优点，又能充分发挥政府宏观管理的主导优势，保障征信业在较短的时间内运作起来。

除以上理论研究外，中国征信的实践已经积累了一定经验，形成了上海模式、深圳模式和浙江模式，浙江模式值得全国推广借鉴（刘志华，2005）。所谓上海模式，即由政府推动、市场运作，走由同业征信向联合征信、从为银行服务到为全社会服务的渐进发展道路；所谓深圳模式，即由地方政府组织推动但不投资、中国人民银行协作、政府有关部门作为会员单位参加并按市场机制运作、收取一定费用的运作方式；所谓浙江模式，即由政府牵头，中国人民银行和政府有关部门参加，组成社会信用建设领导小组，财政投资组建社会信用服务中介机构，中介机构按市场化运作的、信息共享的征信模式。[①]

9.3.2　中国农户征信制度的实践及其面临的问题

征信是信用体系建设的核心，中国政府历来重视征信与信用建设。党的十六大报告明确提出要"健全现代市场经济的社会信用体系"，党的十六届三中全会也提出按照"完善法规、特许经营、商业运作、专业服务的方向，加快建设企业和个人信用服务体系"。党的十七大更是提出了要加快农村信用体系

---

① 上海资信公司成立于 1999 年 7 月 16 日，是我国大陆第一家联合征信机构；深圳征信机构于 2002 年开始建立发展；浙江模式则于 2003 年开始启动运作。

建设。为了加强征信市场管理，推动建立社会信用体系，2007 年中国人民银行各分支机构加快了农村信用体系建设，在普及征信知识、提高信用意识等方面做了大量工作。到 2007 年底，全国已建立农户信用档案 7400 多万户，评定信用农户 5000 多万户，金融机构对已建立信用档案的 3900 多万农户累计发放贷款 9773 亿元，贷款余额 4865 亿元。2009 年中国人民银行征信工作部署会议上，苏宁副行长提出了要继续推动中小企业和农村信用体系建设。然而由于农村信用基础薄弱，农户征信体系建设刚刚起步，相关制度运行尚处于初期，导致农户征信实践面临着种种困难。

9.3.2.1 中国农户征信制度的建立

中国是一个非征信国家，征信制度的建立较晚，真正意义上的征信仅有 10 余年的历史，个人（主要是城镇居民）征信则始于 2005 年，而以单个农户为征信对象的历史更短。1999 年至今，借助农户小额信贷在全国的推动，农户征信开始被提上议事日程，农户在信用社开始有了自己的信用记录，农户的借贷信息开始被正式利用，该信息价值也逐渐被体现，但这还不是真正意义上的征信，真正意义上的征信是近三四年的事情。

在农户征信建设的初期以农村信用社为主导，政府牵头配合，基本形成了一个以农户小额贷款为核心载体，以农户经济档案和借还款信息为主要信息平台的农户征信管理和服务模式。部分省一级信用联社成立后在全省县一级信用社法人单位统一研发推广农户小额贷款信用打分表，借助于计算机系统把所有农户基本识别信息、经济信息和借还款信息输入系统，极大地方便小额贷款的审查和管理。随着人民银行主导的个人征信系统的成功运行，农村信用社征信数据库已整体接入个人信用信息基础数据库。迄今为止，湖北省农户征信体系建设取得了阶段性成果，农户小额贷款前台化操作系统和个人征信系统统一构成了农户征信体系的雏形。

9.3.2.2 目前农户征信制度建设中面临的困境

（1）农户个人信用信息来源渠道单一，信息质量不高

第一，以农村信用社小额农贷操作系统和个人征信系统中农户信息为基本框架的现有农户征信体系规模相对较小。由于农户与金融机构之间的借贷交易并不普遍，因此大部分农户的信息不能进入到征信系统之内。第二，由于农户提供原始资料有误、信用社录入差错和信息更新不及时等多方面原因，造成已入库信息过时现象较为突出，使征信制度的功能和发挥作用有限。第三，非银行信用信息难以获得。在城市，有工商、税务、司法、供水、供电等部门愿意

为城市居民征信数据库提供个人信用信息，而农村入库信息只有农户基本识别信息和借还款信息，除此以外诸如农户的完税信息、守法信息、财务管理信息、产品质量状况、盈亏状况和个人违约情况等方面则没有完整采集，不能提供查询服务，信息采集范围相对狭窄。

（2）缺乏征信产品创新的动力机制

目前，在农村开展的农户征信主要是由农村信用社来承担，征信产品仅仅限于借助小额信贷的农户调查表和以往的借还款记录。在当前农村信用社独家支撑农村金融征信市场的格局下，由于人力、物力、财力的限制，很难有动力去进行征信产品的设计与创新。在绝大多数地区，虽然已采用了农户征信的小额贷款信用评分表，但在实际操作中基本流于形式，信贷员在发放贷款时仍然是凭自己的主观判断。

（3）个人信用征信的法律建设缓慢

征信的法律建设主要是为了解决农户征信数据的开放、个人隐私权、消费者的知情权、个人信用资产的受益权问题、个人数据的真实性问题，以及数据的收集程序、数据的使用范围、对象的确定等法律问题。这些法律上的问题如果不得到解决，必将影响农户征信的健康发展。目前中国还没有一部专门的法律来规范征信活动，有关规定散见于《民法通则》、《合同法》、《担保法》，专门针对征信的仅是一些部门规章，如人民银行制定的《个人信用信息基础数据库管理暂行办法》，以及一些经济发达地区出台的地方性法规，规范公民特别是农民个人信用管理、保护农民信用利益等专门的信用管理法律还是一片空白。由于全国性法规的缺失，使得征信机构在具体业务操作中面临法律依据不足等困难。

（4）农户主动参与征信的意识不强

目前，中国采用的是被动征信的方式，即不管农户愿意与否，只要与信用社发生过借贷交易，其信息就会被采集。由于征信在农村尚属新生事物，受文化程度、信用意识等方面的影响，农户对征信的认知水平不高，因此主动参与意识不强，信用社与农户之间还没有形成良好的征信与被征信的关系。

9.4 中国农户征信制度设计的核心与选择

9.4.1 农户征信制度设计的核心

国内外多年的实践证明，单靠法律来维护个人信用是远远不够的，如刑

190

中国农户融资制度变迁与征信体系建设研究

法、合同法、民法、反不正当竞争法等都明文规定了诚实守信的信用原则，但信用失范现象却仍然广泛存在。西方征信国家的经验表明，只有将信用赋予明确的价值，让守信者得到奖励，失信者支付代价，征信制度才能健康运行。从我国信用体系运行现状来看，对守（失）信者的奖惩不够，信用没有体现其应有的价值。因此本研究认为，信用商品化的制度设计是我国农户征信制度设计的核心，而要将信用商品化，则必须达到以下要求：

1）信用有价格，即信用能得到公正的市场评价，这要求评估体系和评估制度的健全。

2）信用能代替实物资产，即信用能作为可抵押品，这要求转变信贷理念和信贷文化，亦即新的信贷制度的设计。

3）信用能流通，即信用能随身携带，这要求建立完备的信息共享制度，使流动人口在异地也能接受信贷服务。

9.4.2　中国农户征信制度的选择

前已述及，从全球范围来看，一些国家只有私营的征信机构（如美国），而一些国家则只有公共的征信机构（如法国），但大多数发展中国家选择的是公共征信模式（或者以公共征信为主）。就我国农户征信制度而言，究竟应该选择公共征信还是私营征信？本研究基本赞同何运信（2009）、谈儒勇和金晨珂（2010）等人的观点，即选择公私并存的征信制度，但最终的目标是市场化的征信制度。主要理由如下：

（1）公私并存的国家有先例

根据世界银行的调查，在个人征信领域，许多国家既有民营征信机构，也有公共征信系统。一些欧洲国家，虽然以公共模式为主，如德国、奥地利、西班牙等国，在20世纪90年代后也增加了一些新的民营征信公司。实践表明，公共征信和私营征信在业务活动范围内能取长补短，形成合力，互相竞争，共同发展。

（2）我国不可能在短期内生出众多的私营征信机构

征信是一项耗资大的投入，由于我国信用基础比较薄弱，个人征信的信息主要来自于金融机构，尤其在广大中西部地区，由于金融发展水平相对滞后，对征信的商品化需求尚待供给推动，因此，在短期内，私营征信机构不可能大量内生。因此，公共信贷登记系统在金融系统内部开展同业征信、防范风险方面还会在较长时期内发挥更大的作用。

（3）公共征信模式和私营征信模式各自具有不同的比较优势

就公正征信而言，其优势主要体现在：政府在宏观经济调控中具有极大的公信力，可以利用行政手段从各信息供给部门获取个人基本信息数据，能较好地协调征信各方的利益；人民银行公共征信系统已经初具规模并渗透到大部分经济较发达的地方基层，得到了农村信用社等金融机构的积极响应；政府财力雄厚，可以在期内建立起覆盖面广泛的基础数据库。而私营征信机构的比较优势则主要体现在征信的增值服务，即私营征信机构可以直接从公共征信部门购买数据，根据市场需求，开发出适合各微观经济主体的信用产品，从而起到公共征信和私营征信互相配合，共同发展的效果。

本 章 小 结

1）公共征信模式与私营征信模式都有成功的案例，但征信模式的选择亦存在一定的规律。两种模式在征信机构组成、信息来源、信息内容、信息披露规则、业务范围等方面都有明显的区别。公共征信与私营征信并不是相互替代的，而是相互补充的，且私营征信与公共征信对信贷市场的绩效亦无明显差异。选择公共征信模式的国家主要以欧洲国家为代表，如德国、法国、意大利以及一些拉美国家。这种模式的主要特点是：一般由政府出资建立数据库系统，由中央银行监管其业务活动，不以营利为目的，其信息主要来源于金融机构，相应的，服务对象也仅限于金融机构。选择私营征信模式的国家主要有美国、英国、加拿大等国。这种模式的主要特点是：征信机构一般由民间投资，独立于政府与大型金融机构之外，其信息来源比较广泛，为法律允许范围内的所有市场主体提供市场化的信用调查服务。

2）世界征信业面临着新的发展趋势和挑战。新的发展趋势主要表现为：建立征信体系的国家越来越多；征信机构越来越重视正面信息的价值；征信机构开始整合；征信服务逐渐扩展到非传统领域；外资征信机构正在或已经进入部分国家；征信不仅仅是一国的"内政"，而正在成为"国际金融框架"的一个必不可少的部分。

3）以美国为代表的私营征信以及以欧洲国家为代表的公共征信对我国征信制度建设的启示是：①经济发达不是征信发达的必要条件，而征信发达则是经济发达的充分条件之一；②良好的制度生态系统是征信制度赖以生存的必备条件；③征信制度的产生和发展有着一定的演进规律；④征信制度的设计要密切考虑既有的金融文化、信用文化基础。

4）我国农户征信制度设计的核心是信用商品化。现阶段我国农户征信制度实施过程中面临着如下约束条件：农户个人信用信息来源渠道单一，信息质量不高；信用社缺乏征信产品创新的动力机制；个人信用征信的法律建设缓慢；农户主动参与征信的意识不强。考虑到以上现实，结合国内学者的若干观点及国外征信发达国家的基本经验，本书认为，在当前的客观环境条件下，信用商品化的制度设计是我国农户征信制度设计的核心，而要将信用商品化，则必须达到以下要求：第一，信用必须有价格；第二，信用能代替实物资产；第三，信用能流通。而我国农户征信制度的基本选择方向是：公共征信和私营征信在较长时期内并存，各自发挥其比较优势，但随着征信的纵深发展，最终必将逐步过渡到市场化的征信制度。

第 10 章
征信条件下中国农户信用
评价模型研究

农户信用评判是征信制度的最终目标之一，在信用与征信理论研究的基础上重建农户信用评价模型是本书的任务之一。鉴于此，本章的主要研究内容如下：在回顾中国农户信用评价现状的基础上，对国内外信用评价方法与模型进行了文献评述；指出人工智能中神经网络方法由于能有效解决非正态分布、非线性的信用评估问题，因而其准确性较高；运用概率神经网络方法，结合主成分分析法和因子分析法，建立了农户信用评价模型，并进行了相关检验。

10.1　中国农户信用评价存在的主要问题

农村信用社自农村金融体制改革以来，基本上形成了以农户小额信用贷款为主要形式、以支农服务为目标、以提高农业贷款质量为己任的服务模式。农户作为农村金融市场的主要融资主体，其信用水平的高低和评判一直是理论界和实践界关注的焦点之一，而农户借贷信用的评价也是农村金融实践中面临的一个难题，主要表现在两个方面：第一，信用评价方式落后，信用评价成本高。在目前靠信贷员和村委会对农户进行信用评判的制度安排下，使得单个农户信用评价的成本极其高昂。因此，如何科学、客观地评判农户信用，对农户借贷申请快速决策，降低评价成本，是解决这一难题的核心所在。第二，信息不对称，信用评价结果的可信度不高。信用评价的可信度不仅取决于信用评价方式的精确度，还取决于信贷机构对借贷客户的信息掌握的完整程度，也就是信用信息共享的程度。目前各信用社之间信息是呈分割状态，农户信用状况资料不齐全、不准确，导致评价方法的偏向化、单一化等问题，评价效果不理想，因而无法准确判断"信用农户"而实行优先放贷和给予优惠利率，影响了信用社支农服务水平和信贷资产质量的提高。

10.2 关于信用评价模型的研究文献综述

信用评价至今已有70多年的历史。20世纪30年代，美国率先使用数字的评分系统来克服信用分析员在信贷决策中标准不一致的问题；第二次世界大战后，一些学者开始将信用评价的自动化与统计学中的分类技术相结合，在信贷决策中利用统计模型；20世纪60年代末银行卡的诞生，使信用评价的实用性进一步得到认可（托马斯等，2006）。20世纪70年代以来，随着金融创新的不断深化，又涌现出了较多的信用评价模型。其中，传统的模型有：专家系统模型与贷款评级分级模型、信用评分模型及其拓展后的非线性区别模型与神经网络分析系统；新模型有：期限结构模型、死亡率模型、RAROC模型、KMV模型、Credit-VaR模型、Risk⁺模型等。从以上模型的演进可以看出，对借款人的信用评估由主观定性模型逐渐向定量模型不断发展，模型的精确性不断加强；模型的构建从缺乏理论基础到建立在坚实的金融理论基础之上并充分运用借款人的信息资料（马九杰，2001；约瑟·A. 罗培斯等，2002；龚朴和何旭彪，2005）。

中国于20世纪80年代在商业银行开始使用判断式信用评分，至今已涌现了许多模型。中国的金融机构现在多采用所谓传统的信用评价方法，比如专家打分法、评级法。也有学者用一些现代的信用评价方法来确定信用等级，如施锡铨和邹新月（2001）运用"典型判别分析"对企业信用风险进行评估；王春峰和李汶华（2000）运用"投影寻踪判别分析模型"对商业银行风险进行评估；王春峰和李汶华（2001）研究了小样本数据的MDA（多元判别分析模型）；王春峰和康莉（2001）运用"遗传规划"方法对商业银行的信用风险进行评估；张维等（2000）运用"递归分类树"方法对商业银行信用风险进行分析；蒲建平和余剑（2001）利用贷款定价的期权分析对中国银行信用风险进行考察；梁琪（2000）通过期权定价方法和EDP模型研究了企业的信用风险；彭书杰和詹原瑞（2002）对Credit Risk⁺模型和我国目前所使用的贷款风险度量方法作了详细的比较分析等。但是这些模型主要运用于企业和城市居民，农村金融机构对农户贷款的信用风险进行评价的相当少。

就农户信用评价模型来看，主要使用了两种方法：层次分析法、模糊数学方法与BP神经网络方法（温涛等，2004；徐芳，2006；王树娟和霍学喜，2005）。这些方法在一定程度上能判断农户的信用状况，但还存在如下不足：第一，模型中没有充分体现农户的"信度"，对农户的信用判断一般只有"合格"与"不合格"，或者"贷"与"不贷"两结果，但现实中有大量农户的信用水平处于这两者之间，因此这种确定性的判别结果不利于信贷员作出灵活的决策。因此，模型的科学性和实用性有待进一步提高。第二，已有模型的指标权重一般在模型建立后就固定不变，不能适应变化后的客观现实，导致模型的准确度下降。第三，学者们虽然构造了一些农户信用评价模型，但将其开发成信用评价系统的很少，对农户数据进行进一步挖掘的更少。因此，根据我国农户的实际开发出可供农村金融机构运用的软件是指导当前实践的重要工具。

10.3 中国农户信用评价模型的构建与实证分析

10.3.1 研究方法与数据来源

金融机构信用的评估方法主要有财务比率分析法、统计分析法和人工智能分析法。前两种方法由于受贷款户信用数据的准确性直接影响，综合性差，对样本要求高而逐渐被人工智能所取代，人工智能克服了对假设条件要求强以及静态反映信用风险的缺点，使得评估结果更具有科学参考价值。从国内研究使用的评估模型来看，大部分研究都集中在用信用等级的 UTAHP-FPR 评价模型、回归模型、模糊综合评价模型、基于 DEA 和 DOTNET 的评估模型等来进行信用评估。以上方法的使用尽管取得了一定的成效，但是农户信用评价不仅具有其自身的复杂性，而且缺乏科学、高效的信用风险衡量标准，难以获得客观、准确的数据，简单的模型分析未必是理想的方法；而人工智能中神经网络的应用则是一种能有效解决非正态分布、非线性的信用评估问题而准确性较高的方法。本文的出发点在于使用问卷调查得到的标准统一、管理规范的个人信用数据，根据各地信用社实际情况灵活选用评价指标，结合概率神经网络（probabilistic neural network，PNN）系统的智能评价方法合理而准确地建立评估预测模型，这种网络用于检测和模式分类时可以得到贝叶斯最优结果，通过计算机技术对农户小额贷款的潜在信用风险作出科学判断，从而增强农村信用社风险防控能力。

本书以调研的相关数据为例（主要信息见文后筛选出的 15 个指标），通过主成分分析、因子分析、概率神经网络等一系列过程建立起科学合理的信用评价模型，将概率神经网络应用于农户信用评价中，有效解决了在层次分析法（AHP）和数理统计模型中对假设条件的要求以及其他神经系统模型拟合程度不够理想的问题，从而使模型的外展性和顽健性更强，并进一步提高了模型预测精度，实现从多角度、多层次对信用风险的剖析。

本书的数据来源于 2009 年 1～2 月在湖北省枣阳市平林镇所做的问卷调查。样本选择依据是在 2005～2007 年间发生一次以上借贷的农户，本次调查在当地信贷员的帮助下，共获取 130 个有效样本。[①]

本章余下部分内容安排如下：第 2 部分，介绍概率神经网络（PNN）评估方法的原理依据和使用步骤，并进行指标选取和模型建立，是文章的重要部分；第 3 部分，将概率神经网络在农户信用评估过程中进行实际应用，包括数据处理和输入、模型的检验和模型预测结果的评估，这部分主要强调模型的应用过程和结果，是文章重点所在；第 4 部分，总结 PNN 模型在建立、应用和预测过程中的问题，并提出本模型存在的不足与改进。

10.3.2 概率神经网络信用评估模型的建立

10.3.2.1 概率神经网络方法概述

概率神经网络（PNN）是由 D. F. Specht 博士在 1989 年提出的，PNN 由平滑参数 σ、隐层神经元个数、隐中心矢量等要素确定。它是基于密度函数的一种分类网络，与统计信号处理的许多概念有着紧密的联系。当这种网络用于检测和模式分类时，可以得到贝叶斯最优结果，即依概率收敛于贝叶斯决策函数，且它具有高度的并行结构和并行实现能力，有较好的耐故障能力和较快的总体处理能力，因而特别适用实时控制和动态控制，能够解决那些由数学模型或描述规则难以处理的控制过程问题。

因概率神经网络结构简单、算法容易，常常被应用于各种模式识别和模式分类。它通常由四层组成：第一层称之为输入层，每个神经元均为单输入单输出，其传递函数也为线性的，这一层的作用只是将输入信号用分布的方式来表示。第二层称之为模式层，它与输入层之间通过连接权值 W_{ij} 相连接。模式层神经元的传递函数不再是通常的 Sigmoid 函数，而为

$$g(Z_i) = \exp[(Z_i - 1)/(s \times s)]$$

式中，Z_i 为该层第 i 个神经元的输入；s 为均方差。第三层称之为累加层，它具有线性求和的功能。这一层的神经元数目与想要划分的模式数目相同。第四层称之为输出层，该层主要执行判决功能，它的神经元输出为离散值 1 和 -1（或 0），分别代表着输入模式的类别。许多研究已表明概率神经网络具有如下

---

① 该问卷主要涉及农户户主及配偶基本信息、家庭资产与负债信息、在信用社的借贷及归还情况、参保情况等其他信息。

特性：

1）训练容易，收敛速度快，从而非常适用于实时处理。

2）可以完成任意的非线性变换，所形成的判决曲面与贝叶斯最优准则下的曲面相接近。

3）具有很强的容错性。

4）模式层的传递函数可以选用各种用来估计概率密度的核函数，并且分类结果对核函数的形式不敏感。

5）各层神经元的数目比较固定，因而易于硬件实现。

目前，这种网络已较广泛地应用于非线性滤波、模式分类、联想记忆和概率密度估计当中。然而，关于PNN的应用性研究并不多，G. Pajares等将其用于立体视觉匹配，K. Z. Mao等将其用于图像识别中，Wang Cheng-Ru等将其用于说话人识别，Klaus L. E. Kaiser等将其用于化学检测等。

10.3.2.2 评估模型指标体系的设置

在进行模型的实际操作前，我们对问卷数据进行了指标的筛选和信息的提取与整理，因为输入模式的正确选择对于网络的稳定性和泛化能力来说有重要意义，也便于后期技术处理时减少网络隐层神经元。这样做既保证了录入数据的规范性和统一性，也使模型能更好地拟合判别。

农村信用贷款与一般商业银行信用贷款性质不同，农户信用评级标准应当以当地信用社提供的信用信息为依据，因此合理选择适合于当地金融现状的信用评估指标是征信制度建立的起点和难点。我们首先对问卷中主观性较强或可操作性较差的指标一一予以模糊化或量化处理，一方面使得数据充分反映了问卷内容，便于结果的评估，另一方面也体现了本课题小组在设计评估方案时尽量保留原有问卷全部的真实信息的主旨，尽量避免掺杂人为因素，从而避免了一些外在因素对评估结果造成的偏差。然后采用主成分分析来进行科学的进一步筛选，剩余的指标能很好地对目标群体特征进行解释，使得模型的精确性、简易性和客观性都得到了加强。

经过初步筛选甄别，从问卷中提取了相关信息并综合成以下15个指标。

X_1：户主及其配偶平均年龄。其值为户主与其配偶年龄的简单平均数。

X_2：平均受教育程度。其值为户主受教育程度和其配偶受教育程度的简单平均数，其中问卷反映信息通过量化处理（0为文盲，1为小学，2为初中，3为高中及以上）。

X_3：有无技能专长。问卷反映信息通过量化处理（0为无，1为有）。

X_4：从事的职业。其值为户主从事的职业和其配偶从事职业之和，之所以相加是因为从样本反映的情况来看，绝大部分家庭户主和其配偶均从事不同职业，这一情况会随着具体的地区而产生变化。问卷反映信息通过量化处理（1为传统养殖业，2为家庭加工业及手工业，3为商业及其他）。

X_5：抚（赡）养人数。采用问卷反映的原始信息实际个数。

X_6：参保情况。采用问卷反映的原始信息。

X_7：其他资产（耕地、山林、鱼塘）。其值为 0.1×耕地+0.1×山林+0.3×鱼塘，因为根据实地调查结果显示，三种资产创造的总产值呈 1:1:3 分布，所以在赋权重的时候分别给予 0.1、0.1 和 0.3 的权值，以显示不同其他资产对还贷能力的影响。

X_8：家庭资产负债率。其值为家庭平均总负债与家庭平均总资产的比值，由上一年数据得出。

X_9：家庭平均年总纯收入（万元）。采用问卷反映的贷款前一年的原始信息，因为出于实际情况的考虑，借款当年的信息要到年末才能统计出来，不足以成为评估依据。

X_{10}：历史信用积分为

$$C = \sum_{i=0} Q_i \lambda$$

式中，Q_i 为第 i 次贷款金额；$\lambda \begin{cases} 4 & \text{全部按期归还} \\ 1 & \text{还完了但没有按时} \\ -3 & \text{虽已到期但还没有还} \end{cases}$，其中考虑到第二

种类的农户是第一种和第三种情况的折中，则 4+（-3）=1，再则问卷中从来没有借款农户信用历史积分为 0，而第二种还款的农户相对来说要比从未借款的农户历史积分要高，所以把第二种的权重设置为 1>0。

X_{11}：是否遭受经济损失。问卷反映信息通过量化处理（0 为无，1 为有）。考虑到发生自然灾害情况和家庭成员中有人患重大疾病的样本数很少，所以把两种情况结合起来考虑，认为是两种情况都会遭受一定的经济损失从而对还贷能力产生影响。

X_{12}：经济地理优势。问卷反映信息经过量化处理（1 为中心城镇，2 为一般乡镇）。

X_{13}：欠费情况。问卷反映信息通过量化处理（0 为无，1 为有）。

X_{14}：村委会评价。问卷信息经过量化处理（0 为差，1 为一般，2 为良，3 为好）。

X_{15}：借款金额。采用问卷反映的原始数据。

10.3.2.3 概率神经网络模型建立过程

（1）算法选用

在基于概率密度函数核估计的 PNN 中，将训练样本定义为 PNN 的隐中心矢量，并由一个训练样本确定一个隐层神经元。显然，训练样本如果很大将导致过多隐层神经元和规模庞大的网络结构，这对网络硬件要求比较高。而使用各种聚类算法，如学习矢量量化（learning vector quantization，LVQ），模糊-C 均值（fuzzy-C-means，FCM）等，对各类训练样本聚类，划分成各子类，再将子类的均值定义为 PNN 的隐中心矢量，这大大减少了 PNN 的隐层神经元个数和运算负担。本课题选用了 Fisher 判决（generalized Fisher，GF），在基于密度函数混合高斯分布估计的 PNN 中，这是一种非常重要的算法。一个学习算法的好坏，对网络完成精确的分类有着重要的影响。GF 算法先定义后验似然函数，通过使后验似然函数总的期望值最大从而估计未知参数。

GF 算法简单介绍如下：

1）给定训练数据 $T = \{\overline{X} \ Tn = 1\} = \{\{\overline{X}_{kj}\} \ T_j k = 1\} \ M_j = 1$ 并初始化 $\pi(0)_{ij}$，$\overline{\mu}(0)_{ij}$，$\sum^{(0)}$。

2）迭代步数为 n 时，进行迭代

$$w_{ij}^{(n)}(\overline{X}_{kj}) = \frac{\pi_{ij}^{(n)} \exp\left[-\frac{1}{2}(\overline{X}_{kj} - \overline{\mu}_{ij}^{n})^t \sum^{(n)-1} (\overline{X}_{kj} - \overline{\mu}_{ij}^{(n)}) \right]}{\sum_{i=1}^{G_J} \pi_{ij}^{(n)} \exp\left[-\frac{1}{2}(\overline{X}_{kj} - \overline{\mu}_{ij}^{(n)})^t \sum^{(n)-1} (\overline{X}_{kj} - \overline{\mu}_{ij}^{(n)}) \right]}$$

$$\pi_{ij}^{(n+1)} = \frac{1}{T_j} \sum_{k=1}^{T_j} w_{ij}^{(n)}(\overline{X}_{kj})$$

$$\overline{\mu}_{ij}^{(n+1)} = \frac{\sum_{k=1}^{T_j} w_{ij}^{(n)}(\overline{X}_{kj}) \ \overline{X}_{kj}}{\sum_{k=1}^{T_j} w_{ij}^{(n)}(\overline{X}_{kj})}$$

$$\overset{\wedge}{\sum}^{(n+1)} = \frac{1}{T} \sum_{j=1}^{M} \sum_{i=1}^{G_J} \sum_{k=1}^{T_j} w_{ij}^{(n)} \left[(\overline{X}_{kj})(\overline{X}_{kj} - \overline{\mu}_{ij}^{(n+1)})(\overline{X}_{kj} - \overline{\mu}_{ij}^{(n+1)})^t \right]$$

3）若目标函数 $Q(\lambda^{(n+1)} | \lambda^{(n)}) - Q(\lambda^{(n)} | \lambda^{(n-1)})$ 的值为很小的数，则 GF 算法停止。此时，可以得到基于混合高斯分布密度函数估计的 PNN 的全部参数，从而利用学习后得到的参数构建 PNN，实现对样本的分类。

（2）主成分分析

主成分分析就是设法将原来变量或指标重新组合成一组新的互不相关的几个综合变量或指标，综合指标即为主成分，用综合指标来解释多变量的方差一协方差结构，同时根据实际需要从中选取几个较少的综合变量或指标来尽可能多地反映原变量或指标的信息。所得出的少量主成分，要尽可能多地保留原始变量的信息且彼此不相关。主成分分析可以用于筛选变量，如应用于多变量的回归分析中，为了使回归模型在实际中得到解释，使模型本身易于做结构性分析、控制和预测，往往需要从原始变量所构成的集合中选择最佳的变量，构成最佳变量集合，获得选择变量子集合的效果以此作为分析的依据。

主成分分析筛选变量的具体步骤是：

1）从运行结果中的相关系数矩阵的特征值、差异、每个特征值所解释的方差的比率和累计比率表中找出最小的特征值（一般为最后一个）。

2）从运行结果中的特征向量表中找出最小的特征值所对应的特征向量。

3）在最小特征值所对应的特征向量中，将权数绝对值最大者所对应的变量删去。

4）对删除变量后所剩余的变量再进行主成分分析，再去寻找需要删除的变量，如此下去，直到最后一个特征值不是很小为止（没有具体的标准，由具体情况决定，本课题采用 Eigenvalue > 0.2 的特征值即认为能够解释）。

5）剩下的变量就是我们要寻找的最佳变量的子集合。

以下是对 130 份有效问卷提取的 15 个指标作主成分分析，分析结果如表 10-1 所示。

表 10-1　相关矩阵的特征向量

Index	Eigenvalue	Difference	Proportion	Cumulative
X_1	2.744 824 58	0.467 403 61	0.183 0	0.183 0
X_2	2.277 420 98	0.449 303 48	0.151 8	0.334 8
X_3	1.828 117 50	0.168 767 37	0.121 9	0.456 7
X_4	1.659 350 13	0.144 637 17	0.110 6	0.567 3
X_5	1.514 712 96	0.166 649 44	0.101 0	0.668 3
X_6	1.348 063 53	0.477 241 59	0.089 9	0.758 2
X_7	0.870 821 94	0.138 832 98	0.058 1	0.816 2
X_8	0.731 988 96	0.123 678 48	0.048 8	0.865 0
X_9	0.608 310 47	0.112 759 84	0.040 6	0.905 6
X_{10}	0.495 550 64	0.190 453 89	0.033 0	0.938 6
X_{11}	0.305 096 75	0.047 321 09	0.020 3	0.959 0
X_{12}	0.257 775 65	0.080 046 41	0.017 2	0.976 1
X_{13}	0.177 729 24	0.020 596 46	0.011 8	0.988 0
X_{14}	0.157 132 78	0.134 028 89	0.010 5	0.998 5
X_{15}	0.023 103 89		0.001 5	1.000 0

从表 10-1 的分析结果中我们可以看到，主成分 X_{15} 的特征值只有

0.023 103 89,接近 0 且远远小于规定的 0.2，我们认为此变量对样本的解释不够。再接着看其特征向量表分析结果，如表 10-2 所示。

表 10-2　特征向量

Index	Eigenvalue（Prin14）	Index	Eigenvalue（Prin14）
X_1	0.009 686	X_9	−0.016 375
X_2	0.364 818	X_{10}	0.383 686
X_3	0.012 603	X_{11}	−0.016 158
X_4	0.357 825	X_{12}	0.400 633
X_5	0.016 347	X_{13}	−0.020 718
X_6	0.386 246	X_{14}	0.370 564
X_7	0.004 854	X_{15}	−0.016 509
X_8	0.399 068		

从表 10-2 中可看到，第 15 个主成分特征值最小，其权数绝对值最大的为 0.400 633，所对应的变量为 X_{12}，即经济地理优势。由此结果我们有理由认为，因为经济地理优势对样本特征的解释力度不够，应当予以删除以提高模型的拟合精度。

同样继续重复以上两步，依次剔除村委会评价、欠费情况两个指标。其原理和剔除经济地理优势一致，在此就不赘述。

不断重复以上步骤，直到特征向量如表 10-3 所示。

表 10-3　相关矩阵的特征向量

Factor	Eigenvalue	Difference	Proportion	Cumulative
1	2.942 065 96	1.180 484 42	0.245 2	0.245 2
2	1.761 581 54	0.516 067 83	0.146 8	0.392 0
3	1.245 513 71	0.110 982 96	0.103 8	0.495 8
4	1.134 530 76	0.206 772 14	0.094 5	0.590 3
5	0.927 758 62	0.064 537 86	0.077 3	0.667 6
6	0.863 220 76	0.070 329 62	0.071 9	0.739 6
7	0.792 891 14	0.125 355 68	0.066 1	0.805 6
8	0.667 535 46	0.087 753 34	0.055 6	0.861 3
9	0.579 782 12	0.074 618 94	0.048 3	0.909 6
10	0.505 163 18	0.183 633 84	0.042 1	0.951 7
11	0.321 529 34	0.063 101 95	0.026 8	0.978 5
12	0.258 427 40		0.021 5	1.000 0

注：Eigenvalue 为特征值；Difference 为相邻两个特征值的差；Proportion 为特征值解释方差的概率；Cumulative 为特征值累计解释方差的比率

从表10-3分析结果可以看到，第12个主成分的特征值在剩余变量中最小（为0.258 427 40），但已经不是那么小了，即大于0.2，我们认为包括第12个主成分在内的主成分都能对样本进行解释。即剩下的特征变量集为：户主及其配偶平均年龄、平均受教育程度、有无技能专长、从事的职业、抚（赡）养人数、参保情况、其他资产（其值为0.1×耕地+0.1×山林+0.3×鱼塘）、家庭资产负债率、家庭平均年总纯收入（万元）、历史信用积分、是否遭受经济损失（只要有自然灾害情或家庭成员中有人患重大疾病发生就记为1否则为0）、借款金额（万元）。

并且，同样由表10-3我们可以初步确定有7个因子，因为相关矩阵的特征向量表中到第7个主成分时Cumulative为0.8056，意味着此时因子积累解释方差的比例达到80.56% >80%，保留了原有数据的主要经济信息。

（3）因子分析

经过主成分分析筛选后仍有众多的变量，为了统计分析的方便，希望在最少的信息丢失前提下，将众多原始变量浓缩成少数几个因子变量，使因子变量具有较强的可解释性。因子分析同样也是能够实现数据简化目的的一种多元统计分析方法。因子分析研究的是相关矩阵的内部依赖关系，它将多个变量综合为少数几个因子，以再现原始变量与因子的相关关系。

因子分析是主成分分析的发展。在主成分分析中，最终确定的新变量是原始变量的线性组合。它们的区别主要表现在：第一，主成分分析不能作为一个模型来描述，它只能作为通常的变量变换，而因子分析需要构造因子模型；第二，主成分分析的主分量个数 m 和变量（指标）的个数 p 是相等的，而因子分析的目的是要 m 比 p 小，尽可能构造一个结构简单的模型；第三，主成分分析是将主分量表示为原观察变量的线性组合，而因子分析是将变量表示为因子和特殊因子的线性组合，即变量的观测值是由公因子和特殊因子共同作用的结果。

在主成分分析的基础上进行因子分析，是要利用少数几个公共因子去解释较多个要观测变量中存在的复杂关系，它不是对原始变量的重新组合，而是对原始变量进行分解，分解为公共因子与特殊因子两部分，可以将主成分得分或因子得分代替原始变量进行进一步的分析，因为主成分变量及因子变量比原始变量少了许多，所以起到了降维的作用，为我们处理数据降低了难度。输出KMO抽样适度测度值（Kaiser's measure of sampling adequacy），这里 Overall MSA = 0.658 556 59 >0.5，则认为因子分析结果比较理想。旋转后的因子分析结果如表10-4所示。

表 10-4　旋转后的分析结果

Index	Factor1	Factor2	Factor3	Factor4	Factor5	Factor6	Factor7
X_1（户主及其配偶平均年龄）	-0.249 59	-0.275 49	0.675 85	0.186 35	0.327 17	0.130 65	0.027 22
X_2（平均受教育程度）	0.007 66	0.872 74	-0.094 13	0.139 34	-0.060 89	-0.004 31	0.197 91
X_3（有无技能专长）	0.305 84	0.187 34	-0.073 26	0.115 03	-0.091 45	0.105 15	0.828 19
X_4（从事的职业）	0.641 37	-0.019 02	-0.428 71	0.042 30	0.228 70	-0.246 85	0.052 77
X_5［抚（赡）养人数］	0.046 58	0.009 82	-0.041 24	0.021 42	-0.046 18	0.953 01	0.045 28
X_6（参保情况）	-0.444 24	0.104 13	0.264 78	-0.490 85	0.024 85	-0.234 76	0.522 32
X_7（耕山鱼）	0.088 94	0.161 32	0.757 79	-0.242 31	-0.104 46	-0.163 93	-0.030 51
X_8（家庭资产负债率）	-0.051 62	0.000 82	0.016 76	-0.066 82	0.934 95	-0.053 59	-0.069 81
X_9［家庭平均年总纯收入（万）］	0.758 77	-0.047 35	-0.060 43	0.193 36	-0.208 61	0.071 28	0.249 13
X_{10}（历史信用积分）	0.487 71	0.621 49	0.273 95	-0.154 80	0.132 00	0.015 38	-0.010 39
X_{11}（自然灾害情况）	0.097 33	0.086 53	-0.060 66	0.920 93	-0.059 82	-0.007 02	0.078 63
X_{12}（借款金额）	0.795 52	0.376 13	0.098 88	0.029 33	-0.070 81	0.120 75	0.031 86

由表 10-4 可得：

$$Factor1 = -0.249\ 59X_1 + 0.007\ 67X_2 + 0.305\ 84X_3 + 0.641\ 37X_4 + 0.046\ 58X_5 - 0.444\ 24X_6 + 0.088\ 94X_7 - 0.051\ 62X_8 + 0.758\ 77X_9 + 0.487\ 71X_{10} + 0.097\ 33X_{11} + 0.795\ 52X_{12}$$

（Factor2、Factor3、Factor4、Factor5、Facto6、Factor7 略）

在利用因子分析法确立评估指标体系的基础上，构建概率神经网络的评估预测体系。

10.3.3　概率神经网络在农户信用评估过程的实际应用

10.3.3.1　数据来源和处理以及输出设计

本书研究的所有数据均来自湖北省枣阳市农村信用社农户信用调查问卷的真实数据，在实际录入过程中，我们进行了归一化处理，无论是学习样本还是预测样本都需要进行归一化处理。这里采用极值处理法进行归一化处理：

$$x_{ij}^* = \frac{x_{ij} - m_j}{M_j - m_j}$$

式中，$M_j = \max_i\{x_{ij}\}$，$m_j = \min_i\{x_{ij}\}$。

网络输出结果为全部按期归还、部分按时归还其余最终还清和虽然已经到期但并未归还三种，对应的输出值分别为离散变量1、变量2和变量3。

10.3.3.2 模型检验

进行了上述步骤之后，我们代入实际数据进行模型的检验。以下是运用PNN 模型进行小额信贷信用评估的流程：

1）网络构建。根据本问题建立 7 输入（Factor1、Factor2、Factor3、Factor4、Factor5、Facto6、Factor7）1 输出（还款情况，1：全部按期归还。2：一部分按时，还有一部分拖欠；还完了但没有按时。3：虽已到期但还没还）的PNN 模型。

2）PNN 网络训练。选取 130 个样本中的 110 个作为训练样本，剩下 20 个作为预测样本。训练网络从而得到农户小额信贷信用评估的 PNN 网络模型。

3）网络性能的测试。将训练样本用刚训练好的网络模型进行回归模拟，结果 110 个样本的网络输出与实际期望输出完全一致。仿真输出正确率为100%。（由于样本较大结果不方便列出）

4）网络预测能力的检验。把剩下的 20 个样本进行实际识别。

使用 PNN 网络预测分析结果如表 10-5 所示。

表 10-5　PNN 网络预测结果

样本号	期望输出	网络输出	样本号	期望输出	网络输出
1	2	2	11	1	1
2	1	1	12	1	1
3	2	2	13	1	1
4	1	1	14	1	1
5	2	1	15	1	1
6	1	1	16	3	2
7	1	1	17	1	1
8	1	1	18	1	1
9	1	1	19	1	1
10	1	1	20	1	1

由表 10-5 可知只有 5、16 和 17 号网络输出不符合实际期望输出，平均识别率达到 85%。对于总共 130 个样本的识别率达到 97.69%，因此认为网络符合应用要求，并且拟合和预测效果非常理想。（注：以上是通过 Matlab7.0 的神经网络工具箱中的 newpnn 实现的，其中径向基函数分布密度 SPREAD = 0.055）

10.3.3.3 模型评估结果分析

通过实际数据的代入，我们可以看到，概率神经网络（PNN）在应用于信用评估的小样本训练中有许多优点：

1）训练速度快，训练时间仅仅略大于读取数据的时间。

2）无论分类问题多么复杂，只要有足够的训练数据，就可以贝叶斯准则下的最优解。

3）允许增加或减少训练数据而无需重新进行时间的训练。

4）网络一经确定就不需要进行训练，只要随实际问题进行样本追加就可以，而且 PNN 具有全局优化的特点。

从模型得出的结果显示，PNN 具有应用于个人信用评估用途的良好延展性，其网络分析功能经检测样本的预测结果显示十分理想，对既定分类的信用贷款户的判别能由人工智能作出合理而正确的判断，因此，我们可以相信在农村信用社应用 PNN 进行农户信用评估是可行的。

10.3.4 讨论

从本书进行问卷调查范围的农村信用社反馈信息来看，农村小额信贷投放对象由于具有鲜明的地域特点，出现有的地区农户信用良好，信用评级等级高，而有的地区由于经济地理优势不明显，农户的信用观念和守信意识普遍比较薄弱的现象。制度与现实的扭曲严重制约了"小额农贷"的发展，这种现象很大程度上归咎于农村信用社缺乏有效方法评估农户信用，造成农村信用社扶持"三农"性质和商业化运作模式存在矛盾。本书采用的神经网络的评定方法正是针对科学性和客观性而提出的个人信用的新型评估方法，目的在于树立逐渐规范的信用评价体系，缓解农用资金的供需矛盾，改善中国农村金融生态。

从问卷指标设置来看，目前信用社的农户信用等级评定工作虽然借鉴了商业银行与发达国家的经验，较以往有了很大改进，但仍然普遍存在没有建立家庭收支账、农户经济档案资料底细不清不全、信用等级比例失调、信用评定失实的现象。农户贷款档案资料的缺失对信用社适应日益增长的农贷需求造成很大难题。要想促进信用社资金良性互动，今后要在现有农户信用等级评定基础上进一步统一标准规范，完善农户信用档案建设和动态管理，加强对小额信用贷款的跟踪管理。这些指标还可以继续在本课题的 PNN 模型中进行完善补充。

尽管本书提出了一种基于人工智能的农户信用评价模型，但是模型仍然存在一定的局限性和不足，因为随着小额信用贷款的范围扩大，考量标准会随着营业区域之内所有农户，包括符合贷款条件和从事符合国家产业政策的各类生产经营活动的农户类别的不同而发生变化，因此，模型中的具体指标应当切合当地农贷的实际情况将指标予以修正和补充，也就是说，信用社在采用该模型进行评估时，必须根据当地的实际情况来选取合适的指标，这些均可以通过主成分分析和因子分析实现。此外，虽然此方法较以往许多信用评估方法有所突破，政府方面仍然应注重加强农户信用评估方法的研究力度，保障我国农村信用资金的安全，进一步改善农村金融信贷环境。

本 章 小 结

1）现阶段农户信用评价方法与结果存在着许多不足。我国大多数地区农户信用评价面临的困境是：信用评价方式落后，信用评价成本高；信息不对称，信用评价结果的可信度不高。理论界就农户信用评价模型的研究主要使用了两种方法：层次分析法与模糊数学方法，这些方法在一定程度上能判断农户的信用状况，但仍存在如下不足：第一，模型中没有充分体现农户的"信度"，对农户的信用判断一般只有"合格"与"不合格"，或者"贷"与"不贷"两种结果，但现实中有大量农户的信用水平处于这两者之间，因此这种确定性的判别结果不利于信贷员作出灵活的决策，因此，模型的科学性和实用性有待进一步提高；第二，已有模型的指标权重一般在模型建立后就固定不变，不能适应变化后的客观现实，导致模型的准确度下降；第三，学者们虽然构造了一些农户信用评价模型，但将其开发成信用评价系统的很少，对农户数据进行进一步挖掘的更少。

2）基于概率神经网络方法的农户信用评价模型具有良好的延展性。本章采用概率神经网络（PNN）方法，根据湖北省枣阳市平林镇 2005～2007 年在信用社有借贷经历的 130 个农户数据，构建农户借贷决策模型，并进行模拟运用。模型构建步骤是：第一，以 2008 年的调研数据研究样本，对问卷设计的 15 个指标进行主成分分析，确定了 12 个主成分。第二，为了利用少数几个公共因子去解释较多个要观测变量中存在的复杂关系，该部分在主成分分析的基础上又进行了因子分析，提取了 7 个公共因子。第三，在前两步工作的基础上，利用概率神经网络方法建立了信用评价模型。该方法有效解决了在层次分析法（AHP）和数理统计模型中对假设条件的要求以及其他神经系统模型拟合程度不够理想的问题，从而使模型的外展性和顽健性更强，并进一步提高了模型预测精度，实现从多角度、多层次对信用风险的剖析。第四，通过网络构建、PNN 网络训练、网络性能的测试、网络预测能力的检验四个过程的结果显示：130 个样本的识别率达到 97.69%，符合应用要求，并且拟合和预测效果非常理想。从模型得出的结果显示，PNN 具有应用于个人信用评估用途的良好延展性，其网络分析功能经检测样本的预测结果显示十分理想，对既定分类的信用贷款户的判别能由人工智能作出合理而正确的判断。

第 11 章
全书结论与研究展望

本章主要概括了本书的几个基本结论与主要发现，并对研究存在的不足等进行了初步讨论，最后提出了本课题未来的研究方向。

11.1　主　要　结　论

通过对农户融资制度及其效率、农户金融信用度、农村信用社征信及其效率的研究，全书基本结论如下。

（1）中国农户正式融资制度呈现出自上而下的、强制性变迁的特征，导致制度供给不足与"过剩"并存，农村金融应有的制度特征不明显

中国是一个有着长期集权且农村金融市场较为落后的国家，在这种情势下，农户融资制度的变迁理所当然地由最高权力中心——国家来决定和实施，这使得农户融资制度的每一次变迁均是自上而下的政府强制性行为，体现的是"司法中心主义"，满足的是强势利益集团的利益，换言之，强势利益集团的目标函数代替了作为公平与效率代表的政府的目标函数，因此针对农户的融资制度并没有得到实质性的改善，变迁流于形式且浅表化。不仅正式制度如此，除民间自由借贷外，其他非正式制度的供给也受到了政府不同程度的干预，典型的如农村合作基金会。在农村合作基金会的制度变迁过程中，政府充当了初级行动团体和次级行动团体的唯一代表。

从制度的供给数量来看，政府是农户融资制度的主要供给者，但农户对政府提供的正式制度的利用是极其不充分的，主要原因在于使用该制度的交易成本过高。过高的交易成本不仅表现为金融机构的财务成本，而且还表现为农户进入正式金融市场的"资格成本"——苛刻的抵押与担保、稀缺的"关系"资源。这使得正规金融机构和农户均对政府主动供给的制度缺乏利用的动力，导致正式制度的利用率低下，出现供给"过剩"的局面。与之形成鲜明对比的是民间自发的非正式友情借贷制度所表现出来的强大的生命力。但不容忽视

的是，这种在农户群体中内生出来的、朴素的草根金融制度，在其经历了几个世纪的考验后，随着农村社会的逐步转型，维系此种借贷的制度基础正在发生渐变，农户正在经历由社会转型所带来的融资偏好的转型，这预示着传统意义上的友情借贷制度也需要改进。此外，农户融资制度的安排没有与城市工商业融资制度安排区别开来，过多地强调现代融资制度在农村的推进，强调农户的被动适应，而忽视了农户、农村的基本特征。

（2）我国农户融资制度的效率不容乐观

1）我国农户融资的整个制度体系缺乏效率。正式融资制度与非正式融资制度的供需比例失调，农村金融生态失衡；且正式融资制度的供给主体单一，农村信用社处于制度供给的垄断地位，缺乏竞争机制和激励机制。

2）农户正式融资制度的整体效率得到了逐步提高，但各地的差异性较大，与经济发展水平差异无关。从已有案例研究来看，差异性存在的主要原因在于交易成本和风险控制制度的差异，因此，农户正式融资制度效率的发挥与提升必须依赖于交易成本的降低和风险控制制度的建立与创新。由前面的分析可知，农户小额信贷高交易成本的存在使农户潜在的信贷需求得不到满足，很多地区农户的满足率偏低；风险控制制度的建立和完善则是保证可持续性经营的前提，因为该制度不仅可以实现农村信用社经营的可持续性，而且还可以间接降低交易成本。

3）农户非正式融资制度中，友情借贷在覆盖面和降低交易成本上具有优势，整体效率较高。但必须注意的是，由于农村经济与社会的转型，以及金融生态环境的变化，这一制度有效性的范围非常有限，其效率正在递减，这是经济发展到一定阶段后人格化交易向匿名交易转变的必然结果。因此，如何优化农村金融生态环境，充分利用已有的民间金融资源，使民间友情借贷更好地扮演草根金融的角色，发挥对正式融资制度拾遗补缺的作用，是当前和今后面临的又一课题。

4）农户融资制度的效率存在帕累托改进的空间。无论是整个融资制度体系，还是单个融资制度，其效率都有待进一步提高，其中交易成本的降低和农业风险控制制度的建立是关键。从农户融资制度安排本身来看，交易成本的降低则是核心，因为低交易成本是农户与信用社达成交易的前提。交易成本降低对提高融资制度效率的传导机制是：交易成本降低→覆盖面提高→信贷资产质量提高→交易成本进一步降低……，形成低交易成本与高融资制度效率的良性循环。

（3）提升我国农户正式融资制度效率的核心在于交易成本的降低，而征信制度的建立则是降低交易成本的国际通行做法与正式制度安排理论分析和典型案例表明，交易成本的高低是影响农户与金融机构之间能否达成交易的关键，也是提升制度效率的关键。目前，降低交易成本的主要途径有：通过改革信用社的贷款激励机制以及激活农户潜在的信贷需求，提高农户与金融机构的交易频率；充分利用和最大限度体现农户的社会信用资本，建立农户的自动履约机制；进行农户信用征信制度的建设等。

（4）农户的金融信用度与农村信用社征信制度效率均不容乐观

本书运用 Logistic 模型，以有借贷经历的 561 个农户为研究样本，测算了农户的金融信用度及其影响因素。研究发现：农户的金融信用度并不令人十分乐观。①抵押品的有无及多寡仍是衡量农户金融信用度的重要指标。这表明在对农户征信过程中，金融机构应该十分重视农户已有的信用能力，而抵押品的价值这一指标应占相当的比重。②不同从业类型农户的还款能力存在差异。从整体上看，从事非农生产经营的农户其还款能力较强，这可能与农业的生产周期及其脆弱性有关。③农户受教育程度与其信用水平呈反方向变动。可能的解释是：农户选择守信与否与其品格有关，但通过让农户接受更长时间的教育并不一定能提升诚实守信的品格。文化程度低的农户相反却有较高的信用水平这一事实，可能由于这部分农户的流动性较小，交易半径的有限性使得他们时刻处于传统信德文化的监督之中，这时守信便成为农户的理性选择。相反，文化程度高的农户则由于其流动性加大，在某些情况下游离于乡村社会特有的失信惩戒机制之外，因而机会主义的动机较强。这一结论暗示，在传统信德文化正面临挑战的客观现实面前，征信制度的设计显得尤为紧迫，而将农户的流动性、农村可能滋生新的信用伦理文化纳入征信制度设计的范畴，实现信息的异地共享更是必然选择。

农村信用社征信制度的效率亦需进一步提高。本书以新制度经济学的制度效率理论为基本指导，将湖北省 54 个样本信用社分为 2 组，运用 DEA 模型对其征信制度的效率进行了分析。结果表明：①农户征信制度的技术效率较低。两组地区资源配置效率都不容乐观，总体效率偏低，而且呈下降趋势。②农户征信制度的纯技术效率呈现出一定的波动性和差异性。第一组样本信用社征信制度的平均纯技术效率呈上升趋势，说明其管理水平是逐渐提高的，但地区纯技术效率并不稳定，变动较大；第二组样本信用社的纯技术效率平均值呈现下降趋势，说明其管理水平是不断下降的。两组地区的纯技术效率呈现相反走势。③农户征信制度规模效率比较稳定，每年平均规模效率相对纯技术效率比较高。两组地区每年的平均规模效率都高于纯技术效率。该结果说明农户征信制度的实施在湖北省的收效尚待进一步提高，要使征信真正发挥作用，各信用社必须根据实际情况，合理安排投入，加强内部管理。以上结果说明，提高农户征信的管理效率是提升征信制度总体效率的关键。

（5）信用信息共享必然会引致各主体福利的改善，而农户信用信息的产权界定是信用信息共享的前提

农户的目标是追求收益的最大化，政府机构的目标在于提高执政效率、维护国家公共利益，而商业银行考虑的则是业务经营效益最大化。本书以福利理论与效用函数为理论指导，引入了多目标最优化（MOP）模型，模型证明：由于信用信息的充分共享会营造一个完备竞争的信用信息产品市场，在这样的市场环境下，资源的配置最优，社会的整体福利水平也是最高的，农户信用信息的共享是帕累托有效的，信息共享后社会福利会增加。

而要共享农户信用信息，必须首先界定其产权归属。本书认为农户信用信息的产权归属是农户，其具体的权利范围包括：自己使用和许可他人使用其信用信息，这是作为信息所有者最重要的权利；允许农户信用信息产权的依法转让；署名权；异议权等。而政府和征信机构则是信用信息的需求方和实际占有者，它们可以在一定的授权范围内搜集、使用、处分农户的信用信息；农户、征信机构等都是信用信息共享的受益者，都有共享信用信息的积极性。中央银行要承担起责任，做好各部门之间的组织、协调工作，维持应有的权威；中央银行要贯彻好国家的政策，积极扶持私营征信部门的发展；大力发挥宣传的作用，对公民进行信用教育，强化公民的产权意识。

（6）农村信用社征信已经取得了一定的成果，但相关制度保障尚需健全

基于湖北省336家农村信用社的调查数据，对农村信用社征信认知、信息共享意愿与征信效果等进行了经验分析。研究结果表明：第一，农村信用社对征信的认知程度较高，已经具备了一定的征信基础，征信实践也已迈出了关键的一步，但信息搜集的深度和广度有待进一步提高，且农户信息普遍没有得到正式法律规章制度的保护。第二，农村信用社同业之间信息共享的意愿十分强烈，但对于专业的第三方征信机构则持排斥和不信任态度。这说明，传统的行业垄断经营方式和金融信贷文化对征信既包容又排斥，因此在征信的起步阶段，信息的商品化交易方式不能采取"突变"的方式实现，而只能采取渐进式的渗透方式。随着国外征信机构在国内金融市场的典范运作，农村信用社有望逐渐接受分工更为细致的第三方信用信息服务方式。第三，征信效果尚未充分显现，征信过程中隐私权的保护制度还不健全。因此，如何在有效利用农户信息的同时保护借款人的权利是亟需通过制度建设来进一步完善的问题。

（7）征信模式的选择存在一定的规律，我国农户征信制度设计的核心是信用商品化

公共征信模式与私营征信模式都有成功的案例，本书从制度的三个维度介

评了美国和欧洲征信制度，指出了其成功的制度内核：①经济发达不是征信发达的必要条件，而征信发达则是经济发达的充分条件之一；②良好的制度生态系统是征信制度赖以生存的必备条件；③征信制度的产生和发展有着一定的演进规律；④征信制度的设计要密切考虑既有的金融文化、信用文化基础。具体到我国应该选择何种农户征信制度？本书指出：信用商品化的制度设计是我国农户征信制度设计的核心，而要将信用商品化，则必须达到以下要求：第一，信用必须有价格，即市场评价，这要求评估体系和评估制度的健全。第二，信用能代替实物资产。这要求转变信贷理念和信贷文化，亦即新的信贷制度的设计。第三，信用能流通。信息能随身携带，这要求建立完备的信息共享制度。而我国农户征信制度的基本选择方向是：公共征信和私营征信在较长时期内并存，各自发挥其比较优势，但随着征信的纵深发展，最终必将逐步过渡到市场化的征信制度。

（8）基于概率神经网络方法的农户信用评价模型具有良好的延展性

本书采用概率神经网络（PNN）方法，构建了农户借贷决策模型，并进行模拟运用。通过网络构建、PNN 网络训练、网络性能的测试、网络预测能力的检验四个过程的结果显示：130 个样本的识别率达到 97.69%，符合应用要求，并且拟合和预测效果非常理想。因此，有理由认为，该方法具有应用于个人信用评估用途的良好延展性，其网络分析功能经检测样本的预测结果显示十分理想，对既定分类的信用贷款户的判别能由人工智能作出合理而正确的判断，因此，我们可以相信在农村信用社应用 PNN 进行农户信用评估是可行的。

11.2 讨 论

农村信用社农户征信制度设计与农户信用的评判是一项十分有意义但极具挑战性的工作。本研究以征信和信用评价理论为基本指导，构建了全书的分析框架，研究了农户征信制度的效率等四大问题，得出了若干有价值的结论。但由于水平有限，以及受数据资料的限制，对相关问题的分析尚不成熟、深入。主要有以下几个问题值得进一步研究、讨论：

（1）征信制度效率的测算及影响因素

本书初步测算和比较了湖北省 54 家农村信用社征信制度的效率，征信制度投入与产出的指标设计并不是唯一的，尤其在征信制度建设之初，投入指标的选择和量化给本研究带来了一定的难度。和全国一样，湖北省各县（市）信用社征信制度建设并不是由一个财务上独立于信用社的机构来进行，其大量的工作依托信用社的人力、物力、财力的投入，而这些投入中哪些是完全用于征信的，无法进行精确的划分，研究中无法剔除用作其他的投入，因此所得结论只能是对该制度效率的一个初步测算。此外，受资料来源的限制，本书对影响征信制度效率的因素没有进一步展开分析。从理论上推导，影响农户征信制度效率的因素可能有如下几个变量：当地信用环境、人均纯收入、征信规模等。以上假说有待于实证材料的验证。

（2）农户征信制度的选择

农户征信制度的选择是一个非常复杂的课题，与一国政府的偏好、征信基础、金融发展水平、宏观经济制度、融资方式、农户的征信认知、传统文化等因素有关。具体到我国农户征信制度的选择，本书虽已指出信用商品化是我国农户征信制度设计的核心，但对这一结论的论证并不够深入。另外，"信用商品化"具体应如何操作？怎样让信用作为商品流通等，这些都有待进一步讨论。

（3）农户信用评价模型的动态调整

尽管本书提出了一种基于人工智能的农户信用评价模型，但该模型指标并不是固定不变的，需要进行动态调整。这是因为，随着时间的推移，农户的类别、影响农户信用的因素等会发生变化，因此，模型中的具体指标应根据实际情况予以修正和补充，也就是说，信用社在采用该模型进行评估时，必须根据当地的实际情况来选取合适的指标，这些均可以通过主成分分析和因子分析实现。此外，通过农户信用评价软件得出的结果仅是信贷决策的重要参考，不能完全替代信贷员的决策。

11.3　研究展望

融资制度与征信制度是一个广博而深奥的课题，涉及的问题与领域非常广泛。本研究虽然对农户融资、农户征信与信用评判进行了较为系统的分析，但其深度与广度十分有限。以下问题值得进一步研究：

（1）对制度效率的测算

新制度经济学派对此尚无十分成熟并为大家广泛接受的分析范式，本书虽以农户融资制度为对象做了一些尝试，但仍有不足，主要表现为对制度环境的重视不够。林毅夫指出，分析某个制度的效率必须结合当时、当地的具体信息，即要将制度环境纳入分析框架。笔者虽已注意到了这一点，但囿于研究资料限制，在分析过程中与制度环境的结合并不紧密，对同一制度在不同地区呈现较大差异的解释不能令人十分信服，这一问题有待今后进一步研究。

（2）征信中各利益主体的矛盾与冲突、征信对信贷效果的影响

征信制度的运行涉及多个利益主体，如农户、信用社、征信机构、政府部门等，各主体之间既存在着复杂的矛盾与利益冲突，同时也存在着利益的一致性。随着我国征信制度向纵深处发展与运行，各利益主体的矛盾与冲突问题必将逐渐显现。另外，征信制度的实施效果是否与发达国家的经验结论相一致，征信对金融机构信贷资产质量到底产生了多大的影响等，以上问题都有待于更深入的理论研究与实证检验。

（3）农户信用信息隐私权的保护与信息共享程度等问题

隐私权的保护与信息共享在一定程度上是互相矛盾的关系，征信发达国家目前正面临着两难困境。因此，我国征信制度实施过程中信息共享与隐私权的保护、信息共享的程度与信贷市场规模之间的关系、正（负）面信息共享的选择等均是后续研究的热点和难点问题。此外，征信制度的核心产品——信用报告对非金融交易亦会产生重要影响，如对劳动力市场交易、国内外商品贸易等各种非信贷交易。这些都有待于后续进行深入研究。

参 考 文 献

阿西夫·道拉,迪帕尔·巴鲁阿.2007.穷人的诚信.北京:中信出版社.

埃瑞克·G·菲吕博顿,鲁道夫·瑞切特.1998.新制度经济学.上海:上海财经大学出版社.

奥斯特罗姆 V,菲尼 D,皮西特 H.2001.制度分析与发展的反思——问题与抉择.北京:商务印书馆.

百姓征信知识问答编委会.2008.百姓征信知识问答.北京:中国金融出版社.

蔡曲林.2005.基于概率神经网络的识别模式.北京:国防科学技术大学出版社.

曹红辉.2002.中国资本市场效率研究.北京:经济科学出版社.

曹力群.2001.农村金融改革与农户借贷行为研究.中国农村研究(内部资料),2001-01-10.

常红军.2007.试论征信对加快推进农村金融改革的作用.开发研究,(6).

陈春霞.2004.我国信用制度变迁中的融资方式选择.北京:经济管理出版社.

陈国进.2002.金融制度的比较与设计.厦门:厦门大学出版社.

陈文玲.2003a.美国信用体系的构架及特点——关于美国信用体系考察的报告(一).南京经济学院学报,(1).

陈文玲.2003b.中美信用制度建设的比较和建议——关于美国信用体系考察的报告(二).南京经济学院学报,(2).

陈希敏.2005.经济落后地区农户金融合作意愿的经验研究——对陕西省 66 个县区、111 个自然村调查结果分析.中国经济学年会论文.

程恩富,胡乐明.2005.新制度经济学.北京:经济日报出版社.

褚保金,张兰,王娟.2007.中国农村信用社运行效率及其影响因素分析——以苏北地区为例.中国农村观察,(1).

戴家才.2007.信用征信体系对交易成本的影响研究.大连:大连理工大学.

戴志新.2006.美国征信系统对我国社会信用体系建设的启示.农业发展与金融,(1).

道格拉斯·C.诺斯.1994a.经济史中的结构与变迁.陈郁,罗华平等译.上海:上海三联书店,上海人民出版社.

道格拉斯·C.诺斯.1994b.制度、制度变迁与经济绩效.上海:上海三联书店.

道格拉斯·诺思.1994c.历时经济绩效.经济译文,(6).

杜惠芬.2005.中国融资制度变迁中的经济增长绩效.北京:中国财政经济出版社.

杜金富,张新泽,李跃.2004.征信理论与实践.北京:中国金融出版社.

杜晓山,刘文璞.2001.小额信贷原理及运作.上海:上海财经大学出版社.

杜晓山.2007.商业化可持续发展小额信贷概览——德国、阿尔巴尼亚和乌克兰小额信贷研讨和考察.http://microfinance- center. org/type3- show. asp? id = 17&menu = download1

［2007-10-11］.

发展研究所综合课题组 . 1988. 改革面临制度创新 . 上海：上海三联书店 .

弗兰克·艾利斯 . 2006. 农民经济学——农民家庭农业和农业发展 . 上海：上海人民出版社 .

高德步 . 2006. 经济发展与制度变迁：历史的视角 . 北京：经济科学出版社 .

龚朴，何旭彪 . 2005. 信用风险评估模型与方法最新研究进展 . 管理评论，（5）.

顾峰，刘骁 . 2007. 信用信息体系模式反思：基于"上下分离"的视角 . 上海金融，（1）.

郭熙保，徐淑芳 . 2005. 全球征信体系的制度安排及其影响因素 . 学术研究，（11）.

郭晓明 . 2007. 四川农户金融供求现状及影响研究 . http：//www.usc.cuhk.edu.hk/wk-wzde-tail.asp？id＝4803［2007-06-12］.

郭亚军，易平涛 . 2008. 线性无量纲化方法的性质分析 . 统计研究，（2）.

郭永刚 . 2006-11-24. 农村 3 万人 1 个银行网点 . 中国青年报，（007）.

国家发改委经济研究所信用研究中心 . 2005. 信用知识干部读本 . 北京：中国税务出版社 .

国家经济体制改革委员会 . 1990. 中国经济体制改革年鉴（1989 年）. 北京：改革出版社 .

国家体改委宏观调控体制司，中国农业银行信用合作部 . 1991. 中国经济体制改革年鉴（1991 年）. 北京：改革出版社 .

韩俊等 . 2009. 中国农村金融调查 . 上海：上海远东出版社 .

韩松 . 2004. 多目标规划与福利评判标准 . 经济数学，（9）.

何广文，冯兴元，郭沛，等 . 2005. 中国农村金融发展与制度变迁 . 北京：中国财政经济出版社 .

何广文，李莉莉 . 2005. 贵州铜仁地区农户金融需求研究 . ADB 技术援助专家报告 .

何广文，李莉莉 . 2006. 正规金融机构小额信贷运行机制及其绩效评价 . 北京：中国财政经济出版社 .

何广文 . 1999. 从农村居民借贷行为看农村金融抑制与金融深化 . 中国农村经济，（10）.

何广文 . 2001. 合作金融发展模式及运行机制研究 . 北京：中国金融出版社 .

何广文 . 2004. 中国农村金融转型与金融机构多元化 . 中国农村观察，（2）.

何军，宁满秀，史清华 . 2005. 农户民间借贷需求及影响因素实证研究——基于江苏省 390 户农户调查数据分析 . 南京农业大学学报（社会科学版），（4）.

何运信 . 2009. 我国多层次征信体系的生成机理与演化路径 . 宏观经济研究，（1）.

贺学会，尹晨 . 2005. 信用体系与征信：概念与基本框架 . 金融理论与实践，（2）.

胡继连 . 1992. 中国农户经济行为研究 . 北京：农业出版社 .

黄心田，易法海 . 1999. 小额信贷的制度核心、类型及启示 . 中国软科学，（4）.

黄成莲，温智良 . 2006. 从农户融资看农村金融制度安排的取向 . 武汉金融，（12）.

黄宗智 . 1986. 华北的小农经济与社会变迁 . 北京：中华书局 .

霍学喜，屈小博 . 2005. 西部传统农业区域农户资金借贷需求与供给分析——对陕西渭北地区农户资金借贷的调查与思考 . 中国农村经济，（8）.

江春 . 1999. 产权制度与微观金融 . 北京：中国物价出版社 .

金雪军，刘璐．2004．我国征信过程中隐私保护立法探析．企业经济，（10）．

晋并吕．2006．山西省临县湍水头镇民办扶贫基金会小额农贷的实践与思考．中国金融，
  （5）．

康芒斯．1962．制度经济学（上册）．北京：商务印书馆．

柯武刚，史漫飞．2000．制度经济学——社会秩序与公共政策．北京：商务印书馆．

科斯 R，阿尔钦 A，诺斯 D．1994．财产权利与制度变迁——产权学派与新制度经济学派论
  文集．上海：上海三联书店，上海人民出版社．

科斯 R，阿尔钦 A．1991．财产权利与制度变迁（中译本）．上海：上海三联出版社．

拉迪．2003．中国未完成的经济改革．北京：中国发展出版社．

李朝晖．2008．个人金融信息共享与隐私权的保护．特区实践与理论，（3）．

李春来．2004．中国农村信贷制度的演变及其适应性．当代经济研究，（10）．

李富有，冯平涛．2005．发达国家农村合作金融发展的外生性特征及其启示．经济体制改
  革，（5）．

李刚，许传华．2007．基于 BP 神经网络的个人信用评估体系研究．广东金融学院学报，
  （11）．

李国民．2004．融资制度的概念与功能分析．青海师范大学学报，（1）．

李怀．1999．制度生命周期与制度效率递减——一个从制度经济学文献中读出来的故事．管
  理世界，（3）．

李静．2004．农村合作基金会的行为与政府干预——两类农村合作基金会的比较研究．//中
  国社会科学院农村发展研究所．中国农村发展研究报告．北京：社会科学文献出版社．

李俊丽，许玉晓．2007．农村征信理论与实践的探讨——基于泰安市农户征信情况的调查．
  山东经济，（3）．

李莉莉．2004．正规金融机构小额信贷运行机制及其绩效评价．北京：中国农业大学．

李命志．2004．从"国进民退"看农村金融的症结与出路．武汉理工大学学报：社科版，
  （5）．

李清池，郭雳．2008．信用征信法律框架研究．北京：经济日报出版社．

李守庸．1990．马克思恩格斯论重商主义以前的经济思想．北京：文物出版社．

李曙光．2006．中国征信体系框架与发展模式．北京：科学出版社．

李曙光．2008．个人信用评估研究．北京：中国金融出版社．

李文靖．2006．制度、供需和绩效：多视角下的农村民间借贷——以宁夏盐池县、中宁县和
  同心县为例．西安金融，（2）：37-39．

李延敏．2005．农户借贷行为研究．杨凌：西北农林科技大学．

李颖．2006．美国个人信用征信体系分析．上海企业，（3）．

李永平．2006．中国农村金融制度变迁与经济主体行为研究．济南：山东大学．

李幼平，刘仲英．2004．信用信息系统设计的经济学分析．上海管理科学，（5）．

李子白，汪先祥．2006．征信制度的国际比较与借鉴．海南金融，（11）．

林钧跃．2003．论我国个人征信行业发展的模式．经济社会体制比较，（6）．

林钧跃.2007. 征信技术基础. 北京：中国人民大学出版社.

林毅夫.1994. 关于制度变迁的经济学理论：诱致性变迁与强制性变迁//R. 科斯，A. 阿尔钦，D. 诺斯. 财产权利与制度变迁——产权学派与新制度学派译文集. 上海：上海三联书店，上海人民出版社.

林毅夫，李志赟.2003. 中国的国有企业与金融体制改革（内部讨论稿系列）. 北京大学中国经济研究中心，2003-10-06.

林毅夫.2004. 我国金融体制改革的方向是什么？经济前沿，（8）.

刘朝晖，徐丽.2005. 农村内、外生金融之比较——基于满足中国农户融资需求的分析. 广东金融学院学报，（11）.

刘峰，许永辉，何田.2006. 农户联保贷款的制度缺陷与行为扭曲：黑龙江个案. 金融研究，（9）.

刘和旺. 诺思制度变迁的路径依赖理论新发展. 经济评论.2006，（2）：64-68.

刘民权.2006. 中国农村金融市场研究. 北京：中国人民大学出版社.

刘树成.2005. 现代经济辞典. 南京：凤凰出版社，江苏人民出版社.

刘婷.2008. 我国非政府组织（NGO）小额信贷发展研究. 杨凌：西北农林科技大学.

刘志华.2005-05-31. 简论我国征信制度建设的模式选择. 光明日报.

龙西安.2003. 个人信用信息的私有产权性质及其保护原则. 国际金融研究，（8）.

龙西安.2004. 个人信用、征信与法. 北京：中国金融出版社.

楼远.2003. 非制度信任与非制度金融：对民间金融的一个分析. 财经论丛，（6）.

卢现祥.2003. 西方新制度经济学（修订版）. 北京：中国发展出版社.

卢现祥.2006. 马克思是制度经济学家吗. 经济学家，（3）.

鹿野嘉昭.2003. 日本的金融制度. 北京：中国金融出版社.

罗必良.2005. 新制度经济学. 太原：山西经济出版社.

罗纳德·I. 麦金农.1988. 经济发展中的货币与资本. 上海：上海三联书店出版社.

马九杰.2001. 信用风险评价模型进展及其对我国农村信用社适应性研究. 中国地质大学学报（社科版），（3）.

马素玲.2005. 我国农业保险发展研究. 金融理论与实践，（6）.

玛格里特·米勒.2004. 征信体系和国际经济. 北京：中国金融出版社.

迈克尔·斯塔滕.2005. 全面信用报告的价值：美国的经验. 银行家，（11）.

毛世平.1998. 技术效率理论及其测度方法. 农业技术经济，（3）.

美国信用服务体系考察组.2005. 美国信用服务体系的经验及启示. 宏观经济研究，（1）.

孟宪俊.1987. 马克思主义原理. 西安：陕西师范大学出版社.

穆罕默德·尤努斯.2006. 穷人的银行家. 北京：三联书店.

农业部软科学委员会办公室.2001. 农村金融与信贷政策. 北京：中国农业出版社.

青木昌彦.2004. 比较制度分析. 上海：上海远东出版社.

任平.1995. 模糊信息处理的数学基础. 贵阳：贵州科技出版社.

任兴洲.2004. 我国征信业发展模式选择. 中国金融，（12）.

任亚军．2007．农村地区征信缺失的表现及成因．中国金融，（1）．

商界传媒企业研究院．2006a．中国实践：龙水头村的 13 年．商界·中国商业评论，（12）：46-49．

商界传媒企业研究院．2006b．中国实践：官方试点的七颗星火．商界·中国商业评论，（12）：50-54．

申培萍．2006．全局优化方法，北京：科学出版社．

沈明高．2004．信贷约束与农户融资．数字财富，（11）．

盛洪．1996．我读科斯（之二）．读书，（5）．

盛洪．1996．又读科斯．读书，（3）．

盛洪．2002．制度经济学在中国的兴起．管理世界，（6）．

施锡铨，邹新月．2001．典型判别分析在企业信用风险评估中的应用．财经研究，（10）．

石庆焱，靳云汇．2003．个人信用评分的主要模型与方法综述．统计研究，（8）．

石晓军．2006．征信体系的关键影响因素：以巴西为例．中共南京市委党校行政学院学报，（4）．

石晓军．2007．巴西征信体系的三维分析及政策启示．学术研究，（5）．

石晓军．2007．以功能为主线的征信体系模式及其制度配置——理论与实证．财经研究，（11）．

石晓军．2008．征信体系的监管服务功能及对应制度设计．山西财经大学学报，（1）．

史清华，陈凯．2002．欠发达地区农民借贷行为的实证分析——山西 745 户农民家庭借贷行为的调查．农业经济问题，（10）：29-35．

史清华．1999．农户经济增长与发展研究．北京：中国农业出版社．

史清华．2002．农户家庭储蓄与借贷总体行为及演变趋势研究．中国经济问题，（6）：66-78．

苏宁．2004．积极推进我国征信体系建设．中国金融，（14）．

苏宁．2006．加快征信体系建设，改善社会信用环境．济南金融，（12）．

孙明泉，张雁．2006-11-13．制度经济学的发展脉络及走向——访山东大学经济研究院院长黄少安教授．光明日报．

谈儒勇，金晨珂．2010．我国个人征信体系建设的模式探讨．征信，（1）．

汤敏，姚先斌．1996．孟加拉"乡村银行"的小额信贷扶贫模式．改革，（4）．

唐双宁．2006-10-23．农村金融落后城市金融十年．第一财经日报．

万存知．2009．何为征信？征信，（1）．

汪丁丁，韦森，姚洋．2005．制度经济学三人谈．北京：北京大学出版社．

汪丁丁．2005．制度分析基础讲义．北京：世纪出版集团；上海：上海人民出版社．

汪三贵．2001．信贷扶贫能帮助穷人吗？调研世界，（5）．

王春峰，李汶华．2000．商业银行信用风险评估：投影寻踪判别分析模型．管理工程学报，（2）．

王春峰，康莉．2001．基于遗传规划方法的商业银行信用风险评估模型．系统工程理论与实践，(2).

王春峰，李汶华.2001.小样本数据信用风险评估研究.管理科学学报，(2).

王建民.2004.我国基础信用信息共享机制的问题及对策.情报杂志，(5).

王丽萍，霍学喜，邓武红.2006.西部地区农户资金借贷实证分析——以陕西省248户调查为例.中国农业大学学报（社会科学版），(3).

王曙光等.2006.农村金融与新农村建设.北京：华夏出版社.

王曙光.2008.草根金融.北京：中国发展出版社.

王树娟，霍学喜，何学松.2005.农村信用社农户信用综合评价模型.财贸研究，(5).

王一兵.2005.信用信息资源供给与可使用的有效性研究——对银行信贷登记咨询系统的实证分析.金融研究，(4).

温涛，冉光和，王煜，等.2004.农户信用评估系统的设计与运用研究.运筹与管理，(8).

温铁军.2005."三农"问题的研究思路.见：中国金融论坛.北京：社会科学文献出版社.

温铁军.2005.中国"三农"：值得深思的三大问题.学习月刊，(3).

温铁军.2007.农户信用与民间借贷研究——农户信用与民间借贷课题主报告.http：//forum50.cei.gov.cn/newwork/cyfx-wtj-20010060702.htm［2007-04-20］.

闻新等.2001.Matlab 神经网络仿真与应用.北京：科学出版社.

吴冲等.2004.基于模糊神经网络的商业银行信用风险评估模型研究.系统工程理论与实践，(11).

吴晶妹.2002.现代信用学.北京：中国金融出版社.

伍山林.1996.制度变迁效率评价——以中国农村经济制度变迁为例.经济研究，(8).

谢平.1996.中国金融制度的选择.上海：上海远东出版社.

谢平.2001.中国农村信用合作社体制改革的争论.金融研究，(1).

谢平.2004.当前我国农村金融研究综述.第三届中国金融论坛论文集.

熊其康.2004.我国征信体系建设的目标规划及阶段构想.金融论坛，(9).

熊学萍，阮红新，易洁海.2007.农户金融行为：融资需求及其融资制度需求指向研究金融研究，(8).

徐芳，王恒山.2006.基于 AHP 的农户个人信用度评价研究.商业研究，(6).

徐淑芳.2009.征信体系的法律和监管框架——欧美的经验及其借鉴.上海金融。(3)：68-72.

徐伟.2008-03-10.给诚信一柄"法律的尚方宝剑".法制日报.

徐宪平.2006.关于美国信用体系的研究与思考.管理世界，(5).

徐艺文，杨成.2006.国内外信用信息公开与共享的特征分析与效益评价.经济论坛，(17)：33-36.

许松涛，付吉娜.2008.关于个人信用信息基础数据库运行情况的调查.黑龙江金融，(6).

雅荣，本杰明，皮普雷克（世界银行）.2002.农村金融：问题、设计和最佳做法，中国农村金融研讨会阅读材料.

颜志杰，张林秀，张兵．2005．中国农户信贷特征及其影响因素分析．农业技术经济，（4）．

杨少俊．2005．深化农村信用社改革试点的评价与展望．中国农村信用合作，（11）．

杨云英．1995．农金会的嬗变、弊端及规范．财经理论与实践，（1）．

姚明龙．2005．信用成长环境研究．杭州：浙江大学出版社．

于奎．2006．农村金融制度创新与城乡和谐市场构建．经济经纬，（2）．

于立勇．2002．商业银行信用风险衡量的一种新标准．数量经济技术经济研究，（9）．

于立勇．2007．商业银行信用风险评估：一种实证模型的探讨．北京：北京大学出版社．

喻敬明，林钧跃，孙杰．2002．国家信用管理体系．北京：社会科学文献出版社．

袁纯清．2002．金融共生理论与城市商业银行研究．北京：商务印书馆．

约翰·伊特韦尔．1992．新帕尔格雷夫经济学大辞典．北京：经济科学出版社．

约瑟·A·罗培斯，马可R·圣登勃格，管七海等．2002．信用风险模型有效性的评估方法
探析．国际金融研究，（9）．

岳朝龙．2003．SAS系统与经济统计分析．北京：中国科学技术大学出版社．

詹姆斯·M．布坎南．1989．自由、市场与国家．上海：上海三联书店．

张寒阳，蒋恒波．2008．我国银行信用信息共享内生性分析．上海经济研究，（10）．

张杰．2001．转轨经济中的金融中介及其演进——一个新的解释框架．管理世界，（5）：
90-100．

张杰．2003．中国农村金融制度：结构、变迁与政策．北京：中国人民大学出版社．

张杰．2004．解读中国农贷制度．金融研究，（2）．

张杰．2006．注资博弈与中国农信社改革．金融研究，（3）．

张丽红．2001．个人信用制度建立的障碍及对策．财经理论与实践，（5）．

张丽红．2006．如何破解信用信息共享难——完善我国信用信息共享机制的若干思考．南方
金融，（6）．

张宁，胡鞍钢，郑京海．2006．应用DEA方测评中国各地区健康生产效率．经济研究，（7）．

张荣刚，梁琦．2006．我国银行间信用信息共享与征信体系构建分析．商业经济与管理，
（12）．

张胜林，李英明，王银光．2002．交易成本与自发激励：对传统农业区民间借贷的调查．金
融研究，（2）．

张淑彩．2006．金融信息产权：界定及其有效履行．上海金融，（5）．

张曙光．1992．论制度均衡和制度变革．经济研究，（6）．

张曙光．2003．农村金融改革：在回顾中重新评价．经济界，（10）．

张维，李玉霜，王春峰．2000．递归分类树在信用风险分析中的应用．系统工程理论与实
践，（3）．

张维迎．1996．博弈论与信息经济学．上海：上海人民出版社．

张文静，孔荣，卡利姆·维特．2009．我国农村小额信贷的诚信机制研究．商业研究，
（3）．

张五常.1989.中国的前途.香港：香港报业有限公司出版.

张亦春.2004.中国社会信用问题研究.北京：中国金融出版社.

张勇，朱秀敏.2008.我国个人信用征信体系模式的选择.商情，(5).

张勇.2003.孟加拉小额信贷模式的最新发展.中国农村经济，(6).

张勇.2008.论人行征信系统基层运用效果.决策与信息，(5).

张余文.2005.中国农村金融发展问题研究.北京：经济科学出版社.

张周.2003.信用信息共享与中国模式选择.上海：复旦大学.

张宗新.2003.重新认识融资制度范畴.学习与探索，(3).

赵静娴，杨宝臣.2005.一种基于神经网络和决策树的信用评估新方法.武汉科技大学学报，(2).

中共中央马恩列斯著作编译局.1972.列宁选集（第二卷）.北京：人民出版社.

中共中央政策研究室，农业部农村固定观察点办公室.2001.全国农村社会经济典型调查数据汇编（1986—1999）.北京：中国农业出版社.

中国人民银行农村金融服务研究小组.2010.中国农村金融服务报告（2010）.北京：中国金融出版社.

中国人民银行农户借贷情况问卷调查分析小组.2009.农户借贷情况问卷调查分析报告.北京：经济科学出版社.

中国人民银行石家庄中心支行征信管理处课题组.2007.我国征信服务业发展现状、问题及对策.河北金融，(11).

中国人民银行武威市中心支行课题组.2009.美国征信产品发展历程对我国征信产品创新的借鉴与启示.甘肃金融，(6).

中国人民银行征信管理局.2004."征信与中国经济"研讨会论文集.北京：中国金融出版社.

中国社会科学院农村发展研究所.2002~2004.中国农村发展研究报告.（NO.1、NO.3、NO.4）.

中国社会科学院农村发展研究所农村金融研究课题组.2000.农民金融需求及金融服务供给.中国农村经济，(7).

中国社会科学院农村发展研究中心.2004.小额信贷研究（内部资料），(3).

中国政策年鉴编辑委员会.2003.中国政策年鉴（2001—2002）.北京：中国文史出版社.

中华征信所.2003.征信手册.北京：中信出版社.

钟楚男.2002.个人信用征信制度.北京：中国金融出版社.

周长城.2003.经济社会学.北京：中国人民大学出版社.

周立.2004.中国各地区金融发展与经济增长（1978—2000）.北京：清华大学出版社.

周立.2005a.还原农村金融真面目.银行家，(8).

周立.2005b.中国农村金融体系发展逻辑.银行家，(8).

周脉伏，徐进前.2004.信息成本、不完全契约与农村金融机构设置——从农户融资视角的分析.中国农村观察，(5).

周小斌, 李秉龙. 2003. 中国农业信贷对农业产出绩效的实证分析. 中国农村经济, (6): 32-36.

周延军. 1992. 西方金融理论. 北京: 中信出版社.

周业安. 2005. 金融市场的制度与结构. 北京: 中国人民大学出版社.

朱守银. 张照新, 张海洋, 等. 2003. 中国农村金融市场供给和需求——以传统农区为例. 管理世界, (3).

朱穗颖, 邹新月, 吕先进. 2001. 银行信用风险管理与防范的数理分析. 求索, (3).

朱永亮. 2007. 美日两国征信体系及其对我国的启示. 日本问题研究, (1).

ADB. 1998. Rural financial markets in Asia: Policies, Paradigms, and Performance. Oxford Press.

Barron J M, Staten M. 2003. The value of comprehensive credit reports: lessons from the US experience. In: Miller M J. Credit Reporting Systems and the International Economy. MIT Press.

Berger A N, Klapper L F, Miller M, et al. 2003. Relationship lending in the argentine small business credit market. In: Miller M. Credit Reporting Systems and the International Economy. Boston: MIT Press.

Besley T J, Jain S, Charalambos Tsangarides. 2001. Household panticipation in formal and infonnal institutiors in rural credit markets in developing countries: evidence from Nepal (report).

Binswanger H P, Brink R V. 2005. Credit for small farms in Africa revisited: pathologies and remedies. Savings and Development, 29 (3): 275-292.

Brown M, Zehnder C. 2007. Credit reporting, relationship banking, and loan repayment. J. Money, Credit, Banking, 39: 1884-1918.

Charnes A, Cooper W W, Golany B, et al. 1985. Foundations of data envelopment analysis for Pareto-Koopmans efficient empirical production functions. Journal of Econometrics, 30 (1-2): 91-107.

Charnes A, Cooper W W, Rhodes E. 1978. Measuring the efficiency of decision making units. European Journal of Operational Research, 2 (6): 429-444.

Coleman, James S. 1998. Social capital in the creation of human capital. American Journal of Sociology.

Cowan K, de Gregorio J. 2003. Credit information and market performance: the case of chile. In: Credit Reporting Systems and the International Economy edited by Margaret Miller. Boston: MIT Press.

Djankov S, Mcliesh C, Shleifer A. 2007. Private credit in 129 countries. Journal of Financial Economics, 84 (2), 299-329.

Douglass C. 1993. North. The New Institutional Economics and Development. Washington University, St. Louis.

Epstein S. 1979. The stability of behavior: on predicting most of the people much of the time. Journal of Peronality and Social Psychology, 37: 1097-1126.

Falkenheim M, Powell A. 2001. The use of credit bureau information in the estimation of appropriate capital and provisioning requirements. Central Bank of Argentina Working Paper.

Floro S L, Yotopoulos P A. 1991. Informal Credit Markets and the New Institutional Economics: The Case of Philippine Agriculture. Westview Press.

Furletti, M J. 2002. An overview and history of credit reporting, FRB of philadelphia payment cards center discussion paper No. 02-07, http: //ssrn. com/abstract =927487.

Gupta K K. 2005. Evolution of cooperative credit institutions in India: a viewpoint. Natiional Bank News Review (Mumbai), 21 (2).

G. Pajares, J M. delacruz. 2002. A probabilistic neural network for attribute selection in stereovision matching. Neural Computing, 11: 83-89.

Holloh D. 1996. Financial sysfems development and local frnancial institufions in indonesiap: Working Paper. No 1996-1.

Hunt R M. 2005. A century of consumer credit reporting in America. FRB Philadelphia Working Paper No. 05-13. http: //ssrn. com/abstract =757929.

IFAD. 2001. Rural financial services in China. Thematic Study, Volume I - Main Report. Report No. 1147-CN Rev.

IFAD. 2002. Double-edged sword? Efficiency vs. equity in lending tothe poor.

Iqbal F. The demand for funds by agricultural households: evidences from rural India. Journal of Development Studies, 1983, 20 (1): 69-86.

Jaffee , Dwight M, Thomas Russell. 1976. Imperfect information, uncertainty and credit rationing. Quarterly Journal of Economics, 90 (4) : 651-666.

Jappelli T, Pagano M. 2009. Information sharing and credit: firm- level from transition countries. Journal of Financial Intermediation, 18: 151-172.

Jappelli Tullio, Marco Pagano. 2001. Information sharing , lending and defaults: cross-country evidence. Journal of Banking and Finance.

Jonathan Conning , Christopher Udry. Rural financial markets in developing countries. Center Dissussion Paper NO. 914. Economic Growth Center, Yale University.

Jorge Padilla A, Pagano M. 2000. Sharing default information as a borrower discipline device. European Economic Review, 44: 1951-1980.

Kallberg J G, Udell G F. 2003. The value of private sector business credit information sharing: the US case. Journal of Banking & Finance , 27: 449-469.

Klaus L E. Kaiser, Stefan Pan. niculescu. 1999. Using probabilistic neural networks to model the toxicity of chemicals to the fathead minnow (pimephales promelas) : a study based on 865 compounds. Chemosphere, 38 (14): 3237-3245.

Luoto J, McIntosh C, Wydick B. 2007. Credit information system in less- developed countries: a test with microfinance in Guatemala. Economic Development and Cultural Change, 55: 313-334.

Manfred Zeller, Manohar Sharma. 1998. Rural finance and porerty alleviation (Food Policy Report). International Food Policy Research Institute Washington, D. C.

Mark J. Furletti. 2002. An Overview and History of Credit Reporting, FRB of Philadelphia Payment Cards Center Discussion Paper No. 02- 07. http：//ssrn. com/abstract = 927487 ［2002- 12- 30］．

Nicola Jentzsch. 2006. The economics and regulation of financial privacy：an international comparison of credit reporting system. Physica- Verlag HD Press，171-250.

Nicola Jentzsch. 2007. Econonics effects of credit reporting systems：an international comparison of credit reporting systems. Second Edition. Springer Berlin Heidelberg Press，173-247.

Peggy L Twohig. 2004. New Battlegrounds for Credit Reporting Regulation in the United States. US Federal Trade Commission September 29，2004 Beijing, China.

Pischke，Adams，Donald. 1987. Rural Financial Market in Developing Countries. The Johns Hopkins University Press.

Powell A，Mylenko N，Miller M，et al. 2004. Improving credit information，bank regulation and supervision：on the role and design of public credit registries. Policy Research Working paper 3443，The World Bank.

Robert M. Hunt. A Century of Consumer Credit Reporting in America. FRB Philadelphia Working Paper No. 05-13. http：//ssrn. com/abstract = 757929 （2005）．

Sahu G B，Rajasekhar D. 2005/2006. Banking sector reform and credit flow to Indian agriculture. Economic and Political Weekly，40 （53）：5550-5559.

Stiglitz，Joseph，Andrew Weiss. 1981. Credit rationing in markets with imperfect information. American Economics Review，7193 （6）：393-410.

The World Bank. 2004. Doing Business in 2004—Understanding Regulation. The international Bank for Reconstruction and Development. Oxford University Press.

URA，F. Menghini，A. 2005. How access to credit has evolved for Italian farms. Informatore Agrario：29-32，61-26.

Vercammen，James A. 1995. Credit bureau policy and sustainable reputation effects in credit markets. Economica，62：461-478.